机电工程新技术系列丛书

城市轨道交通工程安装新技术

上海市安装行业协会　编著

中国建筑工业出版社

图书在版编目（CIP）数据

城市轨道交通工程安装新技术／上海市安装行业协会编著. —北京：中国建筑工业出版社，2021.11（2023.1重印）
（机电工程新技术系列丛书）
ISBN 978-7-112-26768-2

Ⅰ.①城… Ⅱ.①上… Ⅲ.①城市铁路-轨道交通-设备安装 Ⅳ.①U239.5

中国版本图书馆CIP数据核字（2021）第211089号

责任编辑：李笑然　毕凤鸣
责任校对：张惠雯

机电工程新技术系列丛书
城市轨道交通工程安装新技术
上海市安装行业协会　编著
*
中国建筑工业出版社出版、发行（北京海淀三里河路9号）
各地新华书店、建筑书店经销
北京鸿文瀚海文化传媒有限公司制版
北京建筑工业印刷厂印刷
*
开本：787毫米×960毫米　1/16　印张：18¾　字数：375千字
2022年1月第一版　2023年1月第二次印刷
定价：**66.00**元
ISBN 978-7-112-26768-2
（38593）

《城市轨道交通工程安装新技术》编委会

上海建设工程绿色安装促进中心

主要审核人员：（排名不分先后）

杨北京　李伟浩　李　涛　李　振　王　军
陈青松　王　汇　吴　飞　任　鹏　柳长青
胡　捷　张　斌　于小军　李　杰　赵洪洋
胡兴文　潘大勇　袁群虎　吴明岩　郝　琨
万传建　赵东来　赵东波　丁仕标　杨丽华
吴　波　沈慧华　张　奇　李鹰翔　应　寅
韩大鹏　杨　浩　于晓民

编写分工

章	节	组织单位	编写人员
第1章	1.1	中铁四局集团有限公司第八工程分公司	王兴培
	1.2	中铁四局集团有限公司第八工程分公司	王兴培
	1.3	中铁十一局集团第三工程有限公司	赵洪洋　刘　丹　姜启军
	1.4	中铁十一局集团第三工程有限公司	毕　路　韩　沛　周　涛
	1.5	中铁十一局集团第三工程有限公司	胡兴文　毕　路　夏　伟
第2章	2.1	中铁建大桥工程局集团电气化工程有限公司	肖敬帅　黄　峰
	2.2	中铁四局集团电气化工程有限公司	王　熹　郝　琨　何康平
	2.3	中铁四局集团电气化工程有限公司	袁群虎　王　熹　郝　琨
	2.4	中铁四局集团电气化工程有限公司	吴明岩　王　熹　何康平
	2.5	中铁十一局集团电务工程有限公司	吴文俊　吴银修　刘　杰
	2.6	中铁十一局集团电务工程有限公司	吴文俊　吴银修　刘　杰
	2.7	中铁十一局集团电务工程有限公司	吴文俊　吴银修　刘　杰
	2.8	中铁电气化局集团有限公司上海电气化工程分公司	王　岩　赵东波　王　峰
	2.9	中铁电气化局集团有限公司上海电气化工程分公司	王　岩　王金龙　朱少秋
	2.10	中铁建电气化局集团第一工程有限公司	李　磊　孟　静　连　进
		中国铁建电气化局集团有限公司	霍晓东　彭竟涛　张向红
第3章	3.1	中铁一局集团电务工程有限公司	高祎旻　史　宁
	3.2	中铁四局集团电气化工程有限公司	王　瑱
	3.3	中铁一局集团电务工程有限公司	张大伟
	3.4	中铁建电气化局集团第一工程有限公司	李　磊　孟　静　连　进
		中国铁建电气化局集团有限公司	闫　浩　李　松　尹祖平
	3.5	中铁建电气化局集团第一工程有限公司	秦俊非　孟　静　李　磊
		中国铁建电气化局集团有限公司	田永红　郝国虎　杨　帆
	3.6	中铁一局集团电务工程有限公司	张大伟
第4章	4.1	上海山安建设工程有限公司	张海燕
		上海市安装工程集团有限公司	张　奇　梁　雄
		中铁十四局集团电气化工程有限公司	刘向尚
		中铁电气化局集团有限公司上海电气化工程分公司	韦豪豪　赵东来

	4.2	中铁电气化局集团有限公司上海电气化工程分公司	赵东来 郝 师
	4.3	中铁十一局集团电务工程有限公司	吴文俊 吴银修 刘 杰
	4.4	中铁四局集团电气化工程有限公司	郝 琨 王 熹 何康平
	4.5	中铁建电气化局集团第一工程有限公司	苏 成 王多良 樊效良
		中国铁建电气化局集团有限公司	王振文 陈 洁 李文友
	4.6	中铁建电气化局集团第一工程有限公司	秦俊非 李 磊 孟 静
		中国铁建电气化局集团有限公司	曹桂枝 刘春平 谢 鹏
第5章	5.1	上海市安装工程集团有限公司	沈慧华 李 俊 李鹰翔
	5.2	上海市安装工程集团有限公司	沈慧华 李 俊 李鹰翔
	5.3	上海山安建设工程有限公司	张海燕
第6章	6.1	上海市安装工程集团有限公司	梁 雄 沈慧华 李 俊
		上海隧道工程有限公司	王 晨
	6.2	上海市安装工程集团有限公司	梁 雄 李 俊 汤 毅
第7章	7.1	中铁一局集团电务工程有限公司	高祎旻 郑杨杨
	7.2	上海山安建设工程有限公司	张海燕
		中铁十四局集团电气化工程有限公司	刘向尚
		上海市安装工程集团有限公司	于晓民 张 奇 李 俊
	7.3	中铁建电气化局集团第一工程有限公司	秦 帅 王 星
		中国铁建电气化局集团有限公司	王振文 陈 洁 李文友
第8章	8.1	中铁十一局集团电务工程有限公司	吴文俊 吴银修 刘 杰
	8.2	中铁建大桥工程局集团电气化工程有限公司	黄 峰
	8.3	今创集团股份有限公司	戈泽伟 吕 刚 王 凯
	8.4	上海市安装工程集团有限公司	安 泰 程国明 顾辰旻
		中建八局总承包建设有限公司	韩 明

序　言

创新是引领发展的第一动力，安装行业企业作为我国建设领域的重要生力军，需要不断创新，才能适应新时代高质量发展的要求。近年来，随着国家行政体制改革和社会主义市场经济的发展，行业企业秉持新发展理念，主动融入建筑产业现代化的发展改革浪潮中，不断增强技术创新能力。建设工程机电安装过程中，行业企业自主创新企业管理和施工技术，加快行业关键核心技术的研发创新，采用新技术、新工艺、新设备提升安装工程质量，积极推动了行业技术进步，促进了安装行业高质量可持续健康发展。

上海市安装行业协会积极响应国家创新驱动发展的号召，认真践行“代表性、服务性、权威性、引领性”的协会理念，为了及时总结先进的机电工程施工技术，展示机电安装行业各领域取得的“高、大、精、尖、特”的技术成果，积极推广新技术应用，组织协会专家编写了“机电工程新技术系列丛书”，内容涵盖建筑、市政、轨道交通、冶金、石油化工、电子、电力等工程领域，为安装行业工程建设提供指导和借鉴，对全面提升安装行业施工技术水平和工程安全质量管理水平具有积极作用。

《城市轨道交通工程安装新技术》为“机电工程新技术系列丛书”之一。本书以保障轨道交通正常运营为关注点，以轨道交通主要机电组成专业为主线，总结了铺轨、应急疏散平台、接触网/轨、通信信号、供电照明、通风空调、消防给水排水、站台门、火灾报警系统、综合布局等安装新技术，从技术内容、技术指标、适用范围、应用工程等方面对各项新技术进行了介绍，言简意赅、层次清晰，内容全面。本书面向从事轨道交通工程机电安装的各级工程技术人员，同时对其他行业机电安装技术人员也有一定的借鉴和指导作用，具有较好的先进性和适用性。

本书编写过程中得到了有关领导和各会员单位的大力支持和帮助，在此表示衷心感谢！并对所有参与该书编撰工作的人员付出辛勤劳动深表谢意！

上海市安装行业协会会长

目 录

第1章 轨道工程

1.1 基于地铁轮胎式铺轨车的预制轨道板施工技术

1.1.1 技术内容

轮胎式铺轨车针对圆形隧道、矩形隧道、地铁车站的限界要求和预制板道床、整体现浇道床的轨道结构形式（图 1-1），对国内现有的轮轨式铺轨车进行技术整合、功能集成，形成适应不同隧道断面走行灵活的地铁轮胎式铺轨车，实现地铁铺轨的无轨走行，切实提高施工效率、降低成本，开创了地铁轨道铺设新模式。

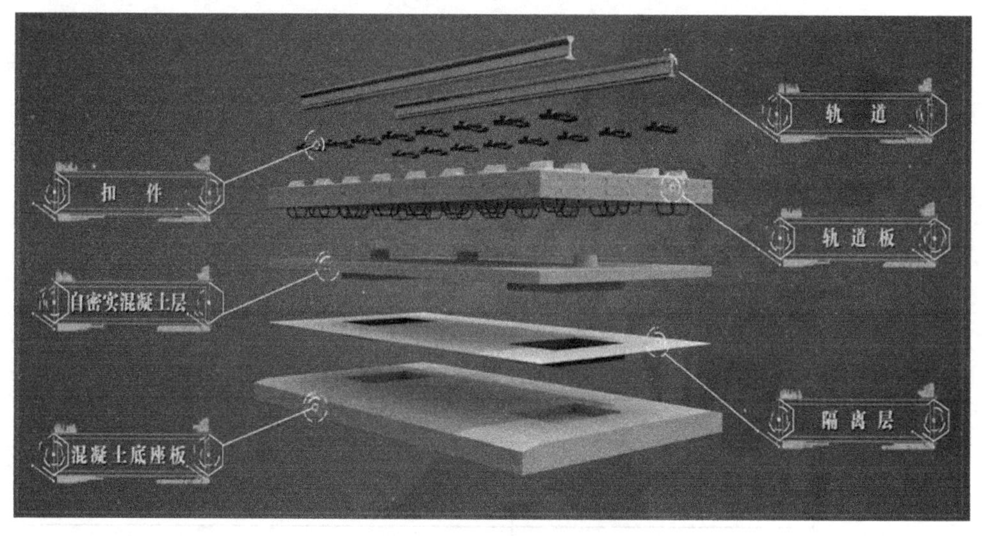

图 1-1 预制轨道板示意图

1. 地铁轮胎式铺轨车简介

如图 1-2 所示，地铁轮胎式铺轨车主要由门架、走行机构、起升机构、辅助支腿、电气系统、液压系统和操作台等组成。

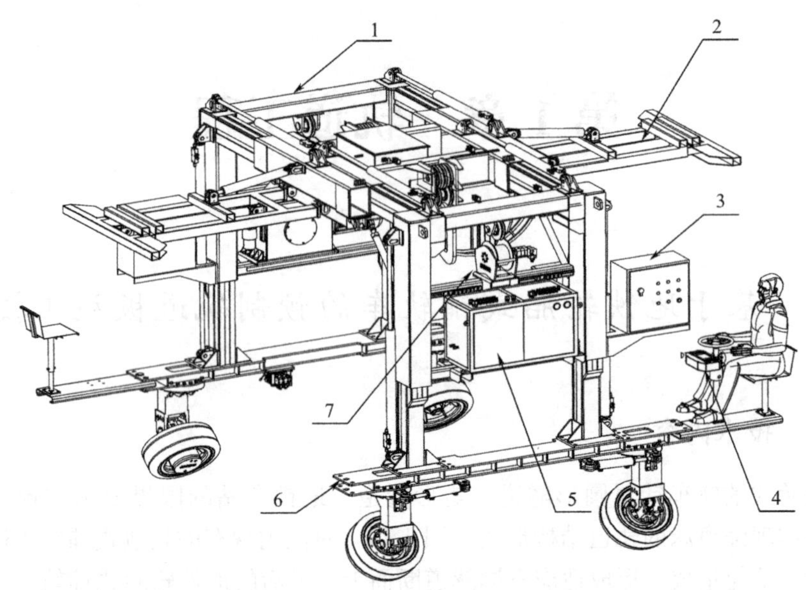

图 1-2 地铁轮胎式铺轨车

1—门架；2—辅助支腿；3—电气系统；4—操作台；
5—液压系统；6—走行机构；7—起升机构

1）主要技术参数

地铁轮胎式铺轨车主要技术参数详见表 1-1。

主要技术参数 **表 1-1**

项目		参数
主要功能	驾驶	手动驾驶
	行走驱动	液压对角驱动、轮胎行走
	转向	方向盘操作、多模式转向
	制动	液压缓行、紧急制动
总体参数	额定起重量	10t、16t
	铺轨车自重	10t
	轴距	2440mm
	运输尺寸（$L\times B\times H$）mm	3570×2650×2978
	整机高度	3000～4400mm 可调
	轮胎参数	直径 660mm、轮宽 250mm
	接地比压	10bar
	电机功率	11kW

续表

项目		参数
工作参数	走行速度	0～40m/min
	起升速度	0～4m/min
	最小通过曲线半径	300m
	最大爬坡能力	100‰

2）技术特点

地铁轮胎式铺轨车具有以下特点：

(1) 采用轮胎式走行方式，取消了传统的轮轨方式，减少了劳动力及资源的投入。

(2) 作业盲区通过车载影像系统实时观测和监控地铁轮胎式铺轨车行驶状态。

(3) 采用电子液压复合多模式转向控制技术，实现了轮胎的直行、斜行、八字转向和半八字转向，满足在复杂工况下走行。

(4) 采用外部供电与蓄电池两种方式供电。

(5) 门架的横梁和立柱均采用套式结构，可进行整机跨距和高度的调整。

(6) 前后两端设计有可升降和收放的辅助支腿，可以辅助整机进行快速的宽度调整，以适应不同的隧道条件，也可自行上下地铁平车及汽车运输车辆。

2. 施工工艺流程

预制轨道板道床施工主要分基底施工、预制板铺设及精调、自密实混凝土灌注等工序，施工工艺流程如图 1-3 所示。

3. 施工步骤

1）轮胎式铺轨车调试（组装、跨距调整）

轮胎式铺轨车运输到铺轨基地后，在铺轨基地对铺轨车进行调试，确认正常后，采用汽车由下料口吊至洞内。

在进入圆形隧道洞口处安装临时过渡工装，轮胎式铺轨车在过渡工装上进行变跨和轮胎倾角调整作业，由矩形隧道的走行方式改变成圆形隧道的圆弧面走行方式（图 1-4）。

2）基底钢筋散布及绑扎

基底钢筋在铺轨基地下料、加工后下洞，利用轨道车运至施工现场，再由地铁轮胎式铺轨车吊运至铺设地段，分散布置后，人工绑扎、焊接成网。轨道板道床基底钢筋布置如图 1-5 所示。

3）基底模板安装

基底侧模采用定型钢模板，底部采用锚固钢筋与管片固定，顶部通过限位凹槽模板架横向固定。模板纵向采用螺栓连接，中间加垫薄橡胶板以防漏浆。

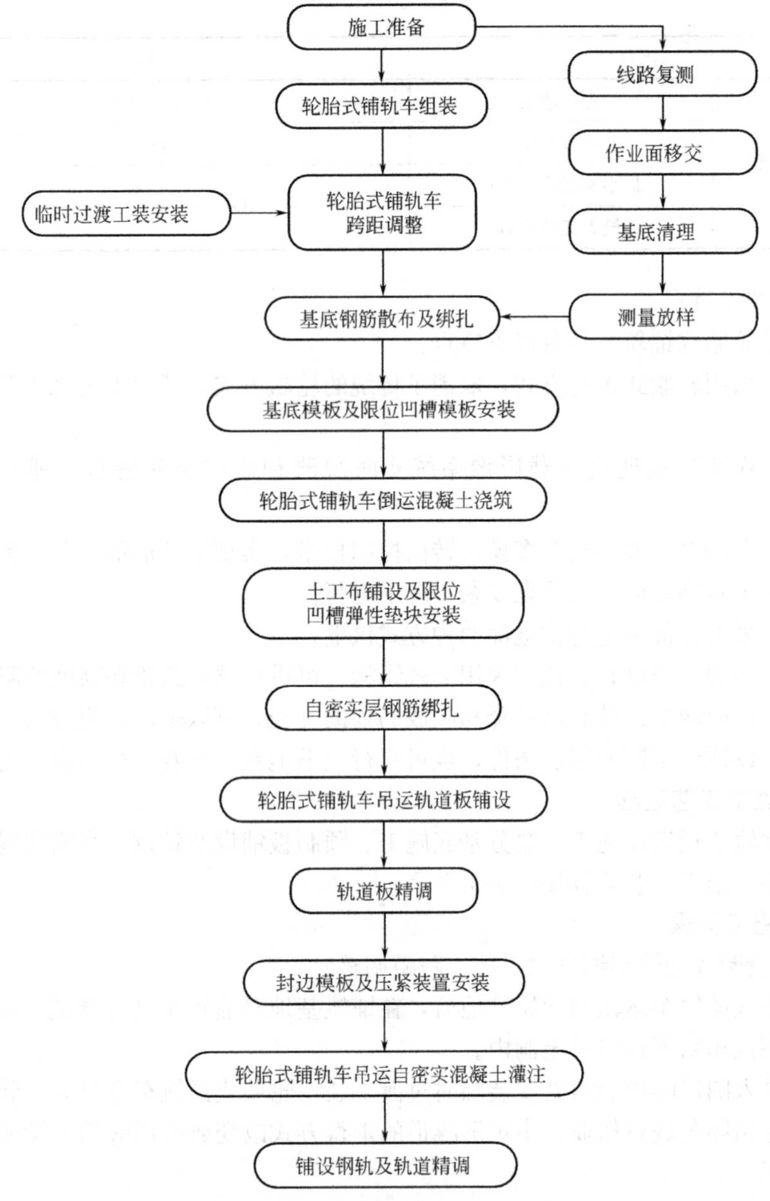

图 1-3　预制轨道板道床施工工艺流程图

模板安装前必须对模板表面清理后涂刷脱模剂。模板安装时，根据基底顶面高程在模板上做好标记。模板安装要顺直、牢固，曲线地段要圆顺，接缝严密，防止跑模、漏浆，限位凹槽模板位置必须准确。模板底部空隙可利用砂浆进行封堵。

限位凹槽模板应安装固定牢固，避免基底混凝土浇筑过程中跑模和模板上浮，基底凹槽模板应为上部尺寸宽、下部尺寸窄的“倒梯形”，需满足设计断面

图 1-4 轮胎式铺轨车变跨状态

图 1-5 预制轨道板道床基底钢筋布置图

的尺寸要求。

4）基底混凝土浇筑

基底混凝土强度等级为 C35，采用混凝土搅拌罐将混凝土运送至浇筑位置附近，用地铁轮胎式铺轨车吊运料斗运至浇筑位置进行施工。预制轨道板道床基底浇筑如图 1-6 所示。

5）隔离层土工布铺设

隔离层铺设前应对基底进行清洁和清理，土工布铺设较轨道板四周边缘宽出 50mm，沿线路方向摊开铺设。隔离层土工布铺设如图 1-7 所示。

6）自密实层钢筋网绑扎

自密实充填层设置钢筋网片，将钢筋网片按要求摆放在设计位置，自密实混凝土保护层厚度应大于 35mm。

图 1-6　预制轨道板道床基底浇筑

图 1-7　隔离层土工布铺设

铺设及绑扎钢筋网片时，应对土工布隔离层进行保护。钢筋网绑扎完毕后严禁踩踏。自密实层钢筋网绑扎如图 1-8 所示。

图 1-8　自密实层钢筋网绑扎

7）预制轨道板铺设

轨道车将预制板运输到铺设位置附近，在每块轨道板吊装孔放置临时垫块，垫块高度70mm（自密实混凝土厚度80mm），用地铁轮胎式铺轨车将预制板吊运铺设至临时垫块上，轨道板初铺精度以板边线和板缝线为基准初步就位，确保预制板中心与线路中心重合，人工顶升初调后拆除临时垫块。预制轨道板铺设及粗调如图1-9所示。

图1-9 预制轨道板铺设及粗调

8）预制轨道板精调

预制轨道板精调工艺流程如图1-10所示。

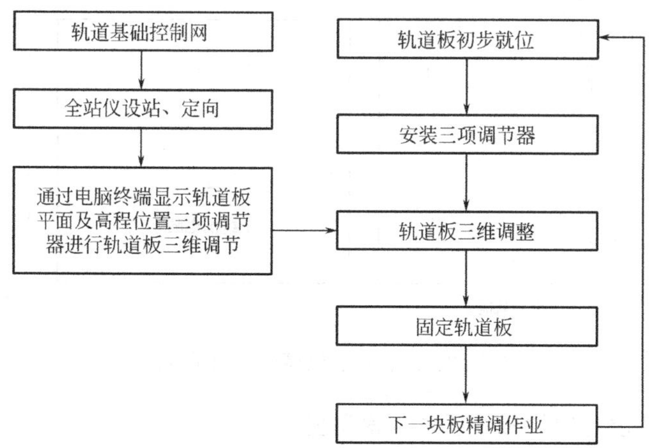

图1-10 预制轨道板精调工艺流程图

轨道板铺设初调后，设置临时支撑，安装三向调节器进行轨道板精调（图1-11）。将高程调节螺栓调节至最低位置，左右、前后向调节螺栓分别处于中间位置。精调过程中应注意四角步调一致，避免单点受力过大造成轨道板吊装孔边角破损。

图 1-11　三向调节器

根据建立的轨道基础控制网进行设站定向，设站的位置满足轨道板测量距离的要求（图 1-12）。每班开始工作前对测量标架进行校核，修正其常数。轨道板精调步骤为：每次设站测量 4 块板，调整 3 块板，搭接 1 块板以消除错台误差。

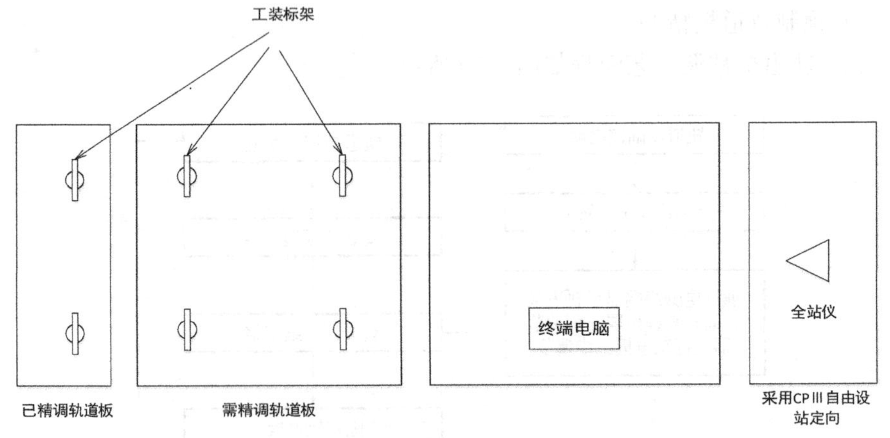

图 1-12　预制轨道板精调平面示意图

9）自密实层封边模板及压紧装置安装

轨道板精调完成后，在板四周与基底间安装封边模板，用压紧装置固定封边模板，为防止自密实灌注时轨道板上浮，直线板每块板安装 4 个压紧装置，曲线板每块安装 3 个压紧装置。压紧装置安装在轨道板顶部，两端用花篮螺栓与隧道管片手孔固定，用伸缩螺杆固定轨道板，防止灌注自密实过程中轨道板移位。

10）自密实混凝土灌注

灌注前3h对板底进行湿润，湿润过程中注意土工布及凹槽处无积水、明水。自密实混凝土采用混凝土搅拌罐将混凝土运送至浇筑位置附近，用地铁轮胎式铺轨车吊运料斗倒运至浇筑位置。自密实混凝土灌注采用两台轮胎式铺轨车协同作业，一台轮胎式铺轨车负责自密实混凝土倒运，另一台轮胎式铺轨车负责自密实混凝土的灌注，形成自密实混凝土连续施工状态。

11）模板拆除

自密实混凝土强度大于5MPa方可拆模。拆模宜按立模顺序逆向进行，不得损伤轨道板四周混凝土，并减少模板破损。当模板与自密实混凝土脱离后，方可拆卸、吊运模板。自密实混凝土强度大于设计强度75%后铺设钢轨（图1-13）。

图1-13 预制轨道板成型

1.1.2 技术指标

《地铁设计规范》GB 50157—2013；

《地下铁道工程施工质量验收标准》GB/T 50299—2018；

《铁路混凝土工程施工质量验收标准》TB 10424—2018；

《上海轨道交通预制板整体道床施工和质量验收标准》STB-GJ-010005—2017。

1.1.3 适用范围

适用于地铁圆形隧道、矩形隧道、地铁车站的限界要求和预制板道床、整体现浇道床的轨道结构形式。

1.1.4 应用工程

上海地铁 13 号线二、三期 113 标；上海地铁 18 号线工程轨道 2 标。

1.2 既有线整体道床改造施工技术

1.2.1 技术内容

部分地铁线路在运营时产生的振动和噪声严重影响了人们的生活质量，同时随着运营年限大量地铁线路达到大修时间，因此线路升级改造已势在必行。既有线整体道床除采用一般凿除方法外，开展相关技术研究，开发总结一套城市轨道交通地铁既有线改造整体道床切割顶推破除施工工法，保证安全、可靠、高效、环保和经济地完成既有线改造施工任务。

1. 顶推法施工技术

结合城市轨道交通工程整体道床的施工特点，在有限的作业条件下改造施工。

(1) 首先对整体道床两侧水沟凿除，沿着枕木头两侧凿除，凿除的深度为至隧道的管壁处，但不可损坏管壁。

(2) 水沟凿除后沿着整体道床的纵向每间隔 1.2m 用墙锯切割一条顶推工艺槽，为保护管壁不被破坏，在切割时切割的深度根据施工测量人员测得数据进行确定（切割时由于人为操作机械存在误差，实际切割时预留 5cm 的保护层），每条顶推工艺槽的切割宽度为 25cm。

(3) 切割完成后将顶推系统的顶推装置固定在顶推工艺槽内进行破除块的顶移施工，破除块顶移时为确保管壁不被损坏，特邀请同济大学相关专家对破除块顶移产生的顶推力以及破除块与管壁之间的摩擦力之间的关系做了模拟计算和现场实际监测，确定破除块顶移长度为 1.8～2.4m 为宜，在顶移长度为 1.8～2.4m 范围内管壁不会被破坏，且便于装卸和运输。

(4) 破除块顶移结束后，施工人员用地铁悬臂吊将顶移的破除块吊除并用轨道车运离现场完成整体道床的切割、顶推、破除施工。

通过墙锯、电镐将道床切割开凿分段，利用顶推系统在道床横断面上施加纵向顶推力，克服道床与管片之间的混凝土粘结及摩擦力，实现道床与隧道管片分块整体剥离、吊除；量测圆形隧道道床面任意一点与定弦间距，根据其与隧道直径关系，利用勾股定理，计算该点道床厚度，达到切割深度控制之目的，确保隧道管片不被破坏。

2. 施工操作要点

地铁运营线路道床切割分段顶推破除施工分两阶段进行（如图 1-14 所示道床结构及破除顺序示意图）。顶推工艺槽布置如图 1-15 所示。

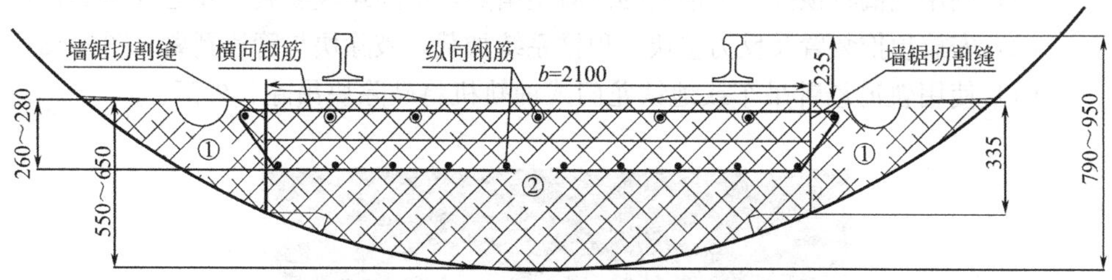

注：①为第一阶段破除区域；②为第二阶段破除区域。

图 1-14 道床结构及破除顺序示意图（单位：mm）

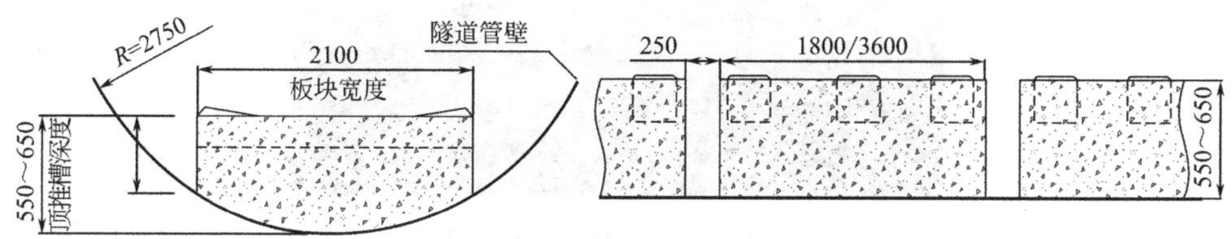

图 1-15 顶推工艺槽布置（单位：mm）

第一阶段破除道床两侧混凝土（图 1-14 标示①部分）。首先利用墙锯沿轨枕两侧纵向切割（间距 b），切断道床内横向钢筋，切割深度距底部管片预留 50mm 管片保护层。之后利用电镐凿除两侧混凝土，混凝土碎块装袋运出。

第二阶段切割顶推破除道床中间部分（图 1-14 标示②部分）。分四步作业（图 1-16）：

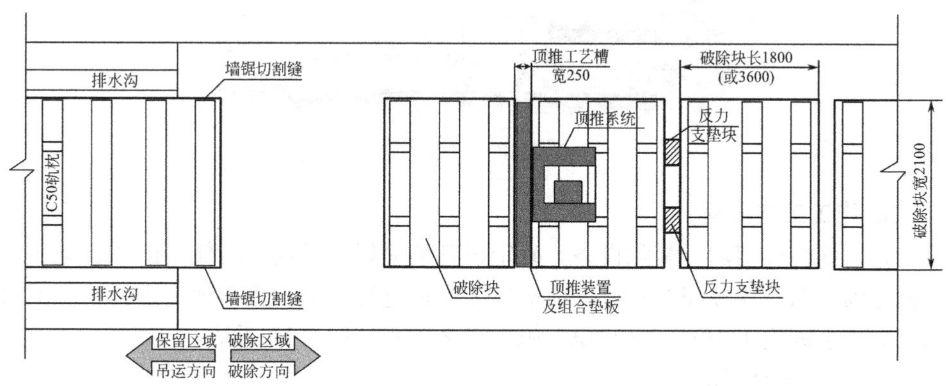

图 1-16 工艺槽切割、开凿及顶推作业示意图（单位：mm）

（1）用墙锯沿道床横向进行顶推工艺槽切割，顶推破除块长度 1800mm（或 3600mm），工艺槽宽 250mm，根据实测切割深度切割，切割时保证纵向钢筋切断。

（2）利用电镐将顶推工艺槽内的混凝土凿除，凿除垃圾装袋、外运（图 1-17）。

（3）安放顶推装置及反力垫块，顶推系统加载，破除块与管片剥离（图 1-18）。

（4）使用轨道悬臂吊车或地铁龙门式铺轨机将破除块吊除、外运。

图 1-17　工艺槽凿除后道床

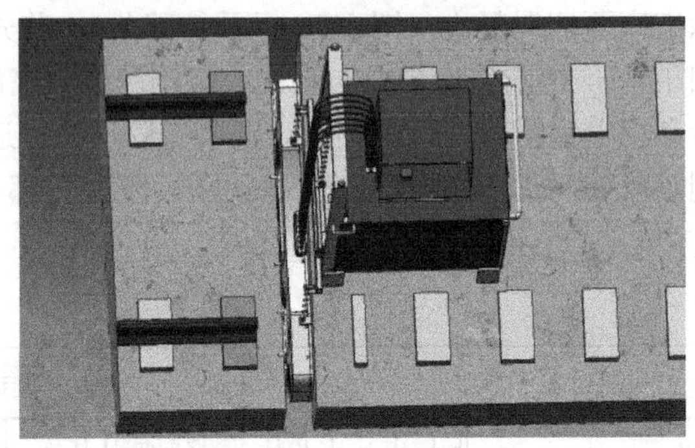

图 1-18　顶推作业

3. 施工工艺流程

施工前检查切割、凿除设备，确定设备的完好；对现场所使用的水、电等辅助设施确定均已连接完好；进场前对施工人员进行安全教育，确定进场施工的每位人员均掌握施工中的安全知识。施工工艺流程如图 1-19 所示。

1）无缝线路解除

无缝线路解除，按照 12.5m 长度将既有长钢轨锯开，改成普通有缝线路。

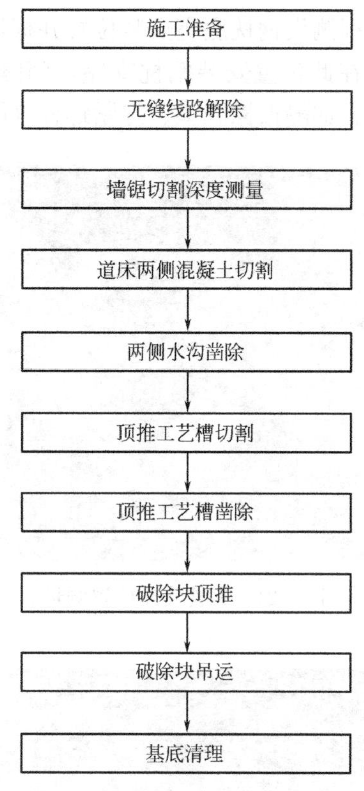

图 1-19　施工工艺流程

2）两侧水沟凿除

施工人员用电镐、液压镐沿着枕木头两侧将水沟凿除，凿除深度为至隧道管壁，凿除的垃圾装袋清理（图 1-20）。

图 1-20　两侧水沟凿除

3）支座安装

提前利用既有轨面高程测设钢枕底座安装位置并标记在隧道壁上（图 1-21）。整体道床两侧水沟凿除后在此位置安装钢枕支座，间隔 1m 安装 1 对钢枕支座，钻孔、安装膨胀螺栓 6 颗、加隔振橡胶垫、拧紧螺栓（图 1-22）。

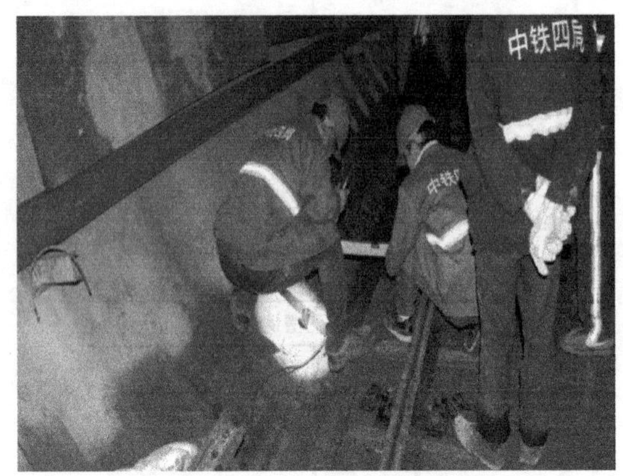

图 1-21 钢枕支座位置测量

图 1-22 安装后的支座

4）顶推工艺槽切割

水沟凿除后沿着整体道床的纵向方向每间隔 1.8m 用墙锯切割一条顶推工艺槽，为保护管壁不被破坏，切割深度根据施工测量人员测得数据进行确定，预留 50mm 的保护层，每条顶推工艺槽的切割宽度为 250mm（图 1-23）。

工艺流程：墙锯走行轨道安装→安装墙锯→供水系统连接→供电系统连接→墙锯试运转→根据交底切割。

工艺槽宽度：每条工艺槽切割两刀，两刀间距 25cm。

切割深度：切割深度最少 300mm（底层钢筋深度约 280mm），保证切断纵向钢筋并预留 50mm 的保护层，以防伤及管片。

图 1-23　顶推工艺槽切割作业

5）顶推工艺槽凿除

切割后用电镐、液压镐开凿顶推工艺槽（工艺槽断面如图 1-24 所示），槽深至管片表面，凿除中不断洒水控制扬尘，凿除的混凝土渣块装袋集中外运（图 1-25）。

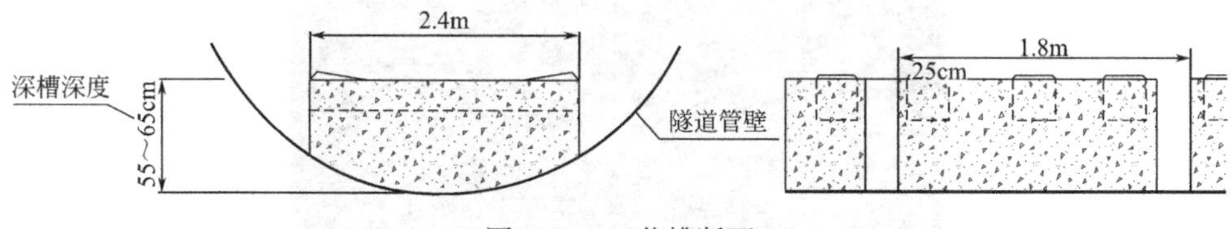

图 1-24　工艺槽断面

图 1-25　顶推工艺槽开凿

6）破除块顶推

工序流程：顶推系统就位→后方反力支垫→顶推装置安放→加压、顶推、卸荷。

因顶推油缸行程较短，顶推装置入槽后须支垫紧密、不留间隙（图 1-26）。当压力表达到某一值后压力迅速下降并伴随混凝土板脆裂声响时，此时破除块已经剥离（图 1-27）。顶推时要时刻观察压力表的变化不得超过设备安全额定油压 63MPa。

图 1-26　顶推装置加固

图 1-27　破除块剥离示意图

7）破除块吊运

破除块剥离后用悬臂吊将破除块吊起，通过滚轮滑道送至平板车上固定并运离施工现场。破除块吊除时吊具利用既有枕木 8 个螺栓孔与既有破除块固定，每块板上固定 4 块吊具（图 1-28）。受线路限界限制，悬臂吊内净空宽为 2.09m，如破除块尺寸过大（实际破除块宽度为 2.4m）无法直接进入悬臂吊内回收，吊起破除块旋转 90°后通过悬臂吊内部放于滑轨上，破除块通过滑轨推至后方平板车上并固定（图 1-29）。

8）钢枕安装

破除块吊除后，施工人员将平板车上的钢枕吊至安装位置，在钢枕支座上加垫减振垫块，将钢枕安放在支座上并调整高度使其在钢轨铺设后能够顺直，调整完成后用固定螺栓将钢枕固定。在已连接并固定完成的临时行车轨道系统的每根钢枕上加垫减振橡胶垫并把钢轨架设在减振橡胶垫上，并将扣配件、螺栓固定，调整轨道几何尺寸以达到运营要求（图 1-30）。

图 1-28　吊具固定

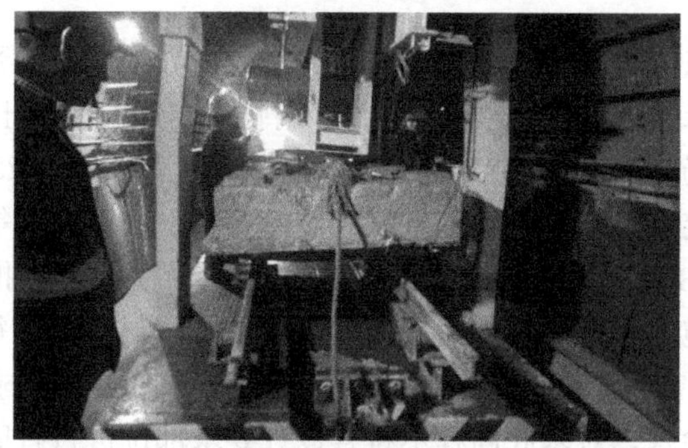

图 1-29　破除块吊除

图 1-30　钢枕安装

9）基底清理、钢筋绑扎及立水沟模板

清理基地残留混凝土及手孔后，在基底表面喷涂界面剂，手孔内设直径10mmL形圆钢与基底钢筋连接，加强基底与盾构管片的整体性。钢筋从临时行车系统钢枕间隙中穿至绑扎位置，在临时行车系统间隙中绑扎钢筋，钢筋绑扎时预留中心水沟位置，立水沟模板（图 1-31）。

图 1-31　钢筋绑扎及立水沟模板

10）基底浇筑

由于受封锁点时间限制，每个封锁点只能完成 7.2m 的浮置板基底浇筑施工，基底浇筑每米需 0.45m^3 混凝土，每个封锁点需浇筑混凝土 3.24m^3，其为快硬混凝土，须现场搅拌（图 1-32）。现场搅拌混凝土采用 JZC250 滚筒式搅拌机，将两台搅拌机固定在平板车一端，水泥、砂、石、水、钢纤维等存放在平板车空余部位，如图 1-33 所示，当混凝土搅拌结束后从溜槽卸至小推车上，并运输到浇筑点完成浇筑施工。搅拌机工效：搅拌时间 2～4min，每台每次搅拌 0.25m^3，每小时可搅拌 5～7m^3。基底混凝土施工完毕后，按照设计要求对基底混凝土表面标高进行复测检查，对基底高程不符合设计要求部位进行打磨处理。

图 1-32　混凝土搅拌

11）浮置板铺设

浮置板铺设设备是专门研发适用于隧道内运营工况的悬臂吊，该车可满足运营线车辆限界要求。由于悬臂吊立柱内净宽为 2.09m，浮置板尺寸为 3.6m×2.7m，浮置板无法通过悬臂吊内部，浮置板只能存放在悬臂吊端头；受起吊高度及立柱前端平板空间限制每次只能够叠放 2 块浮置板，因此每次铺设 2 块板（7.2m）。浮置板吊装用厂家提供专用吊具，每块板 4 个吊具，铺设前安放方形隔振器，安放结束

图 1-33 混凝土浇筑

后将浮置板吊至方形隔振器上，同时人工配合悬臂吊调整破除块位置，使破除块安放在预设位置，铺设后初调线路，初调需满足运营要求（图 1-34）。

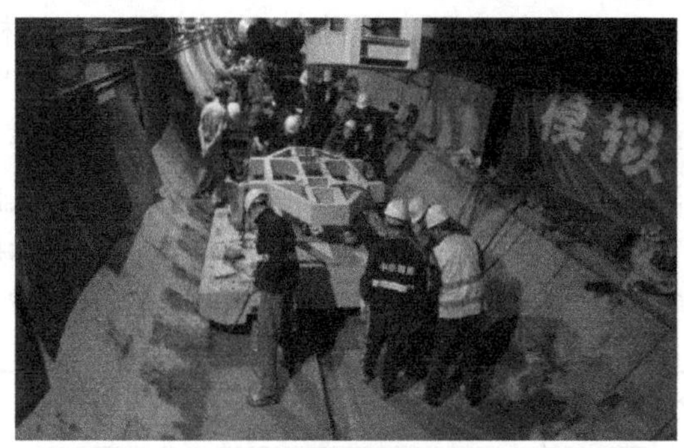

图 1-34 浮置板铺设

12）浮置板精调及线路恢复

当浮置板铺设后在封锁点内精调（图 1-35），根据测量数据对浮置板精调（图 1-36），精调后复测中线、标高，对没有达到设计要求的点位再次精调，直至测量高程和方向数据与设计资料一致。

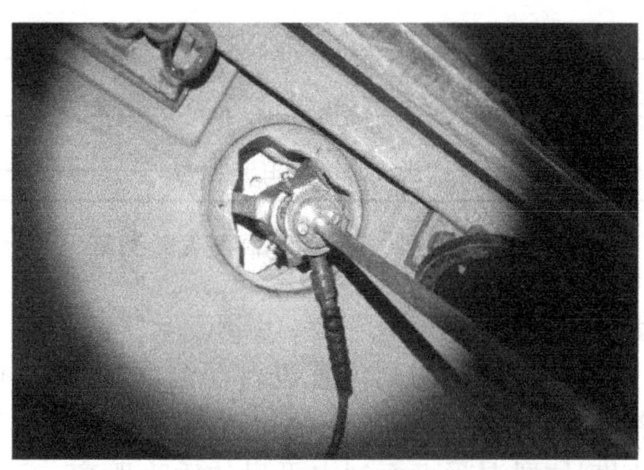

图 1-35 封锁点内精调

图 1-36　浮置板精调

4. 相关技术要求

1）钢枕支座精确测量定位

既有线改造施工要保证轨道原有线路位置，因轨面与钢枕相对位置尺寸固定，支座与钢枕间距的横向尺寸固定，因此利用既有轨面位置测设钢枕支座位置。利用直尺从钢轨工作边沿着轨面连线方向，向外量出 $L=828$mm 横向距离，用直角尺沿着垂直轨面连线向下找到与隧道壁的交点，该交点便是钢枕底座外边缘在隧道上的位置，通过该轮廓线便可定位支座位置，因实际操作误差和隧道半径偏差造成钢枕与支座间高度偏差，用钢垫片调整，如图 1-37 所示。

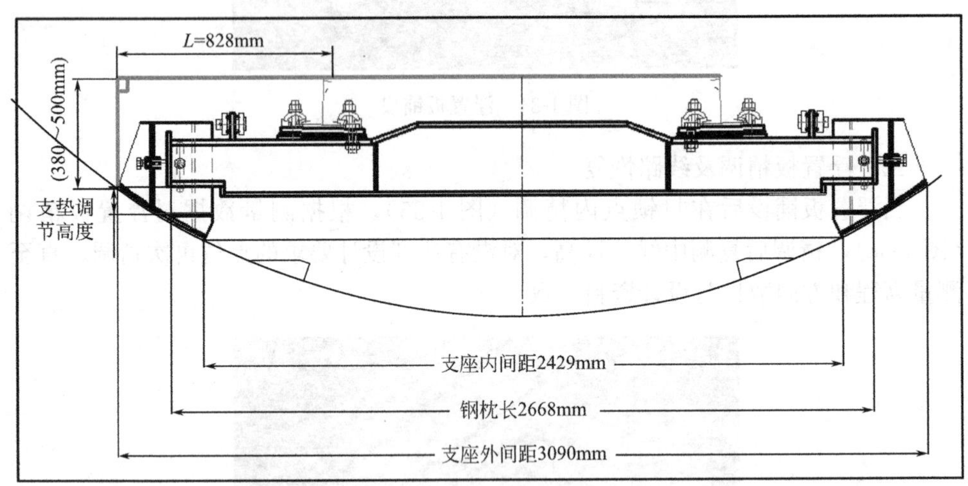

图 1-37　钢枕与支座间高度偏差调整

2）混凝土厚度测量

道床切割前施工测量人员对切割位置进行切割深度测量（图 1-38），用 $d=4.3$m 加长水平尺搭靠在隧道的管壁上，保持混凝土面、直尺和所需的隧道直径平行，用卷尺量取切割位置混凝土面到水平尺的垂直距离 c、切割位置到水平尺

中心的水平距离 a。隧道半径为 $r=2.75\text{m}$，隧道中心到水平尺的垂直距离为固定值 $b=\sqrt{r^2-d^2/4}=1.7146\text{m}$，整体道床任意点的切割深度计算公式为 $L=\sqrt{r^2=a^2}-b-c$，计算出切割深度后预留 5cm 的切割安全距离，保证管壁不被损坏（图 1-39）。

图 1-38　切割深度测量

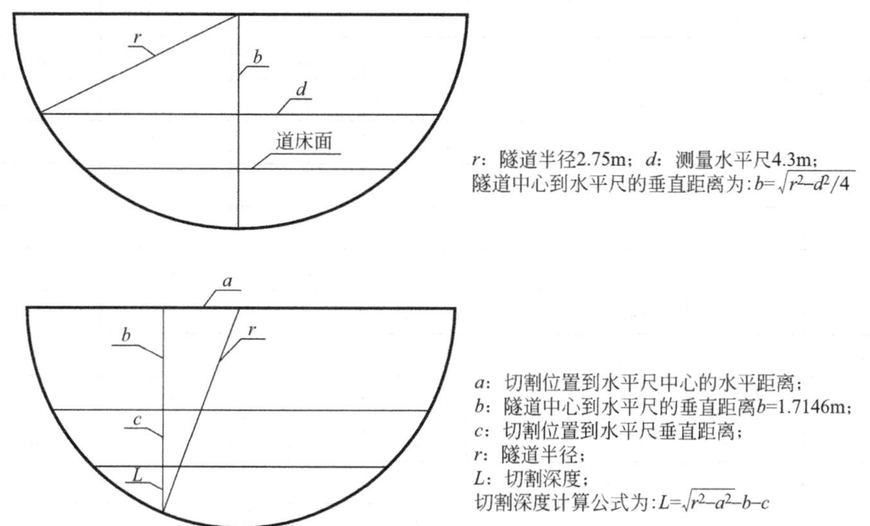

图 1-39　切割深度测量方法

该测量方法操作简单，不用仪器。充分利用圆形隧道特点，只考虑圆形隧道和混凝土面之间的相对位置，不受线路坡度、高程和线型的影响，影响因素隧道的收敛值，根据业主提供的收敛值实测数据较小（2cm 以内），对切割深度的影响在控制范围内，可忽略不计。

3）短轨模段配置

施工中为了保证车辆定位又避免造成正式线路频繁锯轨，需要在拆除 12.5m

短轨后插入计算好的短轨，保证悬臂吊的准确定位，完成顶推作业及浮置板铺设。

计算公式为：

$$12.5a-3.6\times(n-2)-8.4\leqslant L\leqslant 12.5a-3.6\times(n-2)-7.4 \quad (1\text{-}1)$$

式中：a——需拆除钢轨根数（钢轨长为12.5m）；

n——铺设浮置板总数量（从浮置板铺设开始到当天浮置板铺设结束总和）；

L——短轨长度。

短轨模段配置见表1-2。最终短轨长度分别为0.9m、2.2m、4.1m、6m、8m、10m、10.9m七种类型。

短轨模段配置表 **表1-2**

序号	拆除线路长度(m)	破除板块长度(m)	a	n	临时短轨最短长度(m)	临时短轨最长长度(m)	模段配轨长度(m)
1	12.5	7.2	1	2	4.1	5.1	4.1
2	25	14.4	2	4	9.4	10.4	10
3	25	21.6	2	6	2.2	3.2	2.2
4	37.5	28.8	3	8	7.5	8.5	8
5	37.5	36	3	10	0.3	1.3	0.9
6	50	43.2	4	12	5.6	6.6	6
7	62.5	50.4	5	14	10.9	11.9	10.9
8	62.5	57.6	5	16	3.7	4.7	4.1
9	75	64.8	6	18	9	10	10
10	75	72	6	20	1.8	2.8	2.2
11	87.5	79.2	7	22	7.1	8.1	8
12	87.5	86.4	7	24	−0.1	0.9	0.9
13	100	93.6	8	26	5.2	6.2	6
14	112.5	100.8	8	28	−2	−1	

4）控制基标布设

在隧道壁上按5m设置加密基标，控制钢筋绑扎、混凝土浇筑和浮置板铺设时线路中线及标高（图1-40）。

5）快硬混凝土配合比设计

混凝土现场搅拌配合比按设计要求进行，并添加纤维。细骨料和粗骨料分别提前配制并装袋密封，现场根据配合比混合使用。对混凝土的性能要求有：

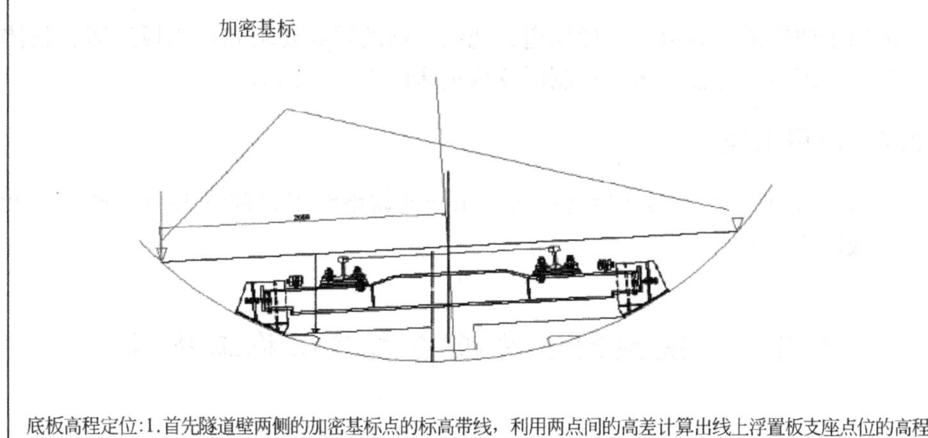

图1-40　控制基标布设图

（1）强度

运营线基底浇筑后为满足下个封锁点浮置板铺设施工要求，底板必须达到一定强度，而一般商用混凝土无法满足其要求，试验段模拟施工时每天安排2～3个封锁点，混凝土强度须满足当天浇筑、当天铺设浮置板的要求。

（2）流动性

超高地段流动性不能太强，与上海环宇建筑工程材料有限公司合作，共同试验并配制了一种快硬性混凝土“快鹿330FJS”，设计强度由原来C40提高到C55等级，经试验试配，该快硬性混凝土1h强度为10.2MPa，2h强度为31.7MPa，2h可达到铺设浮置板施工要求。

（3）耐久性

考虑混凝土为快硬性混凝土，为保证其耐久性要求，配合比设计时添加了钢纤维。

1.2.2　技术指标

《地铁设计规范》GB 50157—2013；

《地下铁道工程施工质量验收标准》GB/T 50299—2018；

《铁路混凝土工程施工质量验收标准》TB 10424—2018；

《上海轨道交通预制板整体道床施工和质量验收标准》STB-GJ-010005—2017。

1.2.3 适用范围

适用于地铁圆形隧道、矩形隧道、地铁车站的限界要求和预制板道床、整体现浇道床、现浇浮置板道床、预制浮置板道床的轨道结构形式。

1.2.4 应用工程

上海市轨道交通 13 号线世博园区专用交通联络线工程调整 13（世改）.102 标轨道减振改造工程。

1.3 地铁预制道岔板整体道床施工技术

1.3.1 技术内容

预制道岔板具有工厂化预制、现场机械化装配、维修更换方便的优点，在施工质量、维保便捷性、节能减排效果、综合经济效益等方面具有优于现浇混凝土道岔道床的优势。但是城市轨道工程中正线道岔铺设区多位于地下，地下线作业空间有限，路基和高架轨道施工常用的大型吊车等设备无法在洞内使用，再加上自密实混凝土扩展度和流动性等灌注性能维持的时间短，施工难度更大。

城市轨道预制道岔板整体道床施工通常有“先安装道岔钢轨件后灌注自密实混凝土”和“先灌注自密实混凝土后安装道岔钢轨件”这两种施工方法，本技术采用的是后者。混凝土底座施工完毕之后，安装自密实混凝土层钢筋，然后铺设预制道岔板，精调并安装自密实层封边模板及扣压装置，接着灌注自密实层混凝土将预制道岔板固定，最后安装道岔钢轨件并精调道岔。

本技术除了对封边模板、扣压装置等工装进行了改进优化，还对城市轨道地下线空间狭小、大型设备无法使用、自密实混凝土作业困难的情况，提出了基于“大泵保距离，小泵控速度”原理的大小泵接力式的预制板道岔自密实混凝土灌注方法，大幅提升了自密实混凝土施工效率。

1. 技术特点

（1）应用灵活广泛，能适应不利的现场状况，无论高架线、路基段，还是作业空间狭小的地下线，均可以应用。

（2）以机械作业为主、人工作业为辅，机械化程度较高。

（3）应用本技术施工预制道岔板整体道床，施工效率、质量大幅提升，施工成本明显降低，施工安全能够更好地保障，效果十分显著。

2. 施工工艺流程及操作要点

1）施工工艺流程

地铁预制道岔板整体道床施工工艺流程如图 1-41 所示。

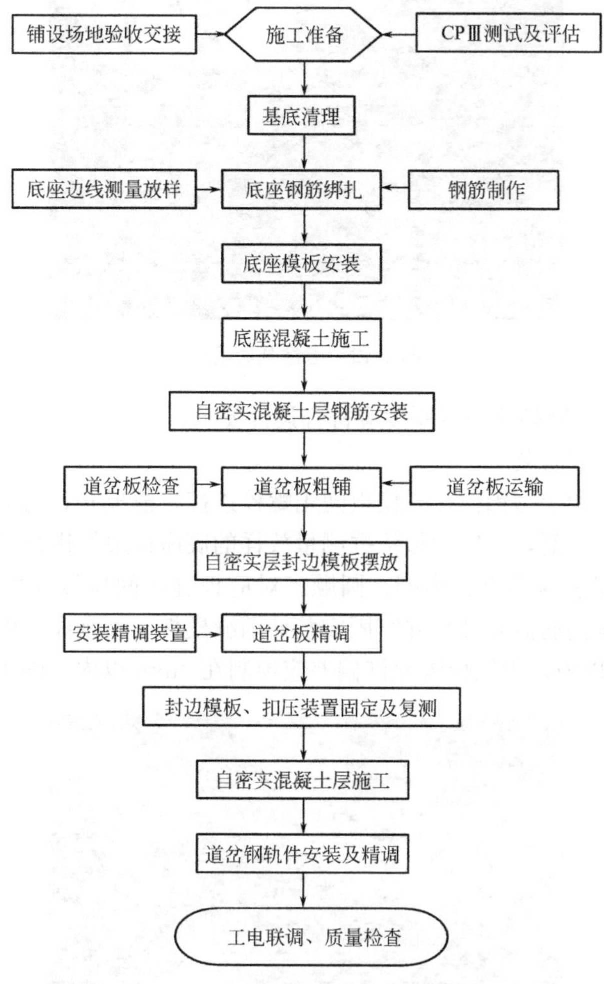

图 1-41　地铁预制道岔板整体道床施工工艺流程图

2）操作要点

（1）基底处理

道床基底按设计要求凿毛，凿毛点应均匀，间距一般为 150mm，深度为 5～10mm，呈梅花状，并彻底清除各种杂物，排除污水。为确保基底清理质量，用高压水冲洗干净，高压风吹干底板无积水，以确保道床与基础的有效连接（图 1-42）。

（2）底座钢筋绑扎

底座钢筋采取在铺轨基地下料、加工，洞内绑扎焊接成型的作业方式。底座钢筋绑扎前应测量放样出底座边线，作为钢筋定位的依据。底座钢筋网由下层钢筋及上层钢筋两层组成，预埋钢筋必须按设计要求布置，混凝土保护层垫块布置

图 1-42　道岔基底清理

不少于 4 个/m²，钢筋保护层厚度应符合设计要求。

（3）底座模板安装

底座侧模采用定型钢模板，模板间用螺栓连接，模板安装前必须对模板表面清理，并涂刷隔离剂，底座模板依据测量放样的底座板边线进行支立，采用钢筋桩加固，模板安装要顺直、牢固、圆顺。对应板缝中间位置在底座上设置伸缩缝，伸缩缝位置钢筋需断开，并牢固安装伸缩缝模板。底座模板内侧宽度误差应控制在±5mm 以内，中线位置允许偏差应控制在 2mm 以内（图 1-43）。

图 1-43　底座模板安装

（4）底座混凝土施工

底座混凝土施工前，应根据测量提供的高程控制桩位和基线在模板内侧粘贴双面胶作为标高控制点，高程控制标签粘贴误差应控制在±5mm 以内。混凝土浇筑过程中采用插入式振捣器进行“快插慢拔”式的振捣。混凝土收面时，要严格按设计进行高程控制，收面次数不得少于 3 次，当混凝土初凝后，采用土工布覆盖洒水养护（图 1-44）。底座混凝土养护的具体要求参照现行行业标准《铁路混凝土工程施工质量验收标准》TB 10424—2018 第 6.4.8 条的规定。底座伸缩缝嵌缝施工前，伸缩缝内不得残留杂物，缝隙两侧不得有浮渣、结块。灌注后密封材料应与缝壁粘结牢固，外观密实、连续、饱满，无气泡、开裂、脱落等缺陷。密封材料表面宽度不得小于伸缩缝宽度，最宽不得超过伸缩缝宽度＋10mm，嵌填深度符合设计要求。底座混凝土外形尺寸偏差应满足表1-3的要求。

图1-44　底座混凝土施工

底座混凝土外形尺寸允许偏差　　**表1-3**

序号	检查项目	允许偏差
1	顶面高度	±10mm
2	宽度	±10mm
3	中线位置	±3mm
4	平整度	±10mm/3m

（5）自密实混凝土层钢筋安装

根据道岔板的分块情况铺设钢筋网片，以测量的边线和板缝线为基准，进行钢筋网片的布设，钢筋保护层垫块按0.5m间距梅花形进行布置，且每平方米不少于4个，并确保保护层厚度满足设计要求（图1-45）。自密实层钢筋安装应符合现行行业标准《铁路混凝土工程施工质量验收标准》TB 10424—2018第5.5.1条至第5.5.4条的规定。

图1-45　自密实混凝土层钢筋安装

（6）道岔板粗铺

道岔板临时存放场地应坚固平整，存放期间基础应无不均匀沉降，场地四周设置排水沟，严禁场地内积水浸泡。临时平放堆放层数不超过4层，层间（含门型筋）净空不小于20mm，并保证承垫物上下对齐。预埋套管、起吊套管、杂散电流及接触轨底座安装孔口用堵头或胶带封好，防止异物进入。道岔板粗铺前首先用全站仪准确放出道岔板四角位置，然后用墨线弹出道岔板四条边线，方便道岔板准确定位。根据现场空间条件选用随车吊或者简易龙门架进行道岔板铺设，预制道岔板本身宽度较大，通过站台区时需先将道岔板平面旋转90°通过，到达铺设地点后再旋转回来。轨道板铺设时门型钢筋必须完好无损，且钢筋位置正确（图1-46）。轨道板中防杂散电流连接端子的材质、规格、位置应满足设计文件的要求。轨道板粗铺精度控制：纵向及横向均不宜大于5mm，高程误差控制在0～＋10mm。

图1-46　道岔板粗铺

（7）自密实层封边模板摆放

道岔板精调前将封边装置提前贴放在道岔板周围，暂时不固定，然后再安装精调爪，避免先安装了精调爪，封边模板会受其阻碍而放不进去的情况。四周封边模板摆放前表面须粘贴透气模板布，粘贴模板布注意与模板粘结密实，无空洞。

（8）道岔板精调

道岔自密实层模板贴放完毕后进行道岔板精调，先将精调爪安装到位，抽掉支垫道岔板的方木垫，然后在道岔板最靠近4个角的螺栓套管上安装4个道岔专用测量标架，每个角一个。道岔板精调应采用全站仪三维放样模式，分别精确测量每块道岔板上的4个棱镜位的三维坐标，并根据放样与计算差值调整道岔板精调装置，对道岔板进行横向、纵向和竖向的调整。精调过程中应注意四角步调一致，避免单点受力过大造成道岔板吊装孔处边角破损，精调平面位置时以直股一侧的两个点为标准，曲股两点进行核查（图1-47）。精调时道岔板允许偏差见表1-4。

图1-47 道岔板精调

精调时道岔板允许偏差 **表1-4**

序号	检查项目	允许偏差(mm)
1	纵向	±0.3
2	中线	±0.3
3	高程	±0.3
4	相邻道岔板承轨面相对横向偏差及高差	±0.3

(9) 封边模板、扣压装置固定及复测

道岔板精调完成后安装固定道岔板专用的防上浮扣压装置，扣压装置通过在底座上预埋的内螺纹钢套管或钻孔锤入的膨胀螺栓与上部装置相接。道岔板每侧均间隔2个承轨台安装一个，左右两侧对应布置，相邻道岔板之间设置两处扣压装置，布置在1/3边长位置。预制道岔板的扣压装置应安装稳固、竖向垂直、横向水平，螺杆安装垂直稳固，螺帽与扣压装置贴紧，扣压装置紧固完毕后再将封边模板也固定牢。然后再次复测道岔板的平面位置和高程，将复测结果进行处理分析，如果误差超过表1-4的规定，则重新精调，直至完全满足要求。

(10) 自密实混凝土层施工

自密实混凝土入模前，应检测混凝土拌合物的含气量、坍落扩展度、T500等性能指标并记录，入模温度宜控制在5～30℃。通过现场试验，对自密实混凝土技术条件中的各项控制指标进行了优化，以提高灌注成功率，见表1-5。

自密实混凝土现场优化控制指标表 **表1-5**

项目	技术指标(技术条件)	现场优化控制指标
坍落拓展度	≤680	660～680
T500(S)	2.0≤T500≤5.0	3.0～4.0
BJ(mm)	<18	15～18

续表

项目	技术指标(技术条件)	现场优化控制指标
泌水率(%)	0	0
L 型仪,H_2/H_1	≥0.9	≥0.9
含气量(%)	3.0～6.0	3.0～5.0
竖向膨胀率(%)	0～1	0～1

高架段或者路基段空间开阔的作业区域，通常采用吊车吊着大料斗从罐车接料，然后吊至自密实混凝土作业面，先开启大料斗阀门放料至灌注料斗，然后再打开灌注料斗阀门，开始进行混凝土灌注，按照“慢快慢”的原则进行灌注速度控制，单块板的灌注时间控制在 5～10min，特别注意见到溢浆孔位置自密实混凝土升至板中部位置时一定要减慢灌注速度，直至灌注完成。单块板灌注应一次灌注完成，严禁二次灌注。

对于作业空间狭小、大型设备无法使用的地下线预制道岔板整体道床，研发出一种大小泵接力输送灌注板式道岔自密实混凝土的技术，其基本原理是“大泵保距离，小泵控速度”，先由大泵将自密实混凝土输送至停在道岔旁的小泵料斗里，然后通过小泵控制流速，利用胶管将自密实混凝土运输至灌注部位，完成自密实混凝土的灌注。此技术可大幅提升车站内板式道岔的施工效率，越是离下料口远的道岔，施工效率提升幅度越明显（图 1-48）。

图 1-48　预制道岔板整体道床自密实混凝土灌注

大小泵接力式的地铁板式道岔自密实混凝土灌注方法的具体步骤如下：

① 罐车运输自密实混凝土到达放料处后进行自密实混凝土试验检验，若检验合格就进入下一道工序，若检验不合格则将自密实混凝土退货。

② 放水至大泵料斗，依次开动大泵和小泵，将铁泵管和胶泵管均润湿。

③ 放自密实混凝土至大泵料斗，开动大泵，低档运转，待小泵料斗快满时开动小泵，输送自密实混凝土至灌注料斗，灌注料斗快满时打开开关。

④ 通过调整大泵和小泵的档位，始终维持小泵料斗和灌注料斗里有料但不至于多到溢出的状态，直至本块道岔板的自密实混凝土灌注完毕。特别是大泵必须根据情况及时调整泵送速度，必要时可短时暂停。

⑤ 本块板灌满后关闭大泵、小泵和灌注料斗开关，将灌注料斗移到下一块道床板的灌注孔，准备好后进入步骤③，如此往复，直到一组道岔的所有道岔板自密实混凝土均灌注完毕。

本技术中大泵采用常规的普通混凝土输送泵，可选用的类型较多，无须特别限定，但小泵因涉及自密实的灌注速度控制，其参数必须有所限定。通过试验确定的板式道岔自密实混凝土灌注施工效果最好的小泵配置参数如下：输送量7～8m^3/h，工作压力8MPa，骨料直径0.5～3cm，水平输送距离60～80m，垂直输送高度15～20m，电机功率15kW，输送胶管口径100mm。自密实混凝土带模板养护不应少于3d，脱模后应喷洒养护液，并进行贴膜养护，养护时间不宜少于14d。自密实混凝土灌注完成后道岔板位置和高程允许偏差详见表1-6。

自密实混凝土灌注完成后道岔板位置和高程允许偏差　　表1-6

序号	检查项目	允许偏差(mm)
1	纵向	±3
2	中线	±1.5
3	高程	±1.5
4	相邻道岔板承轨面相对横向偏差及高差	±1

（11）道岔钢轨件安装及精调

严格按照道岔铺设图进行道岔组装，组装道岔时严格控制道岔钢轨与已成型道床板的相对位置。具体组装方法与常规道岔基本一致，不再赘述（图1-49）。道岔组装完毕后对道岔的轨道几何尺寸进行检查。预制板道岔的轨道允许偏差参照现行国家标准《地下铁道工程施工质量验收标准》GB/T 50299—2018表14.8.13有缝道岔铺设允许偏差的要求。

图1-49　组装完毕的预制板道岔效果图

(12) 工电联调、质量检查

道岔板整体道床养护期结束后申请由甲方代表组织轨道、信号双方施工、监理、维保接收单位对道岔状态进行验收，具备条件后安装转辙机，进行工电联调，直至达到最终验收要求。这与常规道岔的做法基本一致，不再赘述。

1.3.2 技术指标

《地铁设计规范》GB 50157—2013；

《地下铁道工程施工质量验收标准》GB/T 50299—2018；

《铁路混凝土工程施工质量验收标准》TB 10424—2018；

《上海轨道交通预制板整体道床施工和质量验收标准》STB-GJ-010005—2017。

1.3.3 适用范围

适用于预制道岔板整体道床施工。

1.3.4 应用工程

上海市轨道交通 15 号线轨道工程 A 标。

1.4 移动式钢轨感应正火技术

1.4.1 技术内容

焊后热处理广义地说是一种焊接后为改善焊件上焊接接头的组织与性能所进行的局部或整体的热处理工序。该技术在钢轨上的研发和应用，即钢轨焊后热处理（焊后正火及轨面硬化）则是我国特有的、具有原创性的重要技术之一。其目的在于改善接头组织形态、细化晶粒并提高接头性能，并最终延长钢轨使用寿命。

目前，国内的钢轨热处理方式主要有火焰式正火和中频感应正火两种方式。其中，中频感应正火方式主要是利用感应加热方式在钢轨表面产生集肤效应获得加热温度，从而实现正火目的。

移动式钢轨感应正火技术是集中频感应正火技术和轨道运输于一体的新型作业方式，可适用于现场移动焊，经焊后热处理后的接头强韧度配合良好，机械性能优良，服役时间增长，相对于传统式的火焰正火技术，增加了焊接接头质量稳定性，降低了人为因素，减少了因氧气、乙炔等易燃易爆气体使用存放的安全隐患，并减轻了劳动强度，现已广泛应用在现场移动焊接施工中。

1. 技术特点

(1) 正火机为悬挂式，通过夹持钢轨轨腰进行夹紧定位并进行正火。

(2) 具有保压装置，夹紧油缸水平动作，保证夹紧力不受夹钳磨损影响。

(3) 适用钢轨：配置不同的正火加热线圈，可满足 50～75kg/m 钢轨。

(4) 可实现正火过程中电流、频率、温度、时间等各种数据的记录、存储、打印，并可实现数据转储。能够自动记录、存储、打印钢轨正火过程受热部位(轨顶、轨底)的温度曲线；可以对各正火的焊缝编号进行自动命名或编辑命名，以及对操作人员等进行登记存档。

(5) 可实现设备在线监控管理，对冷水机、液压泵站、柴油发电机组等部件进行监控。

(6) 具有自动报警功能：当水压、温度等出现异常时，可自动报警。

(7) 可实现感应线圈微调对位功能。

2. 移动式钢轨感应正火车简介

YZH-120Q 正火车主要由正火机、电气控制系统、正火管理系统、液压系统、冷却系统、柴油发电机组、移动式平板车等部分组成(图 1-50)。

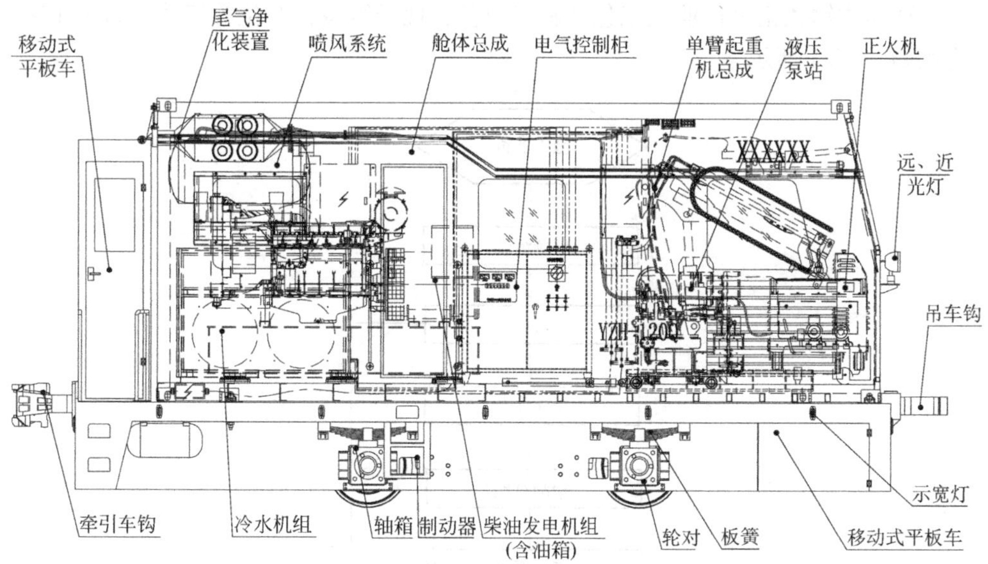

图 1-50 移动式钢轨感应正火车

移动式钢轨感应正火车主要技术参数详见表 1-7。

移动式钢轨感应正火车主要技术参数 **表 1-7**

项目类型	参数值	备注
发电机组	电压:400V±5%(50Hz),功率:120kW	
液压系统额定压力	起重机:20MPa,正火机:17MPa	
额定夹紧力	100kN	

续表

项目类型	参数值	备注
正火机重量	800kg	
自行速度	低速：5km/h，高速：10km/h	
连挂速度	30km/h	
轨距	1435mm	
最小半径曲线	150m	
最大外轨超高	150mm	
线路坡度	35‰	
重量	14500kg	
作业半径	3200mm（以起重机回转中心计算）	

3. 施工工艺流程及操作要点

1）施工工艺流程

移动式钢轨正火作业施工包括施工准备、现场组装、对位等工艺，施工工艺流程如图 1-51 所示。

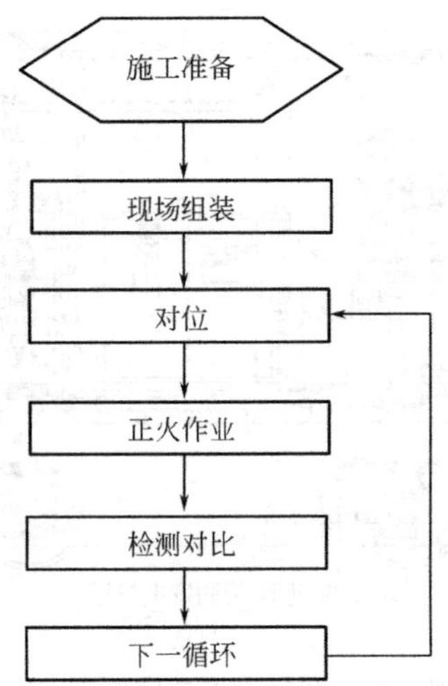

图 1-51　移动钢轨正火施工工艺流程图

2）操作要点

（1）施工准备

因钢轨材质不同及施工环境的影响等，根据正火车的机况特性，对每种钢轨需制作出不同的正火工艺。同时兼顾探伤工艺要求，一般是在焊接工艺参数调试阶段，根据落锤端口情况及探伤复查情况，依据《钢轨焊接 第 1 部分：通用技术条件》TB/T 1632.1—2014 中给定的正火温度要求，制定出钢轨轨头、轨腰、轨底具体加热温度。

（2）现场组装

在完成工艺调试后，移动式钢轨正火车即将进入到施工现场进行作业。因其是由正火机、各种类型系统、柴油发电机组、移动式平板车等组成，需使用汽车等运输到位后进行现场组装后方可使用（图 1-52）。

图 1-52　移动式钢轨正火车组装完毕效果图

（3）对位

移动式钢轨正火车进入现场后，可依据自身行走动力进行对位操作，由现场操作人员依据焊接接头位置进行精确定位，并操作移动式平板车控制达到指定位置，使得正火机准确地放置在焊接接头上。

（4）正火作业

① 正火机的启动顺序

a. 检查柴油机燃油量、液压油油位、冷水机水位。

b. 检查正火机的所有紧急停止开关，应都处于“复位”状态。

c. 检查正火机电气控制柜的主断路器是在“断开”位置。

d. 检查正火机在起重机上未受到任何限制。

e. 启动发动机，检查发动机的控制面板，以确保所有传感器工作正常，并确认发动机功能正常。

合上正火机电控柜的主断路器。

f. 按下液压系统的启动按钮，启动液压系统。

g. 启动冷水机，观察温度应在正常的范围内。

h. 将正火机移出到达正火位置（注意：将正火机移出时应小心，勿碰撞正火机，尤其是感应线圈）。

i. 确认感应线圈完好无损且导电面无异物。

j. 检查液压软管、水管是否有渗漏的情况。

k. 启动正火管理系统，直到主显示屏幕上显示“正火编号”。

l. 操作正火机的夹紧臂夹钳张开/合上或线圈平移油缸的前进/后退或线圈张开闭合，以循环液压油，使液压油上升到正常油温，并预热正火机。

m. 正火设备已准备就绪，可以进行正火作业。

② 正火机的操作

a. 正火前准备工作

(a) 断开正火机电源，清除夹钳上的异物，用钢丝刷进行刷扫干净。如夹钳上异物未清除干净，将影响感应线圈与钢轨间距，影响正火加热效果。

(b) 除去钢轨焊接接头附近区域的氧化皮，同时打磨焊接接头轨底角的焊瘤。如果焊接接头焊瘤高度过高，感应线圈闭合后，将导致焊瘤与感应线圈接触，损坏线圈或者正火时导通烧化线圈。

(c) 检查感应线圈上、下导电块接触面和变压器输出导电面，应保持清洁，不允许出现异物。如果未及时清洁感应线圈导电面和变压器输出导电面，将会导致正火时导电面点击灼伤，损坏变压器或感应线圈。

(d) 待正火的钢轨轨底下部空间应至少有高度60mm的空间，防止感应线圈下导电面与轨底下部空间相互干涉。

(e) 待正火钢轨轨底下部空间，在感应线圈附近，应至少有长度方向200mm的空间用于感应线圈前后移动。

b. 正火操作

(a) 点击正火机触摸屏上的操作模式置于“机头操作”位。

(b) 触摸屏进入正火操作界面，点击“钳口张开”观察正火夹钳位置，保证夹钳确已完全打开。

(c) 点击“线圈张开”按钮，直至图像中线圈张开到位、指示灯变为绿色(意味着线圈已经完全张开)。

(d) 操作起重机，将正火机落在钢轨上，下落的过程中，尽量保证正火机的感应线圈位置在焊接接头处，定位块完整落到钢轨上。

(e) 点击触摸屏的“钳口夹紧”，慢慢合拢夹钳，为避免夹紧不正确，应在夹紧过程中特别检查，并保证线圈没有卡到钢轨。如果出现线圈“卡挂”，应当立即张开钳口，若线圈“卡挂”时继续夹紧，或钢轨未被正确的夹紧，都会损坏正火设备。

(f) 在钢轨被夹紧后，点击触摸屏上的“线圈合拢”，一直按着该按钮直到指示灯变为绿色，线圈合拢完成。

(g) 切换到触摸屏监控界面，观察线圈是否在焊缝位置，通过调整界面上的“线圈前移”和“线圈后退”保证线圈在焊缝的中心位置。当线圈闭合后，禁止进行线圈的前进/后退操作，导致线圈导电面和变压器导电面磨损或损坏。

（h）检查触摸屏中水流指示灯是否正常，若正常，此时应当触摸屏中绿灯闪烁和机头的绿灯闪烁，提示可以开始正火。

（i）点击“正火启动”按钮，正火开始。触摸屏中和起重机上方的绿灯常亮。

（j）在正火过程中出现异常现象时，可以点击“正火停止”，出现紧急情况时应当立即按下正火机的“急停”按钮，此时电气控制柜空气开关会断开，柴油机不会熄火，切断电气控制柜电源。

（k）正火完成以后，触摸屏指示灯和起重机指示灯会变成红色，点击触摸屏中“正火停止”完成正火。

（l）完成正火后，点击触摸屏中“线圈松开”按钮，当指示灯变为绿色时，意味着线圈已经完全松开。

（m）起重机脱离钢轨后，点击触摸屏中“钳口夹紧”按钮，使夹钳夹紧至复位状态，操作起重机收回正火机，进入下一个钢轨焊机接头正火作业地点。

焊接接头正火后效果如图1-53所示。

图1-53　焊接接头正火后效果

③ 钢轨正火过程

a. 正火的控制过程包括：根据程序设定的要求按时间阶段，改变正火频率；正火过程大约持续160～300s，正火温度为850～930℃。

b. 正火步骤如下所述：

（a）操作正火机对准待正火的钢轨上，感应线圈对准焊接接头位置，落到钢轨上，前后定位块应全部落在钢轨上。

（b）夹紧钢轨并检查线圈对准焊缝情况，微调感应线圈对准焊缝。

（c）操作感应线圈闭合。

（d）启动正火，正火过程可分成下列几个阶段：高频加热阶段、低频加热阶段、喷风阶段。

(e) 张开正火机夹钳和感应线圈，将正火机吊离钢轨。

(5) 检测对比

在正火作业完成后，检测焊接接头预拱度控制量，并和试验数据进行对比。需要调直时，在时效期内完成校直工作（图 1-54）。

图 1-54 检测校直

(6) 下一循环

在完成一处作业后，可移动自走形平板车，进行下一轮的作业。

1.4.2 技术指标

《地下铁道工程施工质量验收标准》GB/T 50299—2018；

《钢轨焊接 第 1 部分：通用技术条件》TB/T 1632.1—2014。

1.4.3 适用范围

适用于地铁和国铁的移动焊接接头正火处理、市政工程钢轨焊接生产线的正火工艺。

1.4.4 应用工程

上海地铁 15 号线；郑州地铁 5 号线；郑州地铁 3 号线；拉林铁路等。

1.5 地铁预制浮置板道床施工技术

1.5.1 技术内容

城市地下轨道交通主要采用现浇混凝土整体道床设计，其建设速度受到主客观因素的制约，经常出现局部地段不能及时贯通，建设周期与成本同步增加的情况，且后期维修难度大、成本高。随着地铁钢弹簧浮置板轨道的应用与推广，近年来，地铁轨道也开始采用预制浮置板道床设计，通过工厂化制造的预制浮置板在施工及后期维修方面的优点日益显著，其具有道床结构美观、加工精度高、施工便捷、易于维修等特点，在城市地下轨道交通的应用日益广泛。

1. 技术特点

（1）采用了轮胎式设备运输及吊装预制浮置板，极大地提高了施工效率，节约了施工工期，节省了施工成本；

（2）研发专用吊具吊装预制浮置板，保证了预制板成品质量。

2. 工艺原理

预制浮置板道床结构自上而下主要由轨道、浮置板道床、外套筒、侧置式剪力铰、密封条、隔振器、钢筋混凝土基底等部分组成（图1-55）。施工顺序主要是先施工混凝土基底，待基底强度达到要求后铺设预制浮置板道床，利用初铺放样点对预制浮置板精度进行初步定位。浮置板铺设完成后，再进行轨道及扣件的安装，将浮置板连接成整体。然后安装隔振器及压紧垫片，再利用全站仪和CPⅢ控制网采集轨道数据，指导工人增减垫片，使得浮置板达到预定设计标高，完成浮置板顶升工作。

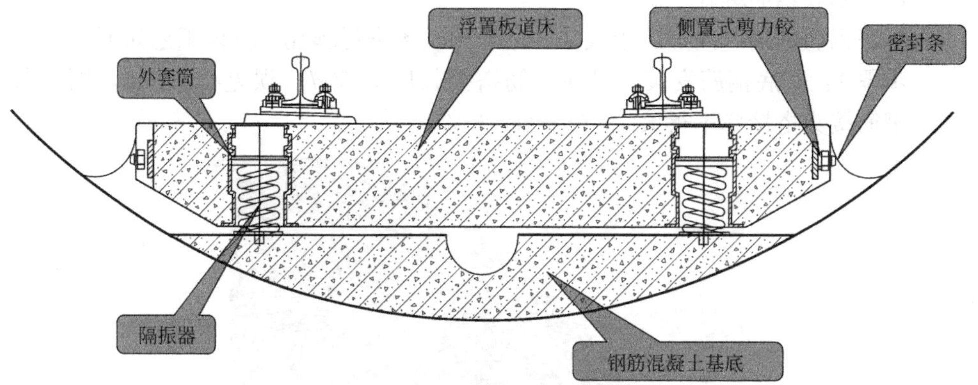

图1-55　浮置板板式道床结构图

3. 施工工艺流程及操作要点

1）施工工艺流程

预制浮置板道床的施工工序共有9项，具体施工工艺流程如图1-56所示。

2）操作要点

（1）施工准备

预制浮置板道床施工前应做好交接工作面的限界测量，做好基底的清理工作。同时，隧道断面沉降达标，CPⅢ控制网测量完成，浮置板预制与验收工作完成。

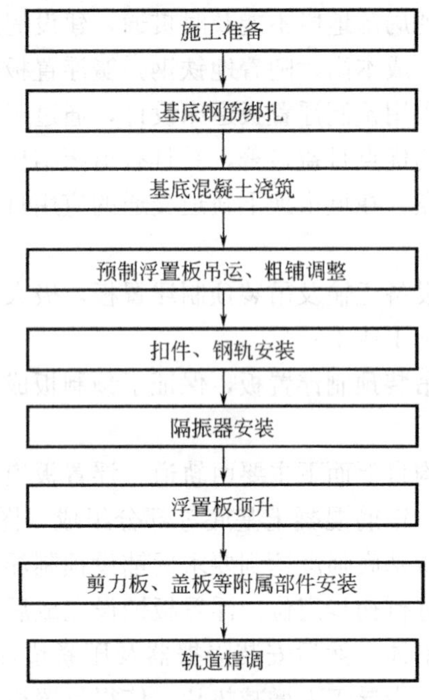

图 1-56　预制浮置板道床施工工艺流程图

(2) 基底钢筋绑扎

基底钢筋采用厂内加工半成品，运送到现场进行绑扎。具体工艺如下：

步骤 1：基底钢筋安装。纵向钢筋搭接长度为 $50d$，误差≤20mm，同一截面上钢筋接头搭接率不得大于 50%（图 1-57）。

图 1-57　浮置板基底钢筋绑扎图

步骤 2：基底钢筋调整。测量隧道结构垂向与横向偏差，根据隧道上浮和偏移的情况调整基底钢筋的高度和长度，留出保护层厚度 40mm；中心水沟位置确认：曲线超高在基底上实现，根据测量基标确定中心水沟位置，钢筋绑扎过程中及时检查预留中心水沟位置。

步骤3：中心水沟模板安装。中心水沟模板采用半圆形钢模板，模板安装做到平顺、位置正确、高度合适、牢固不松动；基底伸缩缝安装：基底伸缩缝安装时必须避开隔振器位置，需提前定位（图1-58）。

图1-58　浮置板基底模板安装

步骤4：复核检查。按照图纸要求控制并复查钢筋间距，避免出现缺筋现象。

（3）基底混凝土浇筑

具体工艺如下：

步骤1：基底钢筋检查无误后，根据轨顶标高下返一定数值标示出混凝土浇筑高度控制线。具体数值根据现场高程控制桩下返量测，基底垂直方向标高误差要求为0～－5mm。

步骤2：基底浇筑前准备工作完成后进行混凝土浇筑，浇筑过程中严格控制放料速度和布料间距，防止混凝土冲击模板及混凝土堆积挤压模板，导致结构尺寸变形（图1-59）。

图1-59　浮置板基底混凝土浇筑

步骤3：严格控制混凝土收面工序，混凝土面需进行“三道收面”工序控制。一般位置平整度允许误差为4mm/m²。隔振器位置需特别注意控制高程误差在0～−5mm内，平整度允许误差在2mm/m²内，必要时可在隔振器位置加密高程控制桩用于控制隔振器位置高程及平整度。直线水沟两侧基底顶面同高（图1-60）。

步骤4：基底浇筑完成后至初凝及时对隔振器位置高程及基底混凝土面进行复核。

步骤5：基底混凝土浇筑后应及时进行洒水保湿养护（图1-61）。

图1-60 浮置板基底混凝土抹面

图1-61 浮置板基底混凝土养护与成品

（4）浮置板吊运、粗铺调整

具体工艺如下（图1-62）：

步骤1：清理基底表面垃圾，确保预制浮置板粗铺后板下清洁。

步骤2：测量放样处预制浮置板粗铺基标点，位置设置在线路中心线上两侧，每块板放样前后各2个，利用墨斗线弹出粗铺板端线。

步骤3：通过专用运板车将预制浮置板运到下料洞口。

步骤4：通过吊车及专用浮置板吊装卡具将浮置板吊装至洞下专用运板车上。

步骤5：利用铺轨门吊和专用吊装工具同步、匀速地将预制板运至铺轨作业面。

步骤6：根据基底弹出的板端线及轨道板上弹出的中心线，利用铺轨门吊及吊垂线配合，进行现场浮置板的初步定位。

步骤7：然后利用全站仪，配合厂家专用的调节装置，实现轨道板前后方向和高程的精确定位；调整完成后保证：预制板中线位置限差±2mm、预制板板缝公差±5mm、预制板横向偏差±5mm、板面不平顺度≤1mm。

步骤8：预制板距离基底的标准高差为3cm，预制浮置板调整完成后，板端四角统一加垫3cm厚垫木，避免预制板直接放置在基底上，保证板面基本达到设计高度。

图1-62　预制浮置板粗铺对位

（5）钢轨、扣件安装

具体工艺如下：

步骤 1：安装钢轨和扣件之前确认相邻预制板的上表面高差不大于 5mm，避免局部预制板悬空。

步骤 2：将扣配件数量型号正确配置并运送至作业面现场，为加快施工进度，可在铺轨基地先行安装扣件铁垫板。

步骤 3：安装扣件及钢轨，通过扣件不同规格的轨距块来实现钢轨轨向及轨距调整。

步骤 4：通过选用不同规格的调整垫板，调整轨道高低、水平。

步骤 5：安装完成后锁紧扣件。

（6）隔振器安装

具体工艺如下（图 1-63）：

步骤 1：打开外套筒顶盖将基底表面擦拭干净，确定无粉尘残留。

步骤 2：使用专用工装和冲击钻在需要安装水平限位器的隔振器基础环中心钻孔，钻孔深度必须保证水平限位器前端 3cm 埋入混凝土中。

步骤 3：将基底混凝土渣清理干净后，压入水平限位器。水平限位器设计配置量为 100%，基底钢筋与水平限位器安装位置冲突时，建议采用水钻处理。

步骤 4：使用内套筒夹运工装将内套筒竖直放置在外套筒内基底上，内套筒底部限位孔与水平限位器完全对应，逆时针旋转内套筒，使其旋入承载挡块底部并被外套筒内的防转挡销止动。

步骤 5：在内套筒顶板与承载挡块底部之间竖向空隙处分别放入不同厚度的调高垫片，直至两者之间的竖向间隙被充分填满（以无法放入 1mm 垫片为止），用以消除内外套筒间的缝隙。

图 1-63　预制浮置板定位销、隔振器安装

（7）浮置板顶升

具体工艺如下：

步骤 1：第一轮顶升前将道床清理干净（预制板顶升前，由于板下支撑

30mm 高垫块，内套筒顶板与支撑挡块底部理论上应有 25mm 距离)，首先统一加垫 15mm 垫片。

步骤 2：将千斤顶放在套筒内，整体旋转千斤顶，使其三个爪位于套筒支承板的下方。

步骤 3：利用铁棒拨动调整垫片，使其三个角位于套筒支承板下方，并且垫片上的 3 个孔应与隔振器的 3 个 M16 孔重合，取出板下垫块。

步骤 4：拨调完毕后进行卸压操作，隔振器回弹，将调整垫片紧紧顶在套筒支承板上，将千斤顶提出套筒。

步骤 5：第一轮顶升完成之后检查在内套筒顶板与承载挡块底部之间竖向空隙处加设薄垫片，直至两者之间的竖向间隙被充分填充（以无法放入 1mm 垫片为止)，用以消除内外套筒间的缝隙，使内套筒的顶升高度处于同一水平面上。

步骤 6：第二轮顶升用轨检小车测量轨道标高，采用专用千斤顶进行浮置板顶升工作，浮置板的顶升高度按设计要求控制，允许误差为±1mm，顶升时须从一端向另一端依次顶升，达到设计的顶升高度。

步骤 7：曲线段钢弹簧浮置板道床顶升前需考虑板边线向外侧偏移（顶升内移)，用专用千斤顶进行浮置板修正性顶升工作（表 1-8)。

曲线段浮置板基底铺设时顶升预留的偏移量 (mm)　　表 1-8

超高值	120	100	80	60	40	20
偏移量	4	3.5	3	2.5	2	1

步骤 8：利用放在隔振器上液压千斤顶的液压柱塞顶住内套筒顶部中心，千斤顶三爪分别扣住各承载挡块并完全就位，才可启动千斤顶将内套筒向下压缩，在承载挡块下放入垫片达到设计轨道标高。轨检小车进行复测确定顶升高度，结束后即进行标高最终测量。

步骤 9：第二轮顶升完成后用塞尺对每个筒检查是否有吊空现象，根据塞尺检测数据对个别筒顶升加塞垫片。

步骤 10：安装锁紧板，并拧紧定位螺栓。安装盖板，上紧盖板螺栓，套上静电帽，清理预制板道床表面多余配件、杂物等。

(8) 剪力板、盖板等附属部件安装

预制浮置板附属工程包括密封条及检查孔盖板安装（图 1-64)，具体工艺如下：

步骤 1：盖上外套筒顶盖，并上紧顶盖紧固螺栓，避免杂物进入破坏弹簧隔振器。

步骤 2：在板两侧、板缝位置安装密封条，板间凹槽位置处安装检查孔盖板。

步骤 3：密封条安装时一侧固定在预制板上，另一侧固定在结构壁上，隧道内水平偏差情况较严重时，结构壁侧的固定端可视情况调整到板边基底位置。安装后确保密封条中部有一定伸缩变形量，勿完全绷直。

图 1-64　预制浮置板成品照片

(9) 轨道精调

具体工艺如下（图 1-65）：

步骤 1：在轨道精调的同时，用轨检小车检测轨道三维坐标，随时调整板的位置。

步骤 2：通过扣件和轨距块实现钢轨轨向及轨距调整。用 10m 的弦线拉绳测正矢，确定一股钢轨的轨向，再以轨距控制另一股钢轨的轨向。

步骤 3：通过选用不同规格的调整垫板，实现轨道高低、水平的调整。轨道高低调整应由最高（低）点向两侧逐渐过渡调整垫片厚度。

图 1-65　预制浮置板轨道精调

4. 预制浮置板吊装专用工装

3.6m 预制浮置板单块重量 10.5t，6m 预制浮置板单块重量达 15.6t。如此笨重的构件如何才能快速、高效地完成吊装。经过理论设计和制造试验，研制出预制浮置板吊装专用工装。它包括两个部分：一是顶部的吊装横梁；二是用于卡住隔振器的专用卡具。具体如图 1-66 所示。

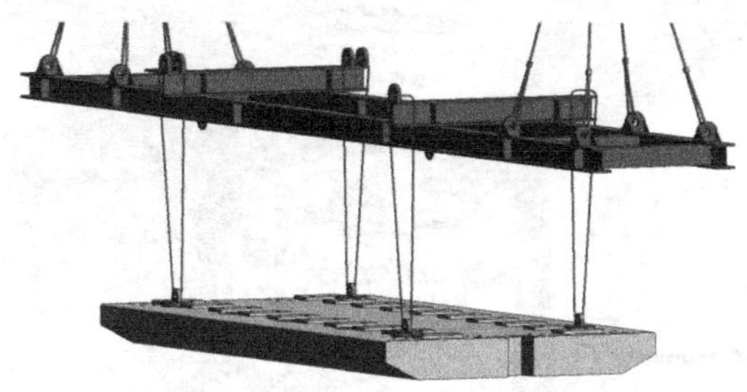

图 1-66　预制浮置板吊装三维图

吊装横梁：利用顶部横梁可以实现双门吊吊装，减轻门吊的吊装压力。同时，顶部横梁还能起到稳定吊装的作用。

专用卡具：底部采用旋转式卡具，结合隔振器的尺寸进行设计。通过旋转卡入隔振器，然后再次旋转，使得卡具卡住隔振器下沿，再将限位插销插入对位孔，实现卡具的安装与固定功能（图 1-67）。

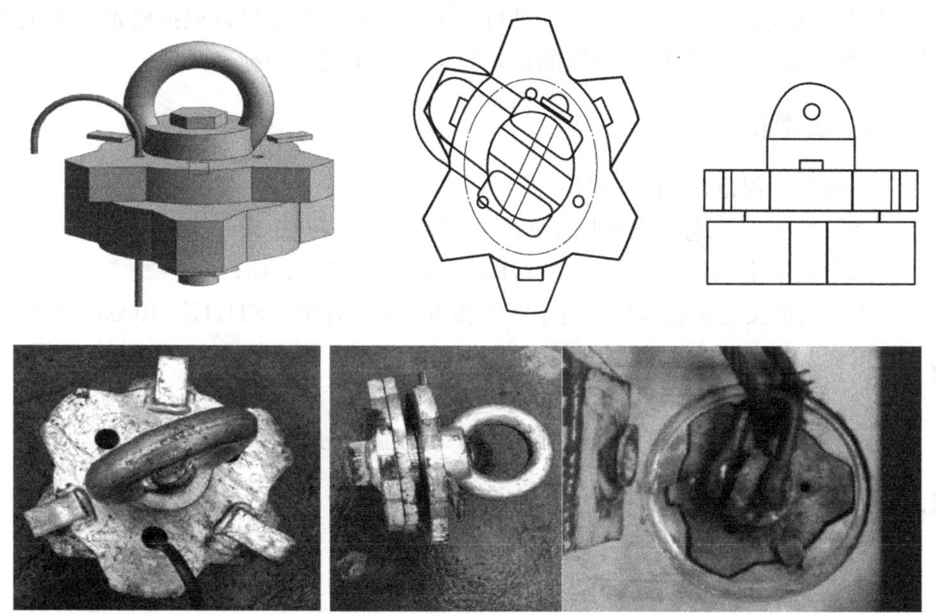

图 1-67　预制浮置板吊装专用卡具设计、实物图

5. 轮胎式设备运输、吊装技术

为了提高预制浮置板的运输和吊装效率，优化传统走行轨设备，改为轮胎式

设备。利用隧道圆形管壁作为运输通道，采用轮胎式铺轨门吊调运预制板。包括两个部分：一是轮胎式运板小车；二是轮胎式铺轨车（图 1-68）。

图 1-68　自变形轮胎式铺轨门吊实物图

轮胎式运板小车：摆脱了传统走行轨式运输设备的束缚，直接在浇筑完成的基底上行走，行驶最高速度可大 15km/h，可快速高效地将预制浮置板运输到铺设地点。

轮胎式铺轨车：通过隧道管壁进行行走，轮胎的角度可以根据隧道断面大小进行调整。减少了走行轨及电缆的材料投入，施工更加便捷和环保。

1.5.2　技术指标

《地铁设计规范》GB 50157—2013；
《地下铁道工程施工质量验收标准》GB/T 50299—2018；
《铁路混凝土工程施工质量验收标准》TB 10424—2018；
《上海轨道交通预制板整体道床施工和质量验收标准》STB-GJ-010005—2017。

1.5.3　适用范围

适用于城市地下轨道交通预制浮置板结构道床的施工。

1.5.4　应用工程

上海市城市轨道交通 14 号线、15 号线。

第 2 章　接触网/轨工程

2.1　接触网刚柔过渡段施工技术

2.1.1　技术内容

接触网刚柔过渡段一直是 DC1500V 架空接触网中的重点和难点，在这段区域，电客车在快速行驶中实现从两种性质的接触悬挂中过渡取电，相对于锚段关节、分段绝缘器、线岔等处的弓网关系，受电弓在两种性质截然相反的接触悬挂中过渡取电，确保弓网关系稳定的难度更大。电客车在通过刚柔过渡段时，需保证受电弓平稳过渡，满足受电弓高度逐渐抬升、逐渐降低的要求，一旦处理不当，轻者导致离线打火、拉弧，重者将导致钻弓、刮弓等严重弓网事故，造成不可估量的损失。

鉴于此，结合以往施工经验，对传统的施工方法进行了改进，通过加强对现场测量、数据计算、现场验证及材料预制全过程的衔接与整合。重点解决了导高、拉出值、接触线坡度、接触线弛度、接触线平直度、关节等高点、非支控制点等施工关键点和难点，有效缩短了地铁接触网刚柔过渡段处接触悬挂安装工期，提高了整体安装水平。

1. 技术特点

1）简化施工过程

地铁接触网刚柔过渡段处接触悬挂调整前，通过测量、计算，对刚性悬挂吊柱、柔性悬挂吊柱、下锚吊柱、吊弦、下锚零部件、下锚拉线、电连接线等进行了预制，对接触线坡度、下锚高度、下锚距离、非支抬升高度、工作支下降高度、等高点等进行了模拟。因此节省了传统施工过程中现场交叉安装、调整的额外工作量，一次安装、调整到位，大大提高了施工效率，有效地缩短了施工工期。

2）提高施工精度

精密的测量、计算、工厂化预制、电脑模拟，一次性安装调整到位，提高了地铁接触网刚柔过渡段处接触悬挂安装、调整精度，改善了弓网受流关系。

3）节约投资成本

与传统施工方法相比，该技术对地铁接触网刚柔过渡段处接触悬挂的安装、调整方法更合理，配合规范的管理，合理地对材料分类、预制，避免了返工及浪费，使得材料和配件上的浪费和丢失极少。因此节约了大量的材料，间接节省了地铁接触网刚柔过渡段处接触悬挂安装调整额外消耗的人工费和机械费。

4）优化刚柔过渡段接触悬挂布置

通过对锚段关节、承导线下锚点、定位点、刚柔过渡元件安装处的科学合理布置，使地铁接触网刚柔过渡段处接触悬挂的布置更加合理、准确、清晰、美观。

5）安装调整快，周期短

该技术安装调整速度是传统做法的3～4倍，各施工工序可交叉作业，有效提高了工作效率，避免了返工，缩短了工期。

6）可靠系数高

避免了刮弓、打弓、脱弓、打火、拉弧等弓网故障，改善了弓网受流质量，杜绝了跳闸、列车停运等危险情况的发生，可靠系数高。

7）使用寿命长，维修工作量小

由于严格控制从加工到制作的每个施工工艺，使地铁接触网刚柔过渡段处接触悬挂的使用寿命都要比传统安装方式长久，减少了后期维护工作中的工作量及材料更换量。

2. 工艺原理

以现场测量数据为基础，然后通过腕臂计算、吊弦计算、吊柱计算、非支抬升高度计算、下锚距离计算、导线坡度计算及验收标准进行材料工厂化预制，现场一次性安装、调整完毕。由测量人员通过现场试验及多功能接触网检测仪器进行地铁接触网刚柔过渡段处接触悬挂检测，接触网检测车对接触线进行冷滑、热滑试验。

3. 施工工艺流程及操作要点

1）施工工艺流程

刚柔过渡段施工工艺流程如图2-1所示。

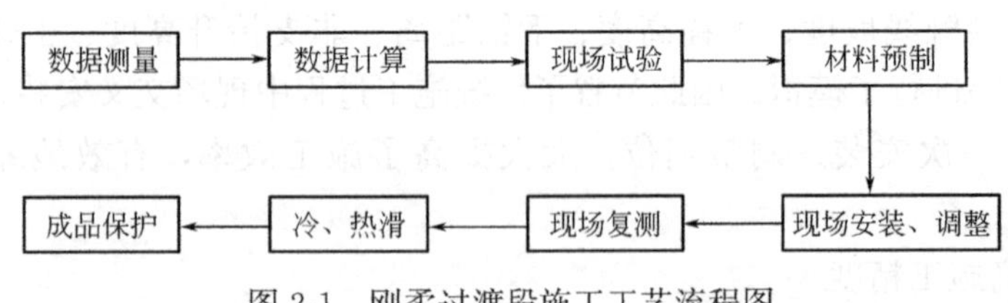

图2-1　刚柔过渡段施工工艺流程图

其中关键技术主要有：数据测量、数据计算、现场试验、材料预制。

2）操作要点

（1）数据测量

进行地铁接触网刚柔过渡段处接触悬挂安装、调整时，先进行数据测量，主要包括：刚柔过渡元件设置位置、锚段关节设置位置、承力索下锚高度、非支接触线下锚高度、工作支接触线下锚高度、接触线坡度、关节处抬高支与工作支距离、接触网零部件有效计算尺寸等。

测量主要内容及形式如图 2-2、图 2-3、图 2-4、图 2-5 所示。

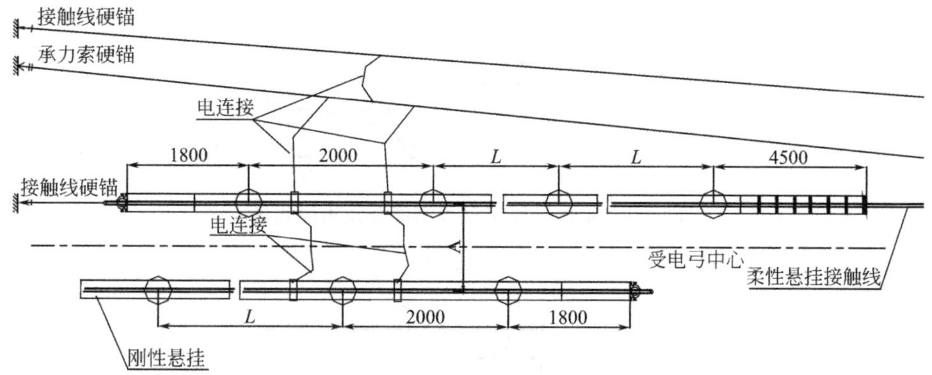

图 2-2　地铁接触网刚柔过渡段整体测量示意图（单位：mm）

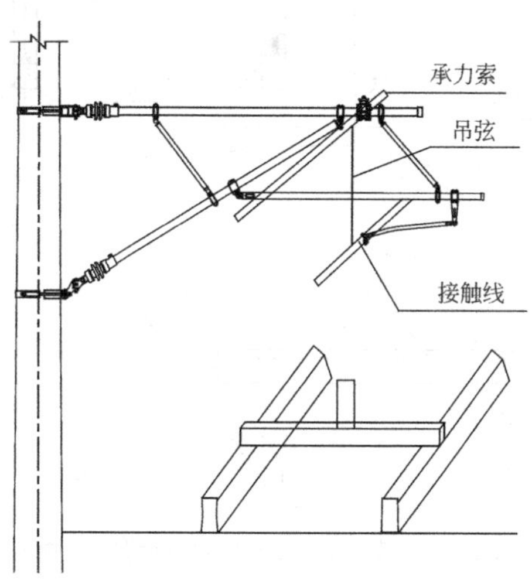

图 2-3　承力索、接触线高度及拉出值测量

现场数据测量完毕后，对测量数据进行初步整理，并进行分析，对有疑问的测量数据再次进行复测，确保测量数据的准确性。而后，将测量数据录入电脑，进行数值分析及分类，准备后续的数值计算。

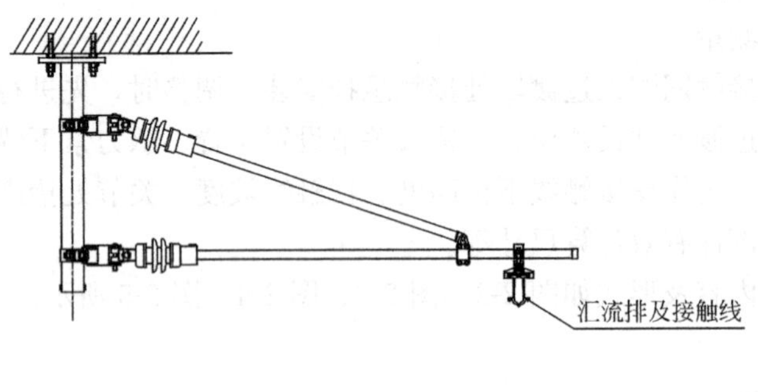

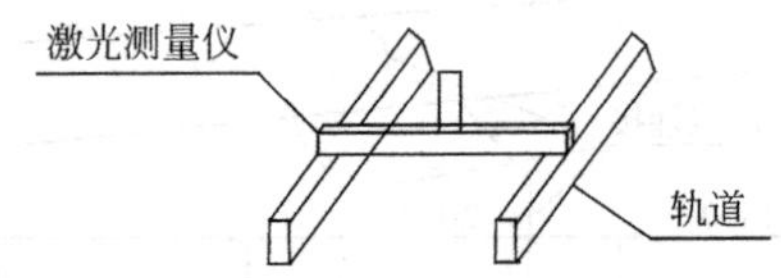

图 2-4 刚性悬挂接触线高度及拉出值测量

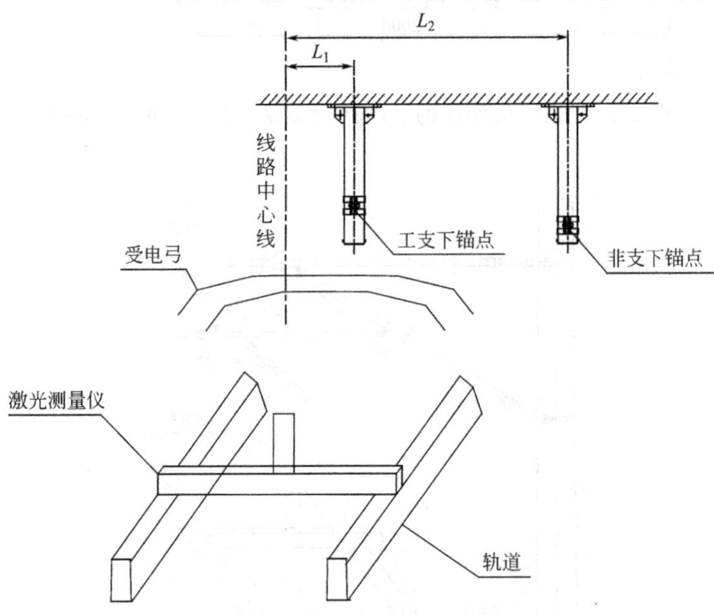

图 2-5 工支下锚点距受电弓绝缘距离测量

（2）数据计算

主要涉及腕臂计算、吊弦计算、吊柱（刚性悬挂吊柱、柔性悬挂吊柱、承导线下锚吊柱）计算、敞开段导高计算，数据计算是后续腕臂预配、吊弦预制、吊柱加工、下锚安装、悬挂安装的基础，数据计算的精确与否，直接关系到整个接触网刚柔过渡段处接触悬挂调整的质量。

① 腕臂计算

腕臂计算是腕臂预配的基础，是实现腕臂工厂化预制、现场一次安装到位的关键。在腕臂计算中，主要需要得出以下数据：平腕臂长度、斜腕臂长度、套管双耳安装位置、双线支撑线夹安装位置等数据，通过计算出的数据，进行工厂化、流水线式的加工、预配，提高了施工效率，避免了返工、浪费，节省了成本。

斜腕臂长度计算是腕臂计算环节的关键点及难点，其计算结果的准确性直接影响接触网腕臂安装的规范性及接触网刚柔过渡段的性能稳定性。斜腕臂的双承双导链型悬挂直线中间柱正定位安装如图 2-6 所示。

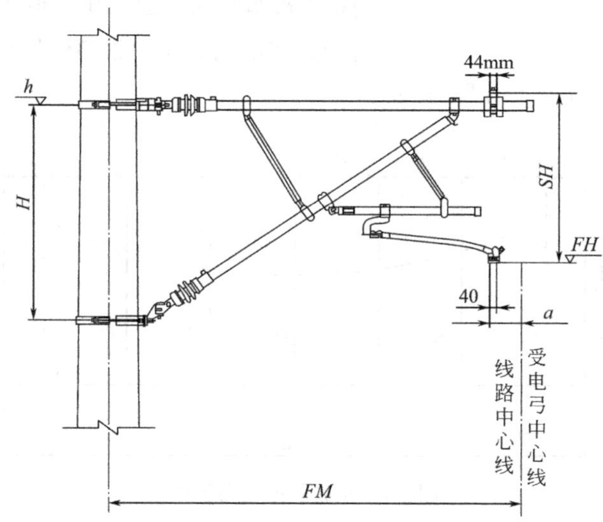

图 2-6　双承双导链型悬挂直线中间柱正定位安装

经公式推导及验证，可得出斜腕臂计算公式为：

$$X=\sqrt{(D-E+I-U-L-M)^2+(AV-N-O)^2}-AD \tag{2-1}$$

式中：X——斜腕臂计算长度；

D——侧面限界；

E——接触悬挂拉出值；

I——双接触线间距，一般定为 40mm；

U——套管双耳与双线支撑线夹间距，一般定为 200mm；

L——腕臂下底座处支柱半径；

M——腕臂下底座长度；

AV——腕臂上、下底座间距；

N——套管双耳长度；

O——腕臂下底座高度；

AD——腕臂棒式绝缘子有效长度。

② 吊弦计算

吊弦一般均匀布置在跨中，支柱定位点到第一根吊弦距悬挂点的距离是根据接触悬挂的结构和线路情况布置的，地铁接触网采用 4m 左右的居多，跨中吊弦以间距 8～12m 均匀布置。定位处吊弦的安装位置是接触网设计时确定的，其他吊弦的位置，在两侧的定位处吊弦间均匀分布。

设计中关于吊弦根数的规定：20m≤跨距≤25m 时，用 3 根整体吊弦；
25m≤跨距≤33m 时，用 4 根整体吊弦；
33m≤跨距≤41m 时，用 5 根整体吊弦；
41m≤跨距≤49m 时，用 6 根整体吊弦；
跨距≥49m 时，用 7 根整体吊弦。

吊弦长度及布置如图 2-7 所示。

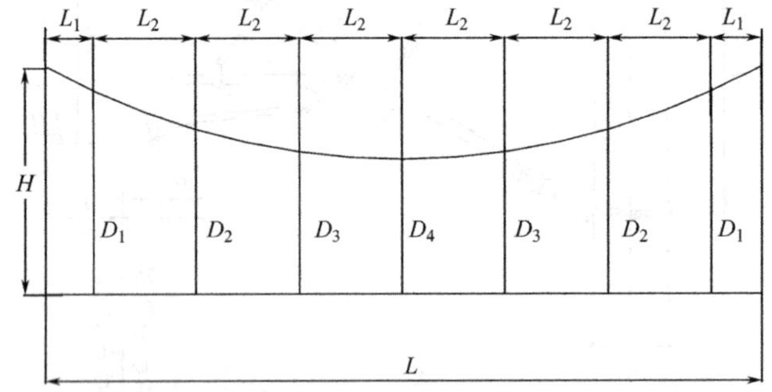

图 2-7　吊弦长度及布置图

吊弦数量和间距确定后，跨距中各吊弦的长度应根据所在跨距的悬挂方式、承力索的张力、结构高度及吊弦在跨距中的位置来确定。影响吊弦长度的因素很多，在接触网工程施工中，对吊弦长度计算时是按照锚段进行的，进行吊弦长度计算的基本参数包括以下几个方面：锚段的一般数据，其中包括锚段长度、跨数、线路的曲线超高和坡度情况；接触悬挂线索的参数、弹性吊弦和吊弦的参数、第一吊弦的距离、线夹重、吊弦的切割长度、双腕臂槽钢（关节处）的长度；其他支持数据，如承力索座的型号、特殊悬挂和附加负载情况、侧面限界、支柱倾斜等。

地铁接触网中承力索和接触线一般采用相同的铜合金材质，且为全补偿链型悬挂，所以吊弦无论在什么温度安装，都应该处于垂直状态。

③ 吊柱计算

地铁接触网刚柔过渡段处接触悬挂吊柱可分为：刚性悬挂吊柱、柔性悬挂吊柱、承导线下锚吊柱，根据各类吊柱作用及现场情况不同，其计算及选型也不一样。其计算方法主要有以下几种：

a. 刚性悬挂吊柱，其形式如图 2-8 所示，在矩形隧道顶部植入 M16 化学锚栓，而后通过 M16 化学锚栓将吊柱固定安装。

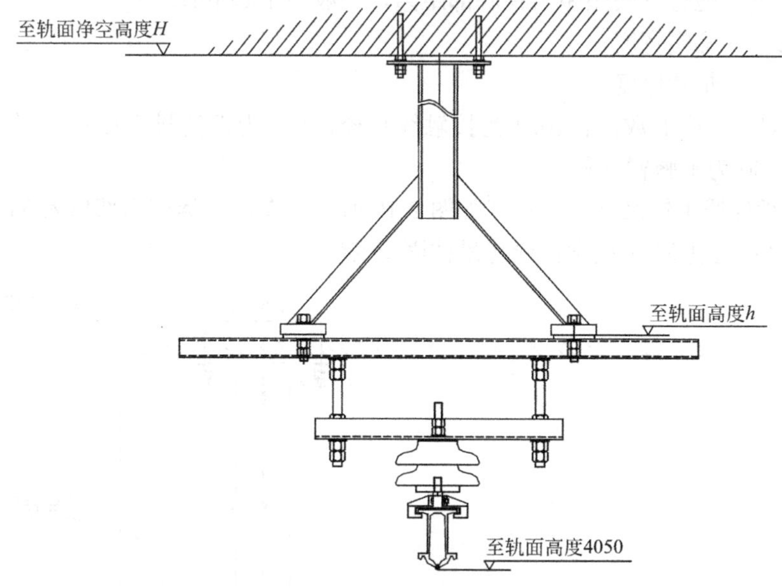

图 2-8 刚性悬挂吊柱安装形式图（单位：mm）

b. 柔性悬挂吊柱，其形式如图 2-9 所示，在矩形隧道顶部植入M24化学锚栓，而后通过 M24 化学锚栓将吊柱固定安装。

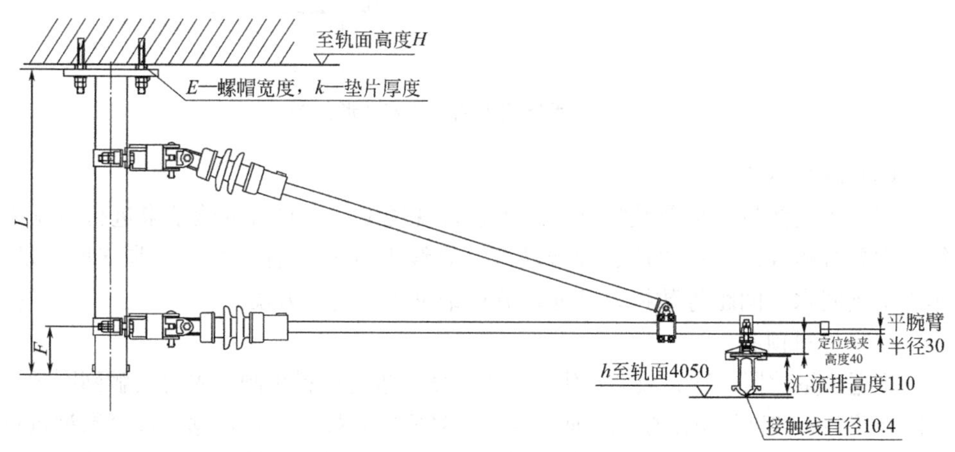

图 2-9 柔性悬挂吊柱安装形式图（单位：mm）

柔性悬挂吊柱计算公式为：

$$L=H-h-10.4-110-40-30+F-E-k \tag{2-2}$$

式中：L——吊柱计算长度；

H——隧道顶面距轨面净空高度；

h——接触线高度 4050mm；

F——腕臂下底座距吊柱底部距离，一般为 100mm；

E——螺帽宽度；

k——垫片厚度。

式（2-2）中的数值：10.4 为接触线直径；110 为汇流排高度；40 为定位线夹高度；30 为平腕臂半径。

c. 承导线下锚吊柱，其形式如图 2-10 所示，在矩形隧道顶部植入 M24 化学锚栓，而后通过 M24 化学锚栓将吊柱固定安装。

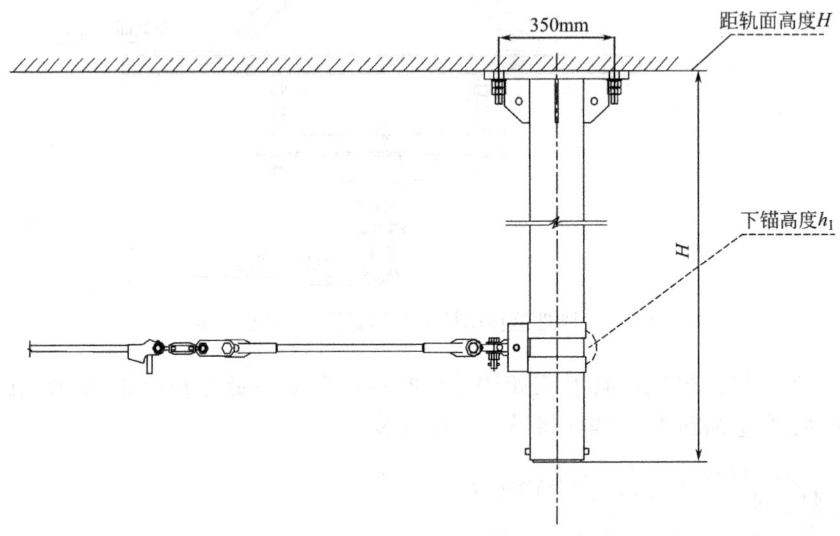

图 2-10　承导线下锚吊柱安装形式图

（3）现场试验

根据现场测量数据及数据计算结果进行现场试验，并对试验结果进行数据采集，主要分析导高、拉出值、导线坡度、导线平直度、锚段关节处非支抬升量、非支工支间水平间距等数据，并通过分析结果优化施工方案。

（4）材料预制

根据测量数据、计算数据及优化施工方案，进行材料预制，先对接触网刚柔过渡段处接触悬挂进行电脑模拟，而后结合现场实际，按照测量数据、计算数据进行腕臂、吊弦、下锚拉线、各类吊柱、刚性悬挂、汇流排、柔性悬挂、锚段关节等材料的预制，主要进行腕臂预配、吊弦预配、各类吊柱加工、下锚拉线预制、汇流排预制，预制时，须布置加工车间，进行工厂化预制，加快施工速度和预制的质量。

2.1.2 技术指标

《铁路电力牵引供电工程施工质量验收标准》TB 10421—2018；

《城市轨道交通架空接触网技术标准》CJJ/T 288—2018。

2.1.3 适用范围

适用于出入段线接触悬挂、刚柔过渡段接触悬挂、刚性接触悬挂、柔性接触悬挂等DC1500V架空接触网施工，同时对国铁AC27.5kV接触网施工也有借鉴作用。

2.1.4 应用工程

天津地铁5号线工程供电系统设备安装施工一标段；上海市轨道交通13号线二期、三期工程13（2-3).302标。

2.2 接触轨装配式安装技术

2.2.1 技术内容

接触轨系统具有结构简单、施工作业面低，便于施工和运营维护等优点，现已被广泛地应用，采用新研制的“接触轨打孔辅助工装”“接触轨电子测量仪”“地铁接触轨限界检测装置”等一系列接触轨安装、调试工机具，实现了接触轨快速定位、测量及综合检测，有效降低了人工误差，避免重复返工，提高了接触轨施工质量。

1. 技术特点

（1）利用自主设计研发的“第三轨打孔辅助工装”“接触轨数显测量装置”及“地铁接触轨限界检测装置”等辅助工机具，对接触轨的定测及综合调整的效率、精度进行有效提升。

（2）利用BIM技术实现虚拟建造，模拟施工流程，优化施工方案，提高施工效率，通过碰撞检查避免接触轨安装冲突，快速计算所需材料量，完成接触轨工厂化预制，减少材料浪费，提高经济效益。

2. 工艺原理

接触轨系统结构简单、施工作业面低，便于施工和运营维护，现已被广泛地应用，课题组通过研究施工过程，总结施工工艺，自主设计研制出“接触轨打孔辅助工装”“接触轨电子测量仪”“地铁接触轨限界检测装置”等接触轨安装、调试工机具，并首次将BIM技术应用于接触轨专业施工中，利用BIM软件对接触轨安装进行施工模拟、碰撞检测，在模型中解决接触轨专业与轨道专业碰撞问题，在模型中对接触轨长度进行调整，进行工厂化预制，避免现场切割，达到了绿色安装的目的。

3. 施工工艺流程及操作要点

1）施工工艺流程

接触轨装配式安装施工工艺流程如图 2-11 所示。

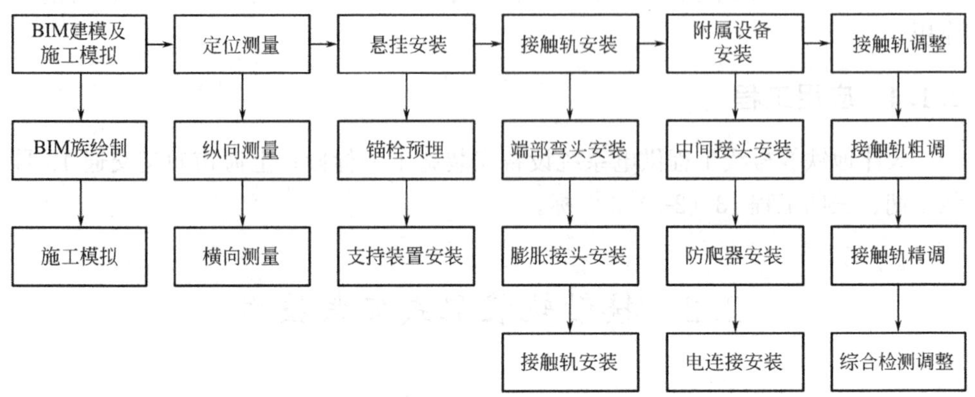

图 2-11　接触轨装配式安装施工工艺流程图

2）操作要点

（1）施工准备

① 审查设计图纸，熟悉有关资料。检查图纸是否齐全，图纸本身有无错误和矛盾，设计内容与施工条件能否一致，各工种之间搭接配合有无问题等，同时应熟悉有关设计数据。

② BIM 建模及施工模拟：

a. BIM 族绘制

根据接触轨设备 CAD 图纸，使用 Revit2018 软件绘制其 BIM 族（图 2-12），并按照接触轨 BIM 组交付标准对其性能参数、材料性质进行设定，并设置其代码、名称、族类别，根据土建专业、轨道专业图纸，在软件中搭建施工场地模型（图 2-13）。

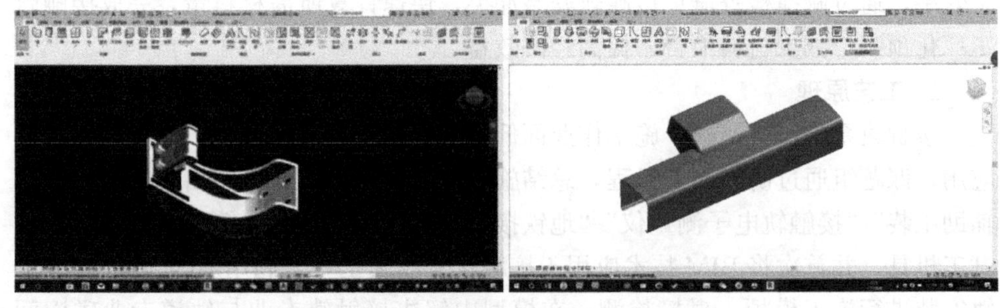

图 2-12　接触轨绝缘支架 BIM 族

图 2-13 接触轨施工场地模型

b. 施工模拟

将接触轨 BIM 族整合放入场地模型，根据设计图纸，布置安装接触轨支持悬挂，并将接触轨专业的模型与轨道专业的模型进行合并模拟，利用 Navisworks2018 进行碰撞检测，对发生碰撞的设备进行分析，通过制作非标件解决碰撞问题（图 2-14）。

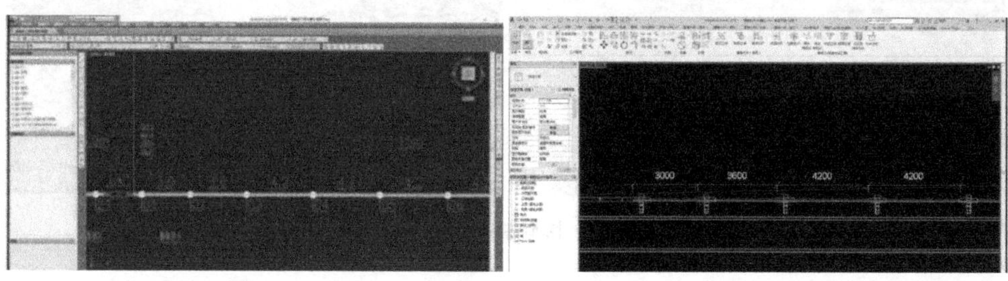

图 2-14 接触轨锚段布置图（Revit）

待碰撞问题解决后，对每个锚栓的接触轨进行安装，通过软件测量各处中间接头距离，调整单根接触轨长度。由于接触轨最大允许跨距为 4.8m，可以在模型中，对部分跨距较小的悬挂进行调整，从而减少悬挂安装梳理。确认全线接触轨的跨距、长度符合设计要求后，生成各项材料明细表，进行工厂化预制（图 2-15）。

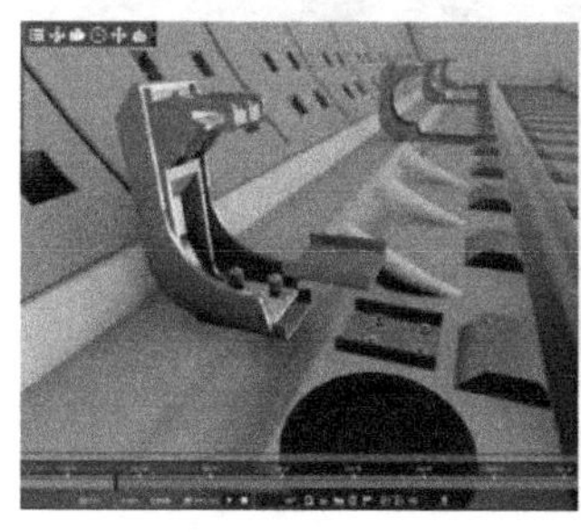

图 2-15 接触轨非标底座制作

(2) 定位测量

① 纵向测量

以车站中心标、道岔岔心标或设计图纸标明的测量起点开始测量。根据起测点里程和施工图纸定位点里程，定测出第一个悬挂点的位置，用油漆笔在钢轨轨腰处和整体道床上均做好标记，并注明锚段号和悬挂定位号。

按接触轨 BIM 布置图的跨距，沿钢轨依次测量标记各定位点位置，曲线上沿曲线外侧钢轨进行测量，根据曲线半径计算跨距增长量。测量出各个定位点位置后，用红油漆在钢轨轨腰外侧和整体道床上做出明显、清晰的标记，并标注定位点号、悬挂点类型等数据。标记时依据定位点拉出值方向在相应钢轨的轨腰外侧位置及整体道床上均做标记，一个整锚段测量完毕后，对此锚段全长进行复核，确认无误后继续进行下一锚段测量（图 2-16）。

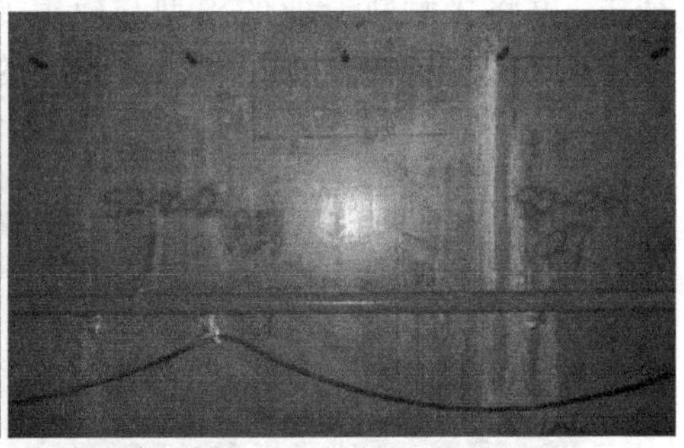

图 2-16　接触轨悬挂纵向测量

② 横向测量

将第三轨打孔辅助工装放置在轨道上，底座卡子牢牢抵住钢轨，使装置与钢轨保持严格垂直（图 2-17），用记号笔标记出 4 个锚栓安装孔（图 2-18）。

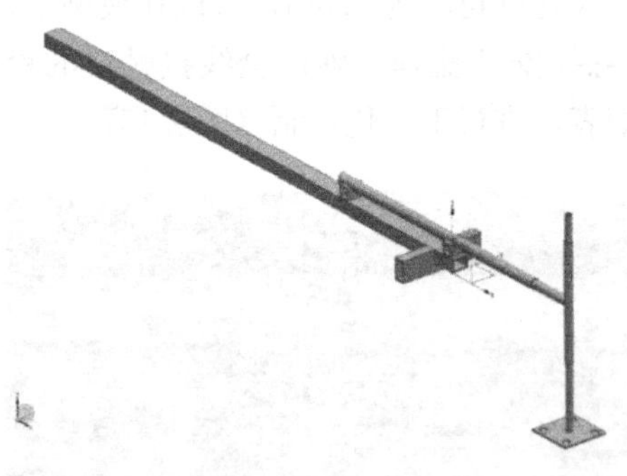

图 2-17　接触轨打孔辅助工装

(3) 悬挂安装

① 锚栓预埋

图 2-18 接触轨悬挂横向测量

打孔时，钻头正对“〇”形标记向下垂直打孔，使用吹尘器将产生的尘屑吹向无人侧。打孔位置如果有探测到的钢筋，需更换为水钻头进行打孔作业。完成钻孔作业后需进行扩孔作业，即把扩孔钻头插到已打好的直孔底部，开动钻机并用力压紧钻机，压到钻头的挡位环扩孔，中间无须旋转钻头。

使用“四吹三刷”法，先吹清孔内浮尘，然后用钢丝刷清刷孔壁，清刷时钢丝刷在孔内抽拉转动，如此反复吹刷，清理干净孔内粉尘。将后扩底锚栓安装到孔底，使用专用敲击工具敲击锚栓套管，使锚栓的套管上表面与混凝土表面齐平，同时可以在螺杆上看到一条标记线，即表明安装到位（图 2-19）。

图 2-19 接触轨底座锚栓打孔预埋

后扩底锚栓预埋完成后，进行锚栓拉力测试，拉力至规定测试值，并保持 3～5min，期间如无异常，即通过测试，做好测试记录（图 2-20）。

② 支持装置安装

a. 支持底座安装

在每个锚栓上拧一个螺母，调整 4 个螺母使其在同一个平面内，将底座利用轨道车或推车运至定位点处，按设计图纸和安装要求进行安装，依次安装支架底座、螺栓等附件，将底座调至与轨面平行，纵向距离满足 h 值（导高要求值），与轨道中心线垂直，横向距离满足设计值，然后使用力矩扳手紧固 4 个螺栓（图 2-21）。

图 2-20　接触轨底座锚栓拉拔试验

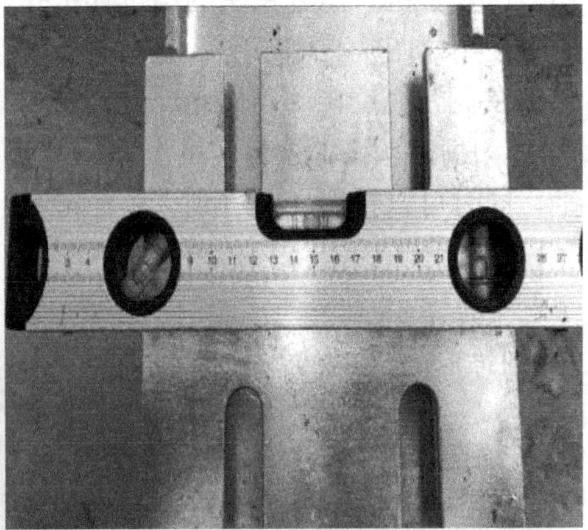

图 2-21　接触轨支持底座安装

b. 绝缘支架安装

将装配好的整体绝缘支架利用轨道作业车运至施工现场，逐点对号按设计图纸要求安装。采用道尺检查，调整使竖向安装垂直于轨面，整体绝缘支架外缘至轨面中心线的水平距离为 1780mm（图 2-22）。

绝缘支架应安装牢固，部件应安装正确、齐全、紧固，各螺栓使用扭矩扳手按规定力矩紧固，安装应符合厂家说明书配装及螺栓紧固力矩要求。

（4）接触轨安装

① 端部弯头安装

清理接触轨和端部弯头安装端面的污物，修整端面上的毛刺，检查端面与轨面的垂直度，保证垂直度偏差为±0.1°，并涂上一层极薄的接触油脂。使用 C 形夹具和两块质地软硬适中的木板，上下夹持住接触轨和端部弯头，使其两部分的

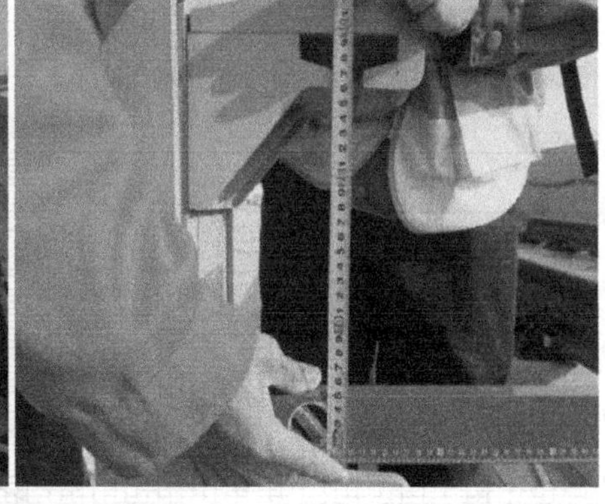

图 2-22 接触轨绝缘支架安装

对接保持在同一平面上，接头处无高低落差。使用打孔机和打孔工装，在需要安装端部弯头的接触轨一端进行打孔（图 2-23）。

图 2-23 接触轨端部弯头安装

打孔完成后，将所有配合表面清理干净，使用干净的垫子或中粒度磨料钢丝刷打磨，并在端部弯头的界面连接表面处涂上一层极薄的接触油脂，并尽快与接触轨完成连接安装。

② 膨胀接头安装

检查膨胀接头组件与相邻行车轨之间接触面的高度和对齐情况，操作按相关的施工图纸进行。如有必要，应加以调整。配备一只数字温度计，用温度计测出已安装接触轨的温度。将温度感应点分别置于轨底、轨腹下部及钢带表面，记录读数并计算其平均值。

根据测量的温度，按照设计图纸给出的间隙值，进行间隙调整，使用专用工具将膨胀接头装置两侧的滑轨小心地拉开，使间隙与环境温度相适应，如图 2-24 所示，随后将普通接头安装到要加以连接的接触轨末端的伸缩段组件的轨腹处，并将四根螺栓拧紧至符合要求。拧紧螺栓时要确保接触轨的末端牢牢定位（图 2-25）。

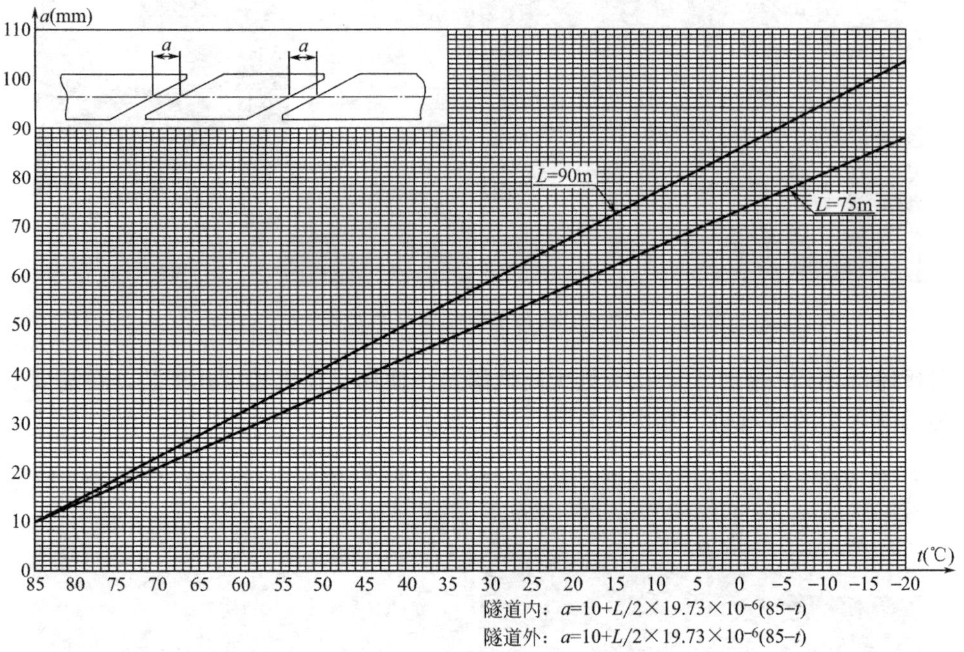

图 2-24　接触轨施工温度间隙图

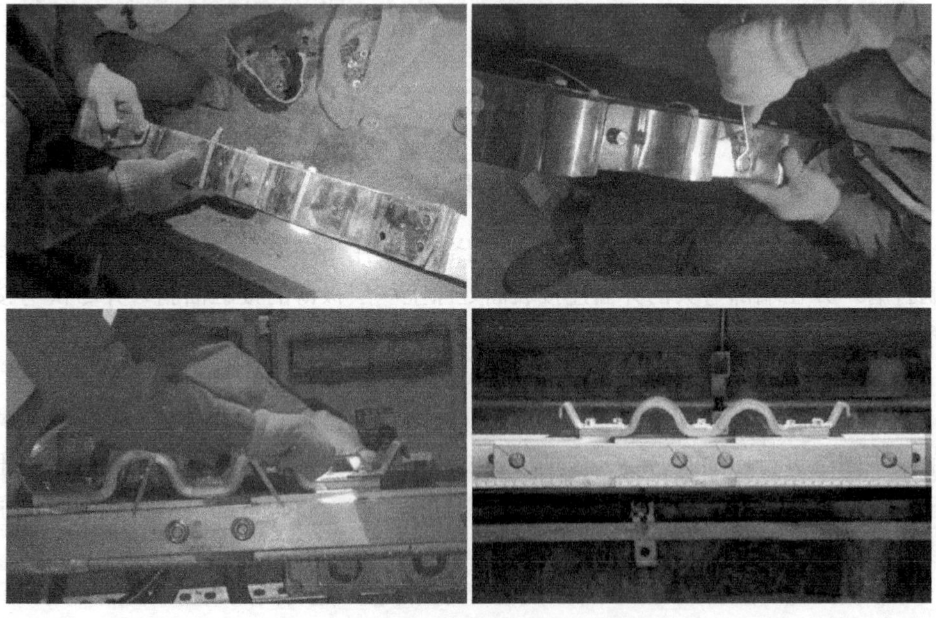

图 2-25　接触轨膨胀接头安装

③ 接触轨运输、安装

安装前需将绝缘支架的卡爪卸下，把接触轨轻轻抬起（注意：抬起时禁止摇摆晃动，应水平抬起），轻轻推送到位，接触轨腰腹部应放置到支座的卡托上。操作时要很小心，让接触轨慢慢放下去，与已安装到位的相邻接触轨相对接。抬接触轨的人要让接触轨落到位后不要移动，另外两个人则将卡爪零件卡住接触轨，调整卡爪位置，从而使接触轨位于正确的位置（图2-26）。

图2-26　接触轨运输、安装

检查接触轨与相应走行轨的接触表面的高度是否正确、对齐是否良好，可参照相关的施工图纸进行。务必要使不锈钢接触表面在水平方向与走行轨平面平行、纵向则要与最近处参照走行轨平行。如有必要，应进行调整，使其精度为±1°。调整的依据是集电靴在水平方向处于集电机构之上的标定度。如与此不符，则要做调整。调整到位，将螺栓拧入螺母，使用扭矩扳手拧紧。

将端部弯头安装到要加以连接的普通接头处，并将 4 根螺栓拧紧。端部弯头的断口与接触轨之间密贴，不得有高低差及由此产生的台阶伤及集电靴。

（5）附属设备安装

① 中间接头安装

检查接触轨接缝部位是否安装平齐，安装偏差不大于 0.5mm。将放置到位的接触轨末端及对接处的相近接触轨末端清理干净，并涂上接触油脂。将所有配合表面清理干净，使用干净的垫子或中粒度磨料钢丝刷打磨，并在普通接头的界面连接表面处涂上一层极薄的接触油脂。将普通接头安装到要加以连接的接触轨端点的轨腹处，并将 4 根螺栓拧紧到普通接头上，要确保在直线方向上接触轨的对接缝已牢牢定位，拧紧其他螺栓（图 2-27）。

图 2-27 接触轨中间接头安装

② 防爬器安装

使用打孔机在选定部位进行打孔，孔的直径为 ϕ17mm，间距为 100mm，共计 2 个孔。将所有配合表面清理干净，使用干净的垫子或中粒度磨料钢丝刷打磨，并在防爬器本体的界面连接表面处涂上一层极薄的接触油脂。将防爬器本体安装到接触轨的已经钻好空的轨腹处，并将 2 根螺栓拧紧，接着用扭矩扳手拧紧螺栓（图 2-28）。

③ 电连接安装

为避免对接触轨动力学性质造成负面影响，从牵引变电所引出的上网电缆必须先连接到一段柔性电缆，再给接触轨馈电。此柔性电缆通过接线端子与电接板连接。电缆连接板通过鱼尾板螺栓连接方法与接触轨连接固定（图 2-29）。

安装须按照以下步骤进行：

a. 将一个专用绝缘热缩套管套在电缆上。

b. 准备电缆。

c. 将电缆芯线插入接线端子的套管部分。

d. 利用压接工具将电缆芯线与接线端子紧密压接在压接处套上绝缘热缩套管。

图 2-28　接触轨防爬器安装

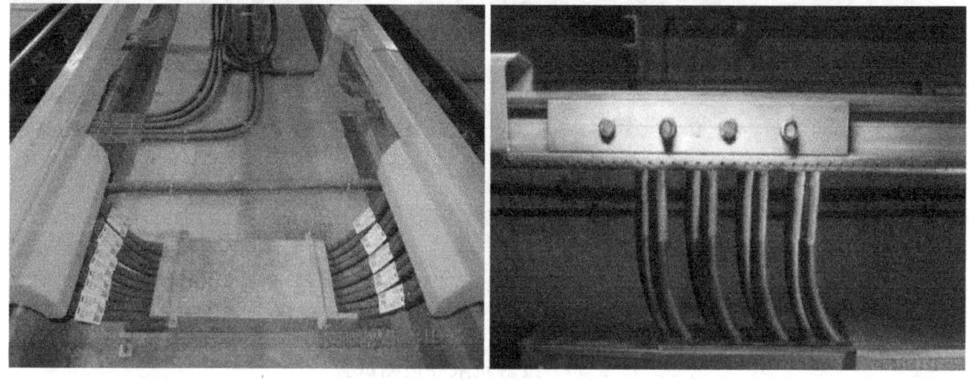

图 2-29　接触轨电连接安装

e. 加热热缩套管，直至收紧。

f. 按照相应图纸在接触轨上钻孔，将馈线电缆连接板通过电连接垫块用螺栓固定在接触轨上。

g. 按照相应图纸安装接线端子；按照相应力矩表对螺栓进行紧固。

（6）接触轨调整

① 接触轨初调

调整接触轨扣件及接触轨托架，在保证接触轨标高和平行度的基础上满足接触轨在温度变化时能顺线路自由滑动。初步调整各处支持悬挂、膨胀接头、端部弯头处导高及拉出值至设计值，电客车集电靴在接触轨伸缩时能顺畅滑动。

② 接触轨精调

在接触轨初调后，精细调整各定位点标高及侧面限界至设计值。调整整体绝缘支架，检测接触轨接触面与轨面平行，避免接触轨面发生偏磨现象。精细调整膨胀接头、端部弯头处标高和侧面限界值至设计值，细调接触面平行度，保证使集电靴能够平滑、顺畅滑动。

③ 综合检测调整

a. 用第三轨电子测量仪逐点检查接触轨标高及侧面限界值，对超过允许偏差范围的进行调整，填写接触轨标高及侧面限界值检查记录。利用第三轨电子测量仪、水平尺、钢卷尺等检测膨胀接头、端部弯头的各项参数。

b. 接触轨带电体距接地体的绝缘距离应满足 150mm，测量、检查接触轨带电体与周围接地体及其他设备的绝缘距离是否满足设计要求，做好记录。不合格者，查找原因，通知相关各方到现场处理解决问题。

c. 使用“地铁第三轨限界检测装置”沿全线路进行限界检测试验，检查有无其他设备侵入接触轨限界，一旦发现问题，属接触轨安装部分的及时处理，属其他设备侵入接触轨限界的，及时反馈给监理工程师和业主，妥善解决（图 2-30）。

图 2-30 接触轨限界检测试验

2.2.2 技术指标

《地铁设计规范》GB 50157—2013；

《地下铁道工程施工质量验收标准》GB/T 50299—2018；

《铁路电力牵引供电设计规范》TB 10009—2016；

《铁路电力牵引供电工程施工质量验收标准》TB 10421—2018。

2.2.3 适用范围

适用于城市轨道交通领域接触轨专业。

2.2.4 应用工程

上海浦东国际机场三期扩建工程捷运系统铺轨、供电及接触网（轨）、通信系统、信号系统安装工程。

2.3 柔性接触网“双线并架”施工技术

2.3.1 技术内容

城市轨道交通供电系统具有电压低、电流大（DC1500V，3000A），同时高峰时行车密度大的特点。为确保供电质量，在增大接触网载流面积的同时，受电弓与接触网的受流接触面积也需要相应增大。

上海地铁迪士尼线高架段柔性接触网采用双承力索、双接触线、单馈线和单架空地线结构。双接触线、双承力索两根导线共用一组下锚补偿装置，双线张力要求一致。

1. 技术特点

（1）采用双线放线滑轮，双线的高度保持基本一致，确保双导线长度一致；

（2）实现了放线的张力可根据线盘的直径大小来合理匹配；

（3）起、下锚处使用平衡滑轮组临时下锚，确保双线的张力一致；

（4）通过施工组织设计，实现了地铁高架柔性接触网“双线并架”施工规范化、标准化，提高了施工的效率，降低了工程成本。

2. 工艺原理

将轨道车、放线作业车、放线平板车联挂组成放线作业车组。确保放线平板的各线盘轴的液压制动系统为同一系统，以保证各线盘上的导线张力一致。放线过程中，架线车组以2～5km/h速度匀速行驶。双线在作业车上同时平行展放，采用双线放线滑轮临时悬挂导线，确保双线平行，导线高度、长度基本一致，防止两线相绞；放线张力设为2～3kN，避免导线坠地。在起、下锚处分别采用平衡滑轮组临时下锚，可自动调节两线张力达到平衡，然后再正式下锚。所以在“双线并架”过程中两承力索（接触线）的张力始终相同，从而保证了接触网良好的受流质量。

3. 施工工艺流程及操作要点

1）施工工艺流程

柔性接触网“双线并架”施工工艺流程如图2-31所示。

2）操作要点

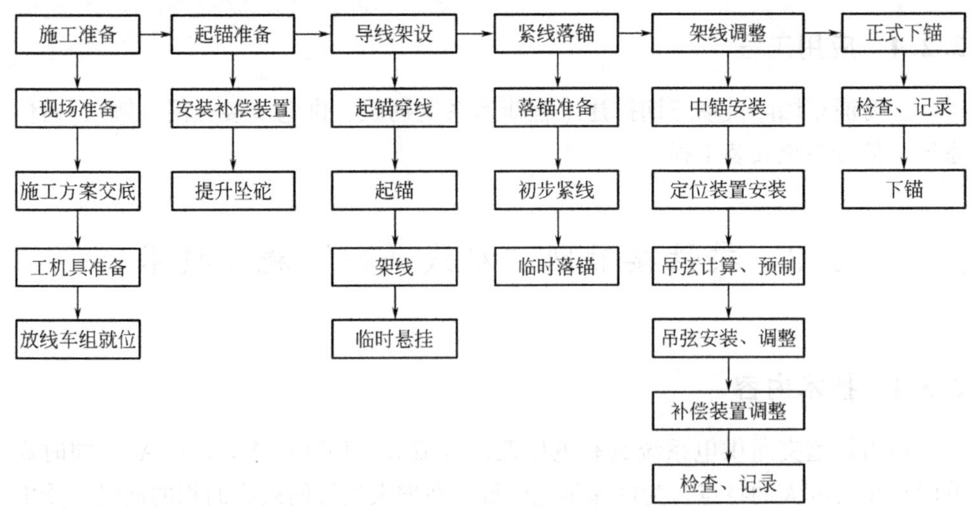

图 2-31　柔性接触网“双线并架”施工工艺流程图

（1）施工准备

① 现场准备

在施工前必须比照设计图纸对施工现场进行实际确认，结合设计文件，确认放线材料类型及规格尺寸，现场测量锚段的长度及中心锚结处中锚绳的长度并对照设计图纸，在需架设的线盘上标记锚段号及导线长度。

双线并架前将架设区段的旋转腕臂调整至计算高度并进行适当的固定。在起、下锚转换柱处，将工作支腕臂与非工作支腕臂绑在一起进行腕臂固定。

② 施工方案交底

根据接触网平面图及安装图编制详细的架线施工方案，施工方案中，要充分考虑放线的顺序，尽可能地安排各锚段的放线方向一致，减少起、落锚穿线的次数。

对所有参加放线的施工人员进行施工安全和技术交底，让所有参加施工的作业人员清楚自己的工作内容。

③ 工机具准备

严格按照施工方案中对工机具及材料的要求进行准备，满足工程施工需求，机具、材料运抵施工地时进行全面的检查，确保机具的机械性能及材料的质量符合使用需求及设计要求。

对接触网安装作业车、DF3 型放线车、轨道牵引车等进行启动前的油、水、润滑等检查和复位并全面进行动作调试，确认设备运转正常。

根据架线作业计划确认锚段编号、锚段长度，核对线盘编号、盘中导线规格及长度。按照放线顺序和放线方向把（承力索、接触线）线盘正确吊装在线盘支架上，并依据线盘外形选择对应的夹具，确保线盘安装牢固。

④ 放线车组就位

将轨道车、放线作业车、放线平板车等联挂组成放线作业车组。接触网安装作业车联挂在DF3型放线车头部（出线方向）。此时DF3型放线车由接触网安装作业车牵引架线（图2-32）。

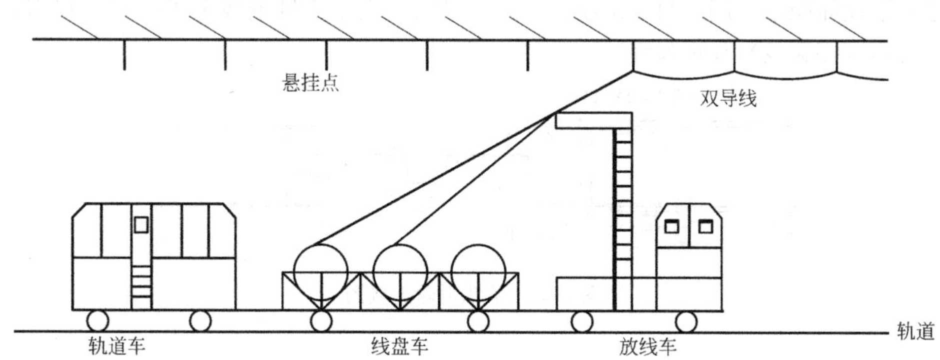

图2-32 双线架设放线列车编组示意图

（2）起锚准备

① 安装补偿装置

支柱、腕臂安装好后，根据施工作业计划安装相应型号的补偿装置，根据设计的最高、最低温度要求和下锚安装曲线计算出补偿绳在大小棘轮上总的圈数，再按照最高、最低温度要求和实际温度确定大小轮各自圈数。

采用地铁1∶3棘轮补偿装置的，将大轮上的补偿绳绕2.5圈，小轮补偿绳绕1.5圈，放置好补偿轮和安装好各部连接件（连接件在预配车间已配好），轮的大面朝下锚方向必须垂直。

② 提升坠砣

测量现场温度，并对照施工图纸的锚段长度和坠砣串安装曲线图，计算补偿坠砣理论离地高度（b值），结合接触网“之”字形布置的影响，用链条葫芦将补偿坠砣串提升到合适的位置，补偿装置制动块将补偿坠砣串固定，以减少下锚时紧线长度调整量。

（3）导线架设

① 起锚穿线

当承力索（接触线）需上穿接触网时，DF3型放线车组停在穿线位置，将DF3型放线车的张力控制机构关闭，人工将放线车上的承力索（接触线）引至起锚处。

② 起锚

架线车组行至起锚点，按图2-33所示进行起锚连接，取消图2-34俯视图的T1型三角调节板、下锚绝缘子、D2型双联板（1套）、齿型双耳楔形线夹或其他相应装置，用图2-33中的平衡滑轮组代替。平衡滑轮组主要由平衡滑轮、钢丝绳、钢线卡子、双孔板、ϕ20mm 螺栓等组成。平衡滑轮采用 30kN 的动滑轮，钢丝绳的工作负载大于 30kN，并有适当的长度，可以自动调节滑轮两边线材的长度及张力一致（图 2-35）。所使用的钢线卡子的工作负荷是单导线的 2 倍。用 1 号长钢线卡子卡住起锚平衡滑轮的钢丝绳，避免承力索（接触线）绕过平衡滑轮和钢丝绳脱落，用 2 号、3 号、4 号、5 号、6 号、7 号钢线卡子一正一反卡住承力索（接触线）和钢丝绳。

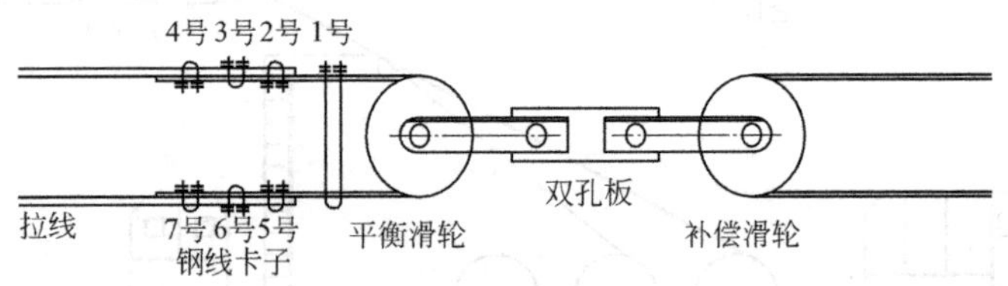

图 2-33　下锚滑轮连接图

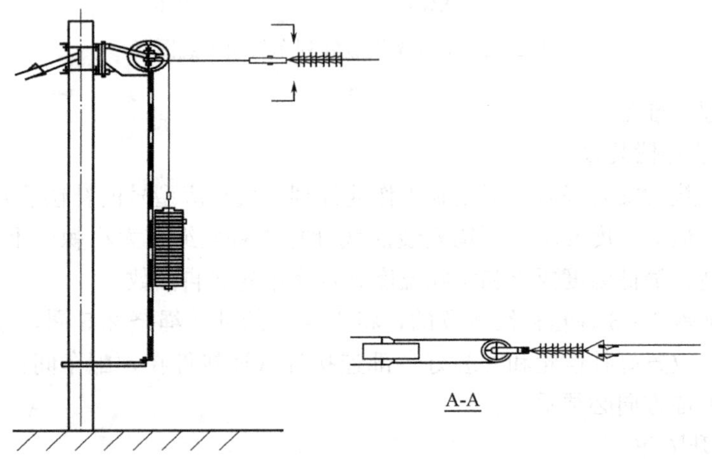

图 2-34　起锚架线示意图

图 2-35　下锚滑轮安装图

③ 架线

起锚连接完毕，车组平缓起动60m左右，调整两线盘放线张力至2～3kN，并使两线盘的张力一致。放线车组以2～5km/h匀速向下锚方向行驶。

a. 架线过程中要控制好线盘张力。由于两接触线线盘采用的是联动控制张力的放线架组，即用同一张力操作机构，同时控制两个不同线盘。所以只需控制1个张力操作机构，便可以控制两线的张力。放线过程中两线盘的张力应保持一致，同时放线作业人员可以根据线盘制动器压力表的读数灵活地调整两线的放线张力，线盘制动人员要听从现场施工负责人的指挥随时调整线盘张力，要防止突然失压，一般压力表调到1.5～2MPa之间（图2-36）。

图2-36 接触网导线架设

b. 带走行动力的架线车由于牵引力不足，在并列双线架设时，不能作为主动力单独使用，但司机必须到位，并打开车上固有的通讯系统，处理升降平台、旋转平台遇到的故障，负责本车安全运行，并在主牵引车发生故障时，采取减少导线张力的措施推引全列车继续向前架线。

c. 架线车高度的掌握和调节：在导线标准高度 H 为4.6m时，架线车鼓轮的高度以在4.6～4.7m为宜（一般控制在 $H+0.1$m）；在架设双承力索时，架线车平台应尽可能升高，以不碰撞腕臂为限。

④ 临时悬挂

架线过程中，作业车作业台上一般安排四人，一人负责操作作业台的升、降与旋转。一人负责用长钩子将旋转腕臂钩至安装位置，另两人分别将承力索或接触线放入滑轮槽内锁上保险扣并将放线滑轮悬挂在平腕臂头处做简单固定。悬挂放线滑轮的套子一般采用两股 ϕ4.0mm铁线套子（图2-37）。

“双线并架”时，到达悬挂点处停下，架线车平台上的作业人员利用放线滑轮将承力索和接触线悬挂固定在腕臂上。为方便施工，课题组开发加工了专门用于“双线并架”的双线放线滑轮。双线放线滑轮用于悬挂承力索或接触线，这样不仅保证了架线过程中两接触线始终等高、张力一致，还大大提高了施工效率。

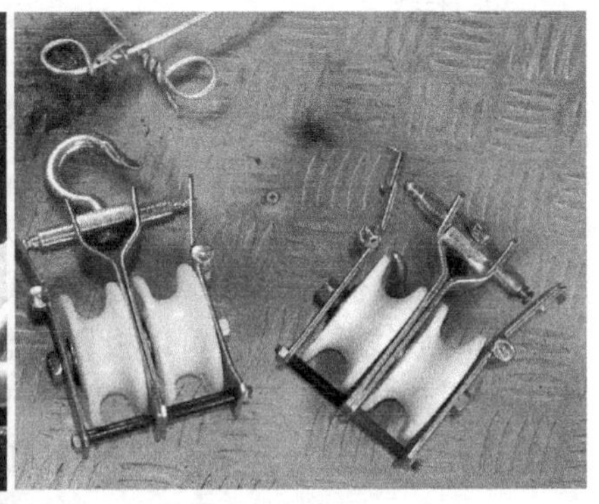

图 2-37　接触线临时悬挂与双线滑轮

在起、落锚两端的转换柱处，由于线索的拐角较大，为避免接触线产生硬弯，在两转换柱加挂滑轮悬挂固定，悬挂接触线时放线过程中张力控制操作人员应时刻监视张力情况并做好记录，遇有异常情况应立即通知司机停车进行处理。

当线盘上只剩最后一层导线时，线盘监视人员应将线盘上的导线情况报告DF3 型放线车组主操作手。当线盘上的导线只剩十圈左右时，须连续向 DF3 型放线车组主操作手报告线盘上所剩导线圈数。

DF3 型放线车组主操作手得知线盘上的导线只剩最后一层时，应逐渐降低放线速度，确保 DF3 型放线车组在线盘上的导线剩下最后 4～6 圈时能可靠落锚停车。

（4）紧线落锚

① 落锚准备

此步骤与起锚准备相同。

② 初步紧线

在保证线盘上的导线不抽出的情况下，架线车的作业平台尽可能接近下锚处，将平台转至补偿坠砣附近，越近越好。将作业车停在落锚处，使作业车机械臂位于终端锚固线夹后端（补偿装置侧）1m 以外，作业车机械臂将导线向下锚侧拨移，尽量使待落锚导线与下锚底座在一条直线上。

将 DF3 型放线车组线盘张力制动机构刹住，进行紧线。用作业车紧线开始时，施工负责人应通知各作业人员注意观察，尤其是起锚人员应注意观察坠砣的情况。当坠砣受力后应通知负责人停止用作业车紧线。

③ 临时落锚

a. 架线列车的平台作业车尽可能接近下锚处，将平台转至补偿坠砣附近，越近越好（图 2-38）。

b. 按图 2-39 所示连接各部件。

图 2-38　接触网临时落锚

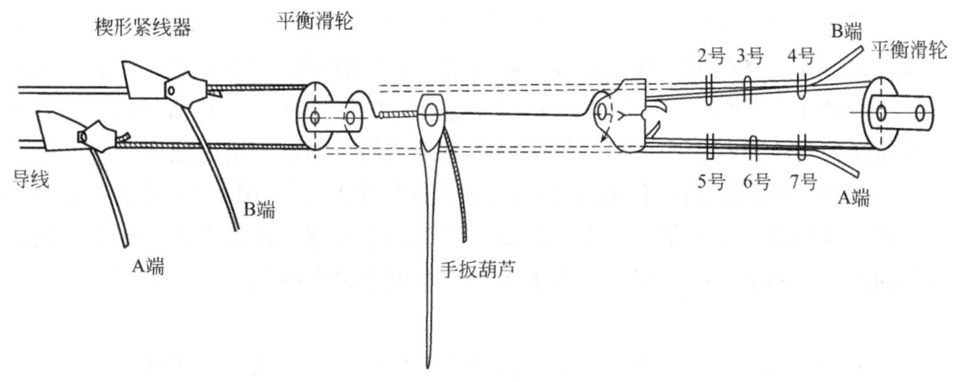

图 2-39　下锚张力平衡装置

c. 紧线在作业平台上进行，要注意各部件连接是否牢固。紧双线时，应在楔形紧线器或角形紧线器的后侧装一个定位夹或钢线卡子，防止紧线器滑脱。当拉紧到补偿轮渐渐抬起离开齿轮舌并稍能活动时，另一人拉动倒链、拉起坠砣，以减轻手扳葫芦的拉力，使补偿轮安全灵活转动脱卡。由于采用了张力放线，承力索（导线）弛度已达到设计值的二分之一，多余导线很短，紧线时间可大大缩短（图 2-40）。

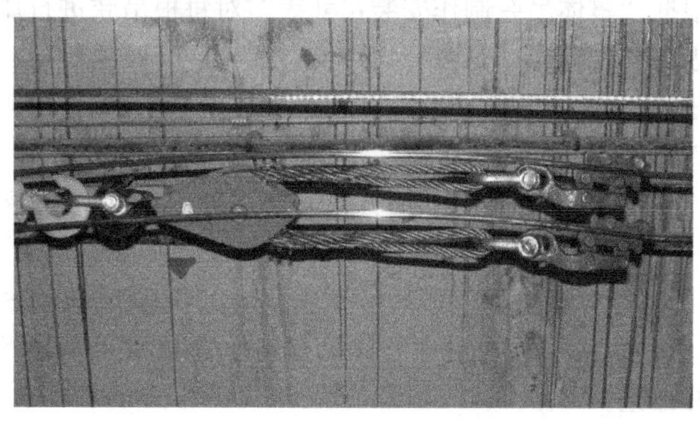

图 2-40　接触网临时落锚局部图

d. 再次拉动手扳葫芦，拉起坠砣，根据补偿绳和导线终端位置剪断导线，分别用 3 个钢绳卡子把导线卡死在平衡滑轮前面的辅助钢丝绳上。

e. 卸去倒链拉力，松开手扳葫芦，取下楔形紧线器、平衡滑轮、手扳葫芦和倒链，锚固结束。

（5）架线调整

① 中锚安装

承力索（接触线）终端制作完毕后，将起、落锚处的导链葫芦卸载，让坠砣完全受力，并拆除所有链条葫芦。线索完全受力后，车组退回至中锚处，进行中锚安装，防止接触网来回窜动。安装方法如下：

a. 先根据现场测量数据裁出中心锚结绳。

b. 待承力索、接触线架设完毕，作业车开到中锚位置准备起锚工作，先做好承力索中锚绳终端锚固线夹，连接好各部件，然后开始放线，到达中锚落锚处将紧线器打在中锚绳上然后连接与中锚底座相连的链条葫芦，开始紧线，考虑到中锚绳尚未与承力索固定，所以终端做头时中锚绳需预留一定的弛度。

c. 当中锚绳落锚后，作业车返回到中锚腕臂处停下，用 0.5t 的手板葫芦将中锚腕臂两侧的中锚绳紧出一个弧形圈，然后用承力索中锚线夹将中锚绳与腕臂两侧的承力索固定，中锚绳弧形圈的大小要根据中锚绳的弛度进行适当调整。

② 定位装置安装

自中心锚结处往下锚两端安装定位装置，根据安装曲线的要求控制定位器的偏移量，按设计调整接触线的高度、拉出值及坡度的大小，控制定位器的坡度，同时观察并纠正接触线的工作面没有连续一致和硬弯等现象。

③ 吊弦计算、预制

利用整体吊弦计算软件由专人将“整体吊弦计算输入数据表”中的数据输入计算机计算，并将计算结果“整体吊弦制作安装尺寸表”打印三份，一份存档，一份交施工班组，一份交吊弦制作班组。

制作人员根据“整体吊弦制作安装尺寸表”对每根吊弦进行压接，并将同一跨的整体吊弦进行整理编号，吊弦标识内容包括：区间及锚段号、吊弦所在的支柱跨编号、吊弦号。

④ 吊弦安装、调整

a. 利用梯车从中心锚结处向下锚方向安装吊弦。同一跨吊弦从两端悬挂点向跨中安装。

b. 用线坠将承力索悬挂点中心垂在接触线上，用记号笔做好标记。

c. 用 10m 钢卷尺沿接触线按“整体吊弦制作安装尺寸表”测出每一根吊弦安装位置并做好标记。

d. 在承力索上做好标记，用线坠向下在接触线对应处做标记。安装承力索吊弦线夹和接触线吊弦线夹，并用力矩扳手紧固至 25N·m。

e. 当整个锚段的吊弦安装完毕后，对接触线中心锚结绳进行调整，使中心锚结线夹处的导高高于设计值 20～30mm，同时保证其相邻吊弦处于受力状态。检查每根吊弦处的导高及相邻吊弦间的导高差是否在设计和施工规范的误差内，对不符合要求的点进行调整。

f. 在调整过程中，通过吊弦调整双接触线在同一水平面内。锚段关节和道岔的调整，按设计要求调整两支的等高、抬高、交叉、水平间距等静态参数（图 2-41）。

图 2-41 吊弦安装、调整

⑤ 补偿装置调整

悬挂调整完毕后，补偿装置中的三孔联板若偏斜，可通过调整螺栓的收放线索进行调节。同时计算确定棘轮补偿装置的补偿绳在大、小轮上缠绕的圈数是否符合设计要求，如不符合则重新进行下锚工作，同时根据安装曲线要求调整坠砣 b 值大小。

⑥ 检查、记录

自中心锚结处往两端逐跨测量接触线的导高、拉出值、坡度大小，用扭矩扳手检查各螺纹件的紧固状况，并做好检查记录。

（6）正式下锚

① 检查、记录

② 下锚

确认导线调整好后，按以下步骤进行：

a. 根据棘轮补偿大小轮需要的圈数，再根据下锚连接零件的长度确定导线断线位置并做好标记。

b. 用 30kN 链条葫芦，一端用钢丝绳套子固定在下锚底座上，另一端用楔形紧线器、钢线卡子、钢丝绳套子固定在导线上，收紧链条葫芦使平衡滑轮不受力，在确保受力安全的情况下，取下钢线卡子、平衡绳、平衡滑轮、双孔板。

c. 做好导线下锚终端头，按照下锚连接方式连接可靠后，慢慢松开拉链葫芦使导线承受额定张力。

d. 取下临时紧线装置。

2.3.2 技术指标

《地铁设计规范》GB 50157—2013；

《地下铁道工程施工质量验收标准》GB/T 50299—2018；

《高速铁路电力牵引供电工程施工质量验收标准》TB 10758—2018；

《铁路电力牵引供电设计规范》TB 10009—2016；

《城市轨道交通机电设备安装工程质量验收规范》DG/TJ 08—2005—2006。

2.3.3 适用范围

适用于城市轨道交通领域柔性接触网专业。

2.3.4 应用工程

上海市轨道交通 11 号线北段（罗山路—迪士尼乐园）工程牵引降压变电所、电力监控系统及接触网、供电系统干线电缆、迷流防护系统、高架区间动力照明系统施工总承包项目；上海市轨道交通 11 号线北段陈翔路站工程。

2.4 刚性接触网预埋滑槽安装技术

2.4.1 技术内容

上海地铁 9 号线三期东延伸工程是国内首次采用 5.9m 盾构区间预埋滑槽技术，行业内还未有有关城市轨道交通预埋滑槽隧道刚性接触网施工技术的研究成果，为了弥补此技术空白并形成成熟的施工经验，本节对城市轨道交通预埋滑槽隧道刚性接触网施工工法进行研究和总结。

通过研究施工过程，总结施工工艺，研制出一系列预埋滑槽刚性接触网悬挂底座，并利用 BIM 技术，通过仿真模拟，实现了汇流排的工厂化预制。在上海地铁 9 号线三期东延伸工程中通过实践应用，解决了盾构区间不打孔的难题，提升了施工速率，降低了施工成本。

预埋滑槽刚性接触网悬挂底座的使用，实现了盾构区间不打孔，提高了结构的耐久性，减少了粉尘污染，提高了绿色施工的程度。

1. 技术特点

（1）利用盾构片两侧预留边滑槽，对原有悬挂打孔安装的方式进行改进，研制新型刚性接触网安装底座，实现盾构区间无打孔施工。

（2）采用BIM技术，实现汇流排工厂化预制，增加了安装效率。

2. 工艺原理

盾构环由1块封顶块、2块邻接块和3块标准块组成（图2-42）。利用邻接块之间的单滑槽作为底座安装的基础。并专门研制了用于边滑槽的刚性悬挂底座，设置一组对称的支架本体，支架本体的连接钢管之间设置连接杆，连接杆两端分别固定在对应的连接钢管两端，每个连接杆上均开有用于调节T形头螺栓位置的长孔，用于组成各种悬挂底座。

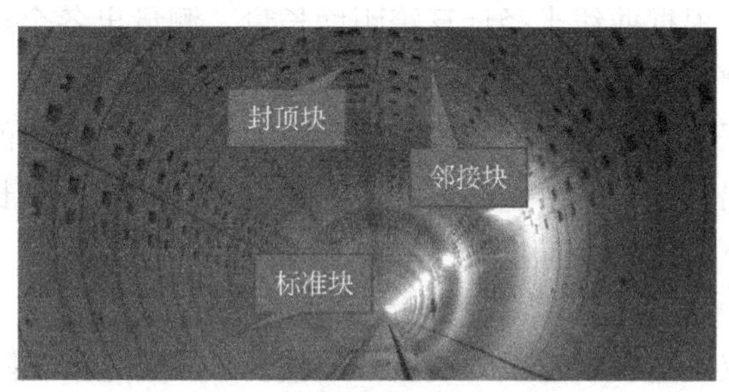

图2-42　隧道盾构片结构示意图

利用BIM技术建立盾构、悬挂、汇流排等模型。然后根据锚段关节长度，首先将两端端部弯头处定位，然后从两端向中间一次布置出整个锚段汇流排的排列图。根据汇流排的初步排列，依次检查每段汇流排之间的接头位置是否满足相关规范的要求，若不满足要求，则减少相关汇流排的长度，重新进行排列。同时，统计出整个锚段汇流排根数与长度，以便进行工厂化预制。

3. 施工工艺流程及操作要点

1）施工工艺流程

刚性接触网预埋滑槽施工工艺流程如图2-43所示。

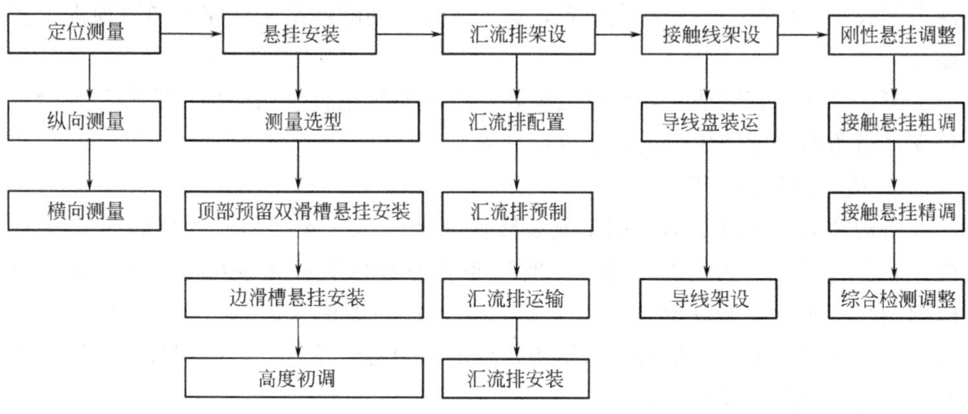

图2-43　刚性接触网预埋滑槽施工工艺流程图

2）操作要点

（1）定位测量

① 纵向测量

以车站中心标、道岔岔心标或设计图纸标明的测量起点开始测量。根据起测点里程和施工图纸定位点里程，定测出第一个悬挂点的位置，用油漆笔在钢轨轨腰处和整体道床上均做好标记，并注明锚段号和悬挂定位号。

按施工图纸上的跨距，沿钢轨依次测量标记各定位点位置，曲线上沿曲线外侧钢轨进行测量，根据曲线半径计算跨距增长量。测量出各个定位点位置后，用红油漆在钢轨轨腰外侧和整体道床上做出明显、清晰的标记，并标注定位点号、悬挂点类型等数据。标记时依据定位点拉出值方向在相应钢轨的轨腰外侧位置及整体道床上均做出标记。一个整锚段测量完毕后，对此锚段全长进行复核，确认无误后继续进行下一锚段测量。

② 横向测量

将激光测量仪放置在轨道上，设置拉出值为 0，激光束在隧道顶部的投影点即为悬挂底座中心位置，1 人站于测量梯车上，在隧道顶标出中心点，并做“×”型标记。

（2）悬挂安装

① 测量选型

根据测量记录的悬挂点位置、预埋滑槽情况、隧道净空高度、曲线外轨超高等数据，选择相应的悬挂支架，计算 T 形头螺栓长度，编制装配表。

② 顶部预留双滑槽悬挂安装

盾构片顶部预留双滑槽，用于安装刚性吊架结构。先把相应型号的 T 形头螺栓预装在刚性吊架底座上；随后，把 T 形头螺栓依次放入顶部滑槽中。观察卡槽识别线，转动 T 形头螺栓，直至 T 形头螺栓与滑槽卡齿完全重合。调整刚性吊架底座，使其位于中心点位置，紧固螺母，使刚性吊架底座与隧道顶部紧密贴合。

刚性吊架安装完成后，根据装配表，依次安装垂直悬吊底座、T 形头螺栓及单支悬吊角钢，紧固螺母后，完成悬挂安装。

③ 边滑槽悬挂安装

盾构片双边预留滑槽，用于安装转换支架结构。先把相应型号的 T 形头螺栓预装在转换支架底座上；随后，把 T 形头螺栓依次放入顶部滑槽中。观察卡槽识别线，转动 T 形头螺栓，直至 T 形头螺栓与滑槽卡齿完全重合。调整转换支架，使其相互垂直，呈长方形结构，且位于中心点位置，紧固螺母，使转换支架底座与隧道顶部紧密贴合。

转换支架安装完成后，根据装配表，依次安装连接杆、T 形头螺栓及单支悬吊角钢，紧固螺母后，完成悬挂安装。

④ 高度初调

采用激光测量仪和水平尺相结合调整悬吊槽钢或绝缘横撑与轨面平行，高度初调到计算值，绝缘子中心均处于受电弓中心位置。

（3）汇流排架设

① 汇流排配置

一个刚性悬挂锚段悬挂定位装置安装完成后，即对此刚性悬挂锚段实际各跨距和总跨距进行测量复核（现场实测，精确至 mm）。利用 BIM 技术模拟汇流排布置表。计算汇流排根数和预制汇流排长度，并且预制汇流排长度不能太短，不小于设计规定值。绘制汇流排布置图，将汇流排沿线路布置，分析比较采用合理的汇流排布置方案。

② 汇流排预制

根据 BIM 模拟出的汇流排布置方案，给厂家提供信息，进行工厂化预制（图 2-44）。

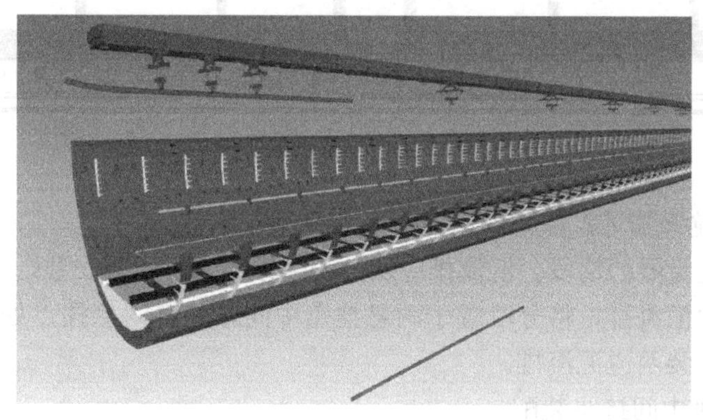

图 2-44　汇流排工厂化预制

整锚段预制完成后，按照汇流排预制表上显示的区段、锚段号及编号对短汇流排依次进行编号（现场安装时应依据预制清单上标注的安装方向选择安装起始位置，从起始位置开始依次按编号从小到大的顺序进行安装）。

③ 汇流排运输

装卸汇流排时，不得把汇流排成捆绑扎吊装，如包装符合吊装要求，可整箱吊装；单根汇流排搬运时应 4 人一组均力抬运，汇流排应轻拿轻放，不得扭曲碰撞。

在作业平板车上放置汇流排时，事先在平板上均匀安放四个等高木垫，用于放置汇流排，汇流排平面端向下、开口向上放置，每层汇流排间加垫木垫。

④ 汇流排安装

汇流排安装应从锚段关节或分段绝缘器处开始安装。

a. 汇流排终端安装

先在关节悬挂点绝缘子下方安装好汇流排定位线夹，用内六角扳手松开汇流排定位线夹，将汇流排终端卡进汇流排定位线夹后，调整汇流排终端使汇流排终端端头距悬挂定位点的距离符合本锚段偏移预留量。然后上紧汇流排定位线夹，并用锚固线夹卡住，防止在汇流排安装过程中发生偏移。汇流排终端安装时注意关节交叉的方向性，以免装反（图 2-45）。

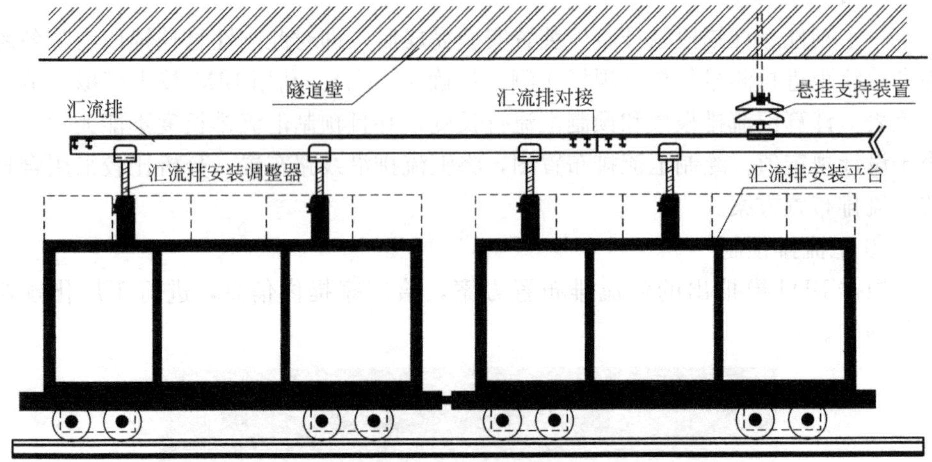

图 2-45　汇流排架设示意图

b. 分段绝缘器处汇流排安装

有分段绝缘器的锚段，汇流排应从分段绝缘器处向两端安装，先对接安装分段绝缘器两边汇流排，将分段置于两悬挂点中间，并将两悬挂点处汇流排锚固，然后再依次安装两边汇流排。

c. 汇流排中间接头装配

(a) 用洁净毛巾将汇流排中间接头擦拭干净，汇流排中间接头装于前端汇流排，戴上紧固螺栓，待装汇流排插入中间接头，上紧紧固螺栓，每个螺栓配一个弹性垫圈。中间接头装配时注意方向性，两块中间接头斜面大头端靠汇流排开口侧，小头端靠汇流排平顶侧，接头有凸起线形的斜面侧应紧贴汇流排两侧，两接头平面侧应处于汇流排中间，两接头平面相对。这时不拧紧螺栓，保持连接接头处于松动状态。

(b) 将两对接汇流排调至同一直线面，在上边放置水平尺，肉眼观察汇流排平顶面与水平尺间是否有缝隙（图 2-45），保持对接面密贴，尤其是汇流排开口处过渡平直顺滑，不偏斜错位。依次拧紧 16 组螺栓，紧固力矩达到设计要求。

(c) 在悬挂支持装置上安装汇流排定位线夹，将汇流排卡入汇流排定位线夹内。两端用临时锚固线夹锚固（可用电连接线夹代替），以防汇流排发生偏移。

(d) 装配汇流排中间接头，对接安装下一根汇流排，依次安装至此锚段汇流排安装完毕。

（4）接触线架设

① 导线盘装运

检查核对配盘表，与每个线盘上的实际长度相核对。保证所有刚性锚段接触导线都架设一整条接触导线，不允许中间断开。

导线盘及盘孔应牢固完好，不应有扭曲和损坏；导线应一层层整齐密贴缠绕，不得有相互嵌缠的情况；导线不得有损伤、扭曲，不能有硬弯，否则此点将会是硬点，造成刚性悬挂永久性无法处理的缺陷。

② 导线架设

a. 在第一、二个悬挂定位点两端，用锚固线夹卡住汇流排，使汇流排在放线时不能滑动。

b. 将导电油脂均匀涂抹在导线两凹槽内，注意导线工作面向下，不得翻转。

c. 在汇流排上安装好架线小车，调整架线小车，将接触导线穿过注油器后从汇流排端头嵌入汇流排，紧固汇流排终端上的紧固螺栓，按设计和产品安装技术要求做好导线端头。

d. 架线小车用拉线固定于前端牵引支架上，由车辆带动前进，对牵引支架适时调整使牵引方向始终位于汇流排正下方，牵引支架与接触线铜导槽组联动，接触导线展放顺滑自然。牵引支架设有紧急脱扣装置，在列车前进中，如遇到架线小车被卡住时，拉线应能随时脱离牵引支架，防止拉坏整个汇流排结构（图 2-46）。

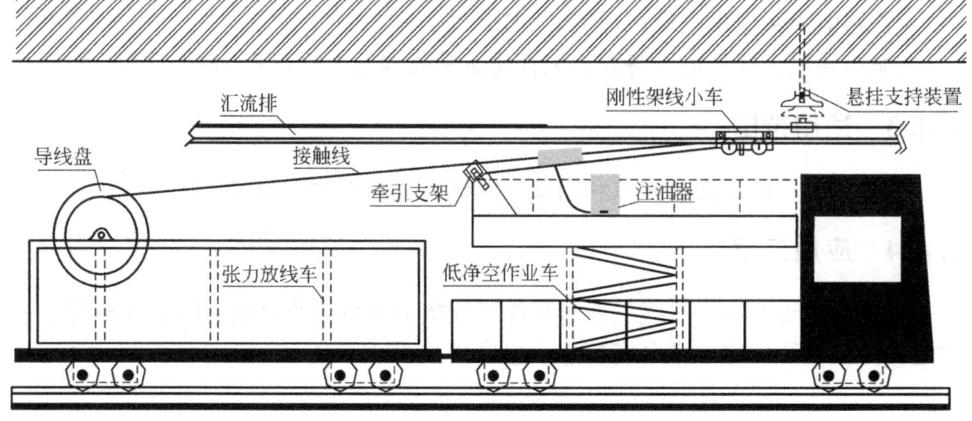

图 2-46　接触线架设示意图

e. 架线作业车组以 5km/h 匀速架线。架线小车前设一人负责检查调整，使接触线燕尾端位于汇流排开口正下方，平行于汇流排。在架线小车后，左右各设一人仔细检查接触线嵌入状况，用木棒敲击导线，听声音判断导线是否嵌入到位。不到位时及时停车，退回架线小车，退出此段导线，重新用架线小车嵌入汇流排。

f. 导架设至汇流排末端时，放线车辆停车。人工匀力拉动放线小车，把接触线导入汇流排终端，锁紧终端螺栓，接触线沿终端方向顺直外露150～200mm，用断线器断开接触线，并用挫刀将端头打磨平整光洁，从汇流排上卸下架线小车。

（5）刚性悬挂调整

① 接触悬挂粗调

接触悬挂粗调是在进行悬挂支架安装后的第一次调整，通过第一次调整，将支持装置初调到位，悬吊槽钢与轨面平行，距离轨面的高度达到设计高度要求。

② 接触悬挂精调

接触悬挂精调是在完成汇流排安装和接触线架设后进行的第二次调整，通过第二次精细调整锚段关节、道岔、分段绝缘器，使导高、拉出值等符合安装标准。

③ 综合检测调整

综合检测调整是完成全部调整工作，在项目部技术人员测量检查后进行的第三次调整，重点处理测量检查中提出的质量缺陷问题，以确保安装精度符合设计要求。

2.4.2 技术指标

《地铁设计规范》GB 50157—2013；

《地下铁道工程施工质量验收标准》GB/T 50299—2018；

《高速铁路电力牵引供电工程施工质量验收标准》TB 10758—2018；

《铁路电力牵引供电设计规范》TB 10009—2016；

《城市轨道交通机电设备安装工程质量验收规范》DG/TJ 08—2005—2006。

2.4.3 适用范围

适用于城市轨道交通领域利用预埋滑槽安装的刚性接触网专业。

2.4.4 应用工程

上海市轨道交通9号线三期东延伸工程接触网系统及供电系统干线电缆、杂散电流防护系统、侧向平台安装总承包项目。

2.5 接触网腕臂智能化预配技术

2.5.1 技术内容

智能化预配车间，其关键组成部分智能化腕臂预配车间能够通过“腕臂加工数据服务系统”，直接读取腕臂预配参数，自动完成信息喷码、切割、转运、装配零部件、螺栓按力矩拧紧等工序，实现扭力值偏差小于0.1N·m，装配误差小于2mm的高精度生产目标，同时，腕臂均带有二维码的独有“身份证”，实现可追溯、全生命周期管理（图2-47）。

图2-47 智能化腕臂预配车间示意图

1. 技术特点

（1）采用工厂预配安装形式，基于BIM技术建立了设计施工一体化的大数据中心，开发智能预配管理系统，实现网络分布传输数据和精准控制作业。三维精确测量计算的预配数据和预配任务计划，可从数据中心自动推送或本地进行导入，实现数据驱动控制腕臂预配作业，减少人工外部干预。

（2）腕臂预配数据可追溯性，利用自动喷码，赋予腕臂身份信息，承载每套腕臂的身份信息数据使得每套腕臂预配数据可追溯。

（3）腕臂零部件（如定位管卡子、套管双耳等）自动行走定位，通过变位机的移动，将卡件滑动到需求位置，提升零部件安装位置精度至±1mm，避免人为误差。

（4）高度柔性化的生产模式，满足多种类型接触网腕臂生产预配，通过伺服机构和机器人的精密配合，可实现2～4m的平、斜腕臂柔性化生产。

（5）采用机器人携带电子力矩扳手自动拧紧螺帽，保证数据达到质量要求，精度高达0.1N·m，满足高精度预配生产目标。实时反馈力矩到数据系统中，实现数据的可追溯性。

（6）减少劳动力成本支出，提升预配效率。机器人代替人工搬运，减轻了人工劳动强度，自动化流转过程缩短了腕臂预配时间。

2. 工艺原理

1）高度柔性化设计

根据接触网数据唯一性的特点，研发出满足多种规格的接触网腕臂预配系统，利用伺服电机控制行走速度，准确控制被控物到达的位置。伺服电机可以将电压信号转化为转矩和转速以驱动控制对象，伺服电机转子转速受输入信号控制，可把所收到的电信号转换成电动机轴上的角位移或角速度输出，通过伺服电机的控制原理充分满足接触网腕臂生产所需的多样化特点。

2）腕臂信息追溯、定位技术

采用高精度自动喷码机，为每一根腕臂打上二维码及条形码标识，赋予腕臂唯一身份。本技术采用非接触式连续自动喷码，能够有效保障字迹清晰持久、喷印图案准确，在复杂的现场环境也不会脱落。支持手机扫描身份识别，保证每一根腕臂都能够从数据计算、安装位置信息、出厂时间、作业人员等进行追溯查询。

3）腕臂零部件自动定位技术

本技术主要采用翻转伺服电机、伺服滑台、自主研制设计的零部件工装夹具及工作台，实现接触网腕臂承力索座、卡子、套管座等卡件的自动走行定位安装。利用翻转伺服电机将工作台转向，伺服电机翻转使得机构可以交替生产平腕臂和斜腕臂，同时完成另一边的上件，自动读取数据系统中各零部件安装位置，通过电气控制系统控制变位机的移动，将卡件精准滑动到预配安装位置。

3. 施工工艺流程及操作要点

1）施工工艺流程

接触网腕臂智能化预配施工工艺流程如图 2-48 所示。

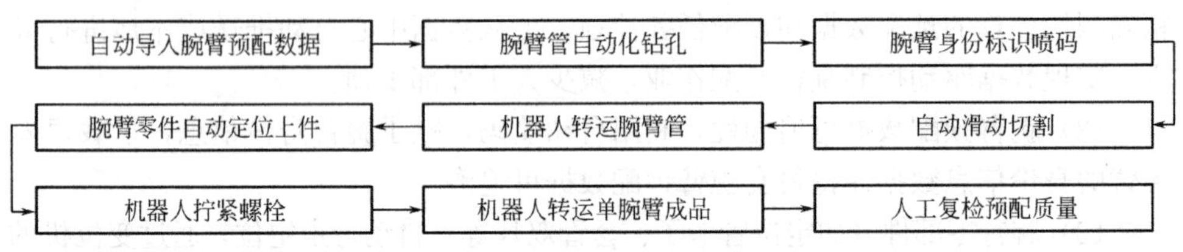

图 2-48　接触网腕臂智能化预配施工工艺流程图

2）操作要点

（1）自动导入腕臂预配数据

按照腕臂预配车间数据格式要求，由智能预配管理系统自动推送预配工单和数据给车间机器人自动化控制系统，完成腕臂预配数据的录入，实现本地或远端导入腕臂预配车间数据库内。

（2）腕臂管自动化钻孔

将选择的腕臂剥离掉塑料薄膜，放置于打孔机构，顶到限位的末端，并按动作键两次夹紧，再按一次启动钻机打孔，打孔完成后气缸会自动松开（图 2-49）。

（3）腕臂身份标识喷码

将腕臂打孔的位置穿入到 OP10 上件位的定位销中（此时可能需要将内侧钻机打的孔朝上放置，取决于孔是否规整）；另一边放置到上一步调整的平台上（两者长度需要保持一致）。作业人员离开安全光栅工作范围，按异常复位，然后

图 2-49 腕臂管钻孔

按动作键夹持腕臂管，夹持后再次按动作键开始喷码，喷码机伺服启动依次对条形码、卡件位置进行喷码（图 2-50）。

图 2-50 腕臂管喷码标识

（4）自动滑动切割

当管件切割完毕，并被机器人抓起时，切割伺服电机启动到放件位置。机器人转移腕臂管后，伺服前进到切割位置，锯床气缸夹紧，启动锯床，气缸推动锯片上升切割管件，切割完毕后下降，伺服电机向前推动废料下落到废料箱中，然后退回到下料位置（图 2-51）。

图 2-51 腕臂自动切割

(5) 机器人转运腕臂管

锯床切割完毕后，机器人将夹持工具放置到腕臂上，打开 OP10 切割气缸，关闭机器人夹持气缸，机器人执行动作到放件位置，OP20 伺服电机行走到放件位置，机器人执行放件动作，完成转运（图 2-52）。

图 2-52 机器人转运腕臂管

(6) 腕臂零件自动定位上件

当异常复位按钮的灯闪烁时，作业人员需要退出安全光栅，按下异常复位。作业人员上件前需按动作按钮，使得夹具进入上件状态，将套管单耳和套管座直接按图放置。承力索座需要将上下块分离到最大，下块放置在下层模具上与模具平齐，上块被气缸撑住，同时保证锁片都在正确位置。走出安全光栅范围，按异常复位，按动作按钮两次。当动作按钮常亮时，上件完成，翻转伺服电机回转到机器人侧，如机器人侧在进行拧紧，则不会立即翻转（图 2-53）。

图 2-53 腕臂零件自动定位上件

(7) 机器人拧紧螺栓

① 伺服电机转到机器人侧后，第一个伺服电机将行走一定距离，让 OP10 的管件得以放置，放置完毕后伺服行走机构会穿过管件。

② 机器人开始进行螺栓拧紧动作，该步骤会拧两个力矩，过程中会移动伺

服电机，并旋转管件来进行其他位置的螺栓拧紧（图 2-54）。

图 2-54 螺栓按力矩拧紧

③ 螺栓有 ϕ18mm 和 ϕ24mm 两种规格，机器人会自动切换套筒。

（8）机器人转运单腕臂成品

螺栓拧完后，机器人抓取管件送往 OP30 位置，OP20 所有气缸打开，翻转气缸到 0°位置，机器人将夹持工具放置到管件上，关闭夹持气缸，执行转移动作，将腕臂转移到下件平台（图 2-55）。

图 2-55 腕臂成品转运

（9）人工复检预配质量

① 长度校验

根据校验表格上的长度对第一根腕臂的校验长度进行校验，长度是从管件边缘开始测量到卡件的中心。

② 力矩校验

由于力矩为质量卡控要点，每一个腕臂的力矩都需要校验。套管单耳是重点二次校验对象，由于其他位置的卡子有各自锁紧机构，而套管单耳需要自锁。套管单耳的拧紧力矩是 70N·m，一般一段时间可能会放松一点力矩，所以需要力矩增加到73N·m左右，校验完成需要进行划线。

套管座力矩要求是75N·m，但使用的是顶紧螺栓，为防止将管件顶损坏，机器拧一遍之后，作业人员只需要再拧一次即可。拧完后将下面的锁紧螺栓拧紧即可，锁紧螺栓力矩为50N·m，视标准而定。

承力索座有4个螺栓，力矩为56N·m，作业人员拧紧后需要将锁片锁住，即需要将螺栓的平面与锁片保持一致，拧紧后需要将锁片打上。

2.5.2 技术指标

《铁路电力牵引供电设计规范》TB 10009—2016；

《高速铁路电力牵引供电工程施工质量验收标准》TB 10758—2018；

《铁路电力牵引供电工程施工质量验收标准》TB 10421—2018；

《城市轨道交通架空接触网技术标准》CJJ/T 288—2018。

2.5.3 适用范围

适用于地铁接触网腕臂预配。

2.5.4 应用工程

新建武汉至十堰铁路孝感至十堰段站后“四电”系统集成及相关工程；上海地铁15号线。

2.6 全自动接触轨参数检测技术

2.6.1 技术内容

城市轨道交通第三轨参数测量设备，能实现对第三轨参数动态持续测量，通过软件计算分析接头连接处平整度是否达标，实时显示测量结果。自动识别定位点，记录存储里程数据及对应的导高、拉出值，具有高效率、高精度、动态实时等优点，并支持数据以文档形式导出，提供分析依据（图2-56）。

1. 技术特点

（1）通过设备开发应用有效地提高城市轨道接触轨安装检测效率，降低检测强度及劳动成本。

（2）通过研究算法、开发软件，创新性地通过设备结构保证测量精度，在提高效率的同时，保证了检测精度，确保了接触轨安装质量。

（3）本技术所采用的城市轨道交通第三轨参数检测仪集成了导高、拉出值数

图 2-56　城市轨道交通第三轨参数检测仪示意图

据测量，接头平整度、端部弯头抬高检测，里程、定位杆号记录，超限报警，所有数据存档导出，生成报告等多项功能，大大减少了人工劳动强度及成本。

（4）首次采用了自主研发的推行式接触轨检测设备施工检测工艺，代替了原有的点对点人工测量方式，填补了国内施工接触轨测量检测技术空白。

2. 工艺原理

1）快速准确检测接触轨参数技术

利用激光传感器对接触轨、防护罩、定位支架进行扫描，通过算法分析识别出定位点，并得到定位点处接触轨空间数据信息，结合车架上点激光数据，通过算法坐标变换得到轨面中心与接触轨轨面中心的空间位置关系，从而得出导高、拉出值、端部弯头抬高值。对接触轨面进行激光扫描，从而得到轨面平整度数据，计算得到导高数值 B、拉出值数值 A，以此数据作为接触轨施工安装的数值依据。

2）测量和调整交叉进行的三维激光测量技术

通过设备建立测量工程，设定起点里程、定位支架初始位置，利用三维激光测量接触轨，推行设备检测整段接触轨，得到每个支架定位点实时测量结果数据。技术人员以测量结果为依据，根据编号，筛选出安装不合格的定位支架，调节支架螺母，再次进行测量，从而使支架安装满足设计标准和质量要求，列车受电靴与接触轨平稳受流。

3. 施工工艺流程及操作要点

1）施工工艺流程

全自动接触轨参数检测施工工艺流程如图 2-57 所示。

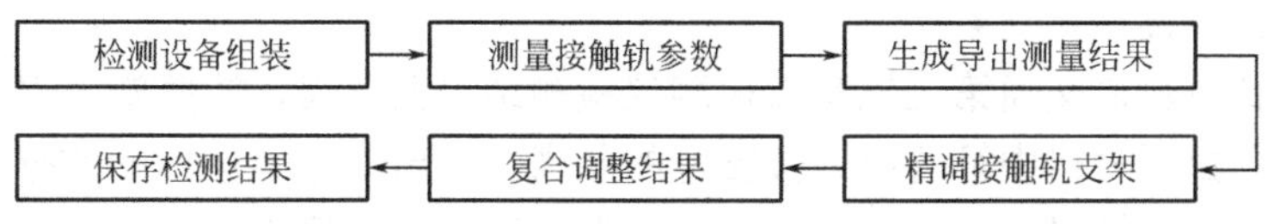

图 2-57　全自动接触轨参数检测施工工艺流程图

2）操作要点

（1）检测设备组装

根据接触轨平面设计图纸进行锚栓钻孔，布置锚栓，待锚栓安装牢固后，安装支架、接触轨及附件。将接触轨初步安装到位后，利用城市轨道交通第三轨参数检测仪进行逐个测量。由于设备采用可拆卸式设计，搬运至现场后需要进行组装，将电池、激光传感器、电脑等组装至车体上，连接通信线缆，进行设备调试检测。

（2）测量接触轨参数

设备安装调试完成后，进行接触轨定位点参数检测。通过测量起始里程、接触轨锚段编号、定位点创建检测工程。根据显示器软件界面提示进行设备连接，开始检测。检测过程中推动设备在轨道上前行，设备自动对接触轨定位点导高、拉出值、端部弯头数据进行测量，并对纵向接头平整度进行识别，警示平整度不达标的接头（图 2-58）。检测过程中数据会实时显示，一个锚段检测完成后可结束工程，检测结果自动以表格形式保存（针对单个定位点，可直接测量，数据实时显示，不需导出表格数据）。

图 2-58　利用城市轨道交通第三轨参数检测仪测量

（3）生成导出测量结果

一个锚段接触轨检测完成后，可在数据结果文件夹中直接导出查看整个锚段结果。数据表格可通过蓝牙、WiFi、数据线等方式传输至手机或其他存储设备，形成记录，随时查看（图 2-59）。

（4）精调接触轨支架

根据城市轨道交通第三轨参数检测仪检测结果数据表，按照施工误差允许范围，从检测数据表格中筛选出定位支座的导高、拉出值等未达标的数据。现场作业人员根据检测结果数据，利用卷尺对支架导高、拉出值进行调整，使定位支架按照施工验收标准安装，以此保证列车受电靴与接触轨受流正常。

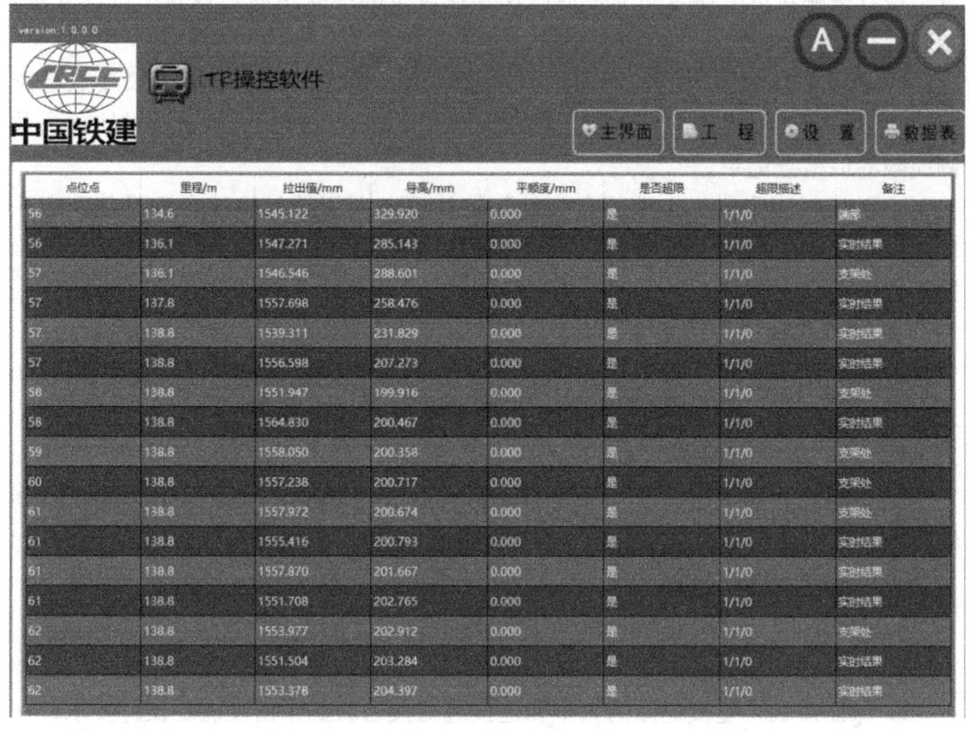

点位点	里程/m	拉出值/mm	导高/mm	平顺度/mm	是否超限	超限描述	备注
56	134.6	1545.122	329.920	0.000	是	1/1/0	端部
56	136.1	1547.271	285.143	0.000	是	1/1/0	实时结果
57	136.1	1546.546	288.601	0.000	是	1/1/0	支架处
57	137.8	1557.698	258.476	0.000	是	1/1/0	实时结果
57	138.8	1539.311	231.829	0.000	是	1/1/0	实时结果
57	138.8	1556.598	207.273	0.000	是	1/1/0	实时结果
58	138.8	1551.947	199.916	0.000	是	1/1/0	支架处
58	138.8	1564.830	200.467	0.000	是	1/1/0	实时结果
59	138.8	1558.050	200.358	0.000	是	1/1/0	支架处
60	138.8	1557.238	200.717	0.000	是	1/1/0	支架处
61	138.8	1557.972	200.674	0.000	是	1/1/0	支架处
61	138.8	1555.416	200.793	0.000	是	1/1/0	实时结果
61	138.8	1557.870	201.667	0.000	是	1/1/0	实时结果
61	138.8	1551.708	202.765	0.000	是	1/1/0	实时结果
62	138.8	1553.977	202.912	0.000	是	1/1/0	支架处
62	138.8	1551.504	203.284	0.000	是	1/1/0	实时结果
62	138.8	1553.378	204.397	0.000	是	1/1/0	实时结果

图 2-59 测量结果数据显示界面

① 对各个定位点的接触轨侧面限界进行调整，逐一精细调整各定位点侧面限界及接触轨高度至设计要求值。

② 对各个定位点的接触轨高度进行调整，逐一调至设计标高值，并检查各支持装置紧固件是否满足力矩要求，检查接触轨受流面是否与轨面平行，避免接触轨面发生偏磨现象。

③ 对接触轨扣件及接触轨托架进行调整，在保证接触轨标高和平行度的基础上满足接触轨在温度变化时能顺线路自由滑动的要求。

④ 对支持装置进行调整，检查接触轨接触面与轨面是否平行。

⑤ 对膨胀接头、端部弯头处标高和侧面限界进行仔细调整，直至符合设计值，保证膨胀接头和端部弯头在接触轨伸缩时能顺畅滑动，对接触面平行度进行细调，确保集电靴平滑通过。

（5）复核调整结果

安装调整完毕后，针对调整后的定位点逐个测量，利用实时测量显示数据，复核调整安装是否到位。若未达到技术标准，则再次进行调整。

① 接触轨复核检测

a. 绝缘距离复核：接触轨带电体距接地体的绝缘距离不能小于 150mm，测量、检查接触轨带电体与周围接地体及其他设备的绝缘距离是否满足设计要求，做好记录。

b. 关于对接触面标高、侧面限界复核检测：用接触轨综合测量仪逐点检查接触轨标高及侧面限界值，对超过允许偏差范围的进行调整，填写接触轨标高及侧面限界值检查记录。

c. 关于对膨胀接头、端部弯头处复核检测：利用接触轨综合测量仪、水平尺、钢卷尺等检测膨胀接头、端部弯头的各项参数，对于不合格者，进行调整，并将数据做好记录。

② 技术要求

a. 侧面限界值允许误差为±5mm，接触轨标高允许误差为±5mm，相邻的悬挂点相对高差一般不超过所在跨距值的0.5‰。

b. 距离要求：静态不应小于150mm，动态不应小于100mm。

c. 接触轨接缝平滑、无明显阶梯，接触轨钢带接缝高差要使用接触轨打磨机具打磨，各连接接触面要涂电力导电脂，保证接缝处平滑顺畅。

③ 注意事项

a. 侧面限界测量要仔细，尽量减少误差；

b. 调整以后满足设计要求，并做好记录，为以后维护和检测作依据；

c. 保证接触轨连接缝隙的大小和连接缝处接触轨的平滑度满足设计要求；

d. 在进行接触轨调整时，要保证接触轨接缝到最近的绝缘支架的距离大于500mm；

e. 所有的电气接触面均要涂上电力复合脂以获得最佳导电性能。

(6) 保存检测结果

接触轨精调复核完成后，利用仪器再次进行测量，将结果存档，作为设备安装竣工存留数据。

2.6.2 技术指标

《城市轨道交通直流牵引供电系统》GB/T 10411—2005；

《城市轨道交通接触轨供电系统技术规范》CJJ/T 198—2013。

2.6.3 适用范围

适用于采用地铁第三轨供电、第三轨回流制式的接触轨参数测量。

2.6.4 应用工程

武汉7号线一期供电工程；青岛地铁蓝色硅谷线；宁波地铁4号线。

2.7 接触网零部件预配参数计算软件

2.7.1 技术内容

基于 250km/h 宁安客运专线，开发了接触网全功能计算软件（图 2-60），计算内容包括接触网腕臂、吊弦和软横跨等参数计算，涵盖了接触网简单链型和弹性链型悬挂于一身的接触网施工全部计算内容。运用科学计算数据、施工标准规范，避免了现场返工，提高了现场工艺质量和工作效率，塑造了企业技术实力。

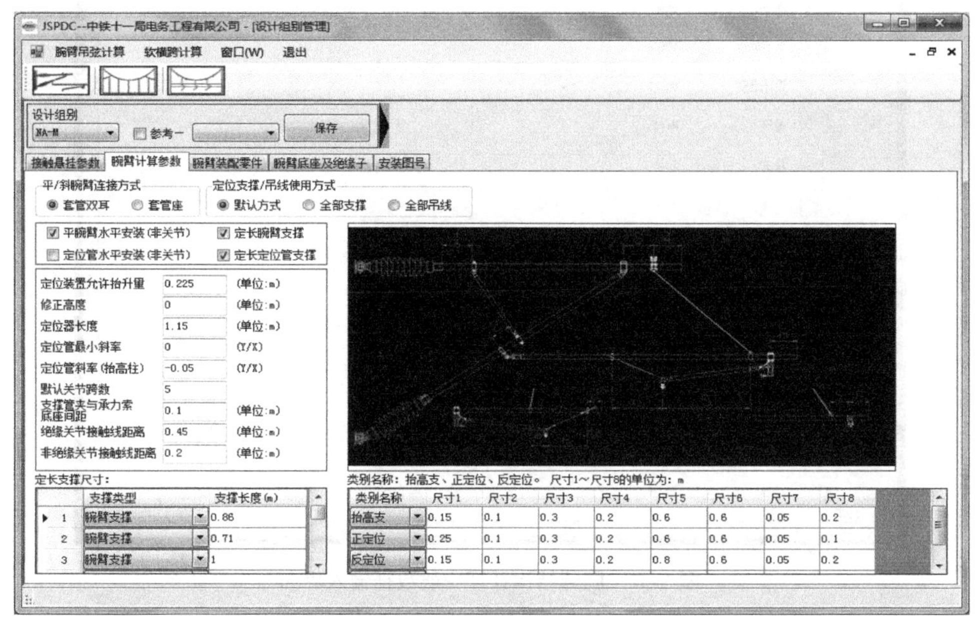

图 2-60 接触网参数计算软件界面

1. 技术特点

（1）具备软横跨柱容量计算需指定的气象参数、悬挂参数、线路股道数据等内容；

（2）腕臂及吊弦计算综合考虑整个锚段参数，按锚段进行计算；

（3）软件程序中储存了通用图中标准的腕臂各零件的型号、尺寸等数据，用户也可以自行修改零件的尺寸参数以满足特定线路的设计要求；

（4）满足普速、高速及地铁架空接触网的参数计算，具有普适性。

2. 技术原理

采用锚段综合计算技术，计算时综合考虑整个锚段接触网数据，加入受力分析，模拟分析腕臂在受力状态下的偏移、承重等因素，而不是只考虑单一的腕臂数据，避免因负载后引起的数据偏差和腕臂调整，实现了接触网腕臂预配及安装数据综合考虑。

(1) 腕臂计算

① 输入数据

a. 一般数据

在图 2-61 所示界面中输入计算锚段的一般数据。

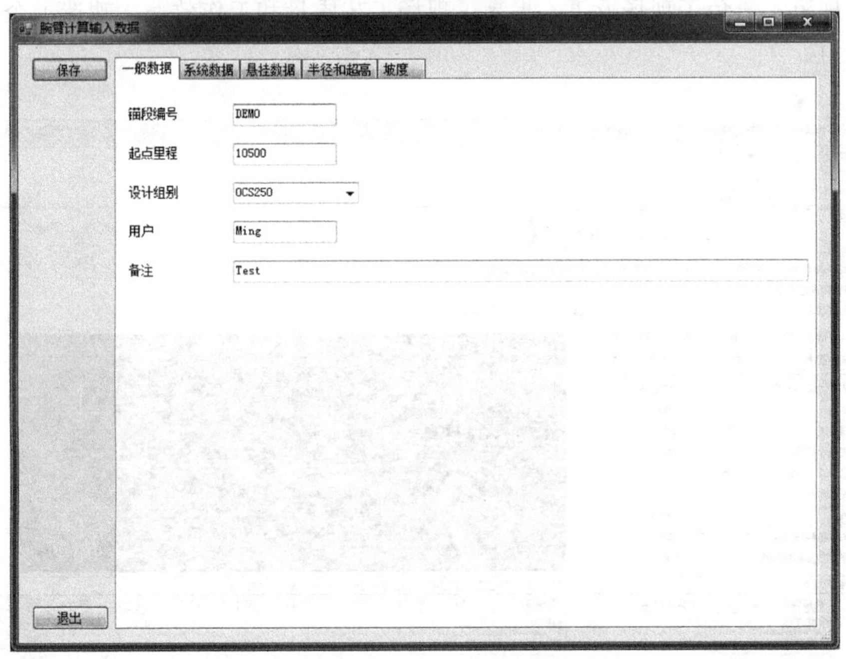

图 2-61　腕臂结构计算一般数据输入界面

b. 系统数据

接触网系统数据输入界面用于显示和编辑所选设计组别的接触网参数。初始情况下，各输入框中显示为对应设计组别的默认参数（图 2-62）。

c. 悬挂测量或设计数据

悬挂测量或设计数据以表格形式输入（图 2-63）。既可以直接在程序界面提供的数据网格进行输入，也可以从外部 Excel 文件导入，可以使用 Microsoft Office Excel 2003 版本和 2010 版本的文件（*.xls 和 *.xlsx）。

d. 坡度数据

轨道半径和超高数据输入界面用于编辑线路曲线和超高特征数据。轨道包括

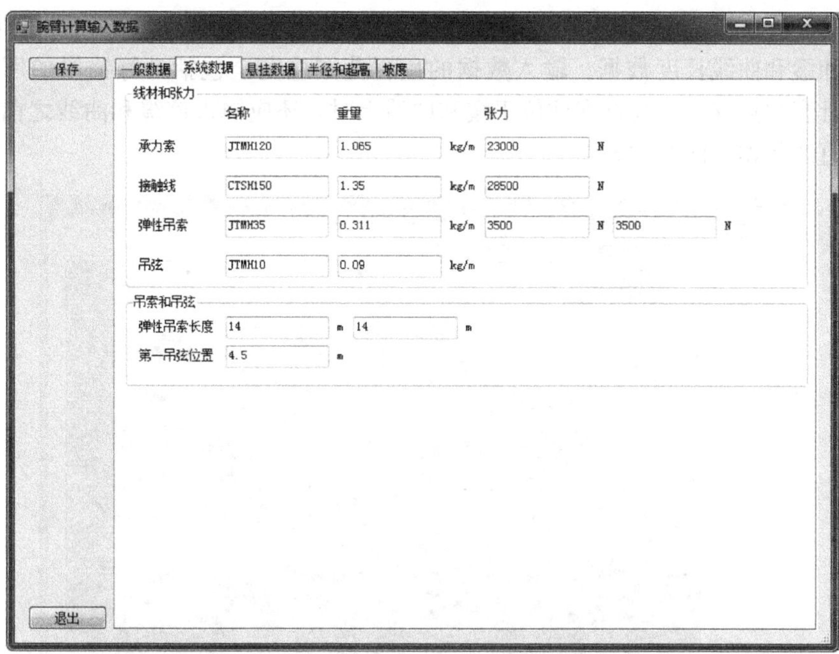

图 2-62　腕臂结构计算接触网系统数据输入界面

腕臂计算输入数据

保存　导入　退出

一般数据 | 系统数据 | 悬挂数据 | 半径和超高 | 坡度

支柱编号	MT	特殊类型	A[m]	FH[m]	SH[m]	BF[mm]	MVK[m]	MN[mm/m]	MHB[
1	A	-N5 -H50 -A15	50	6	1.6	0	-3.2	0	7.02
2	A		50	5.5	1.6	400	-3.1	0	7.02
3	A		50	5.5	1.95	0	-3.1	0	7.02
4	A		50	5.5	1.6	200	-3.1	0	7.02
5	A		50	5.5	1.6	-200	-3.1	0	7.02
6	A		50	5.5	1.6	300	-3.1	0	7.02
7	A		50	5.5	1.6	-300	-3.1	0	7.02
8	A		50	5.5	1.6	300	-3.1	0	7.02
9	A		50	5.5	1.6	-300	-3.1	0	7.02
10	A		50	5.5	1.6	300	-3.1	0	7.02
11	A		50	5.55	1.6	-300	-3.1	0	7.02
12	A		50	5.5	1.6	300	-3.1	0	7.02
13	A		50	5.5	1.6	-300	-3.1	0	7.02
14	A		50	5.5	1.6	300	-3.1	0	7.02
15	A		50	5.5	1.6	-300	-3.1	0	7.02
16	A		50	5.5	1.6	300	-3.1	0	7.02
17	A		50	5.5	1.6	-300	-3.1	0	7.02
18	A		50	5.5	1.6	200	-3.1	0	7.02
19	A		50	5.5	1.6	-200	-3.1	0	7.02
20	A		50	5.5	1.95	0	-3.1	0	7.02

图 2-63　腕臂结构计算悬挂数据输入界面

直线、曲线区段，应指定区段的起点和终点里程，曲线区段还应输入曲线半径、超高和缓和曲线长度数据。输入数据的里程范围应完全包括计算锚段的所有支柱，且当起点支柱或终点支柱位于缓和曲线上时，还应输入该缓和曲线之前或之后的直线数据（图 2-64）。

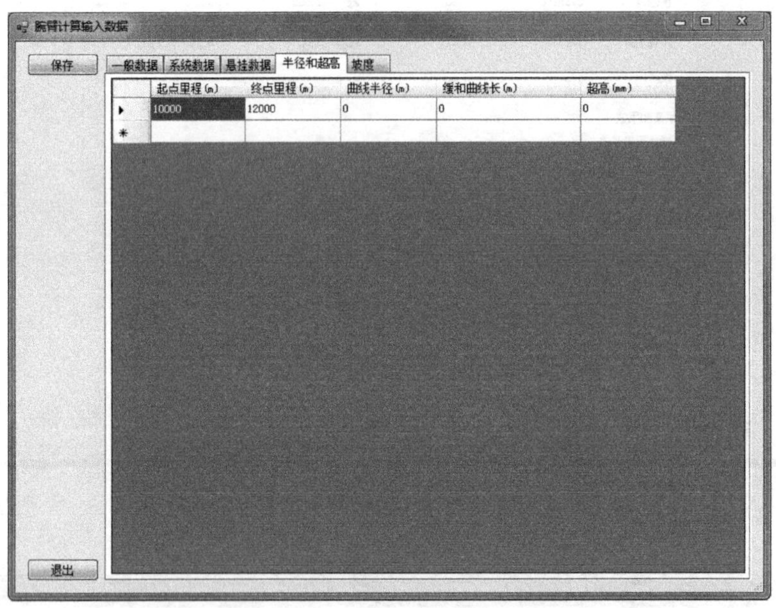

图 2-64　腕臂结构计算线路半径和超高数据输入界面

② 计算结果

选择要计算的输入文件后，腕臂结构计算软件自动完成计算。程序界面将显示腕臂装配示意图以及其他附加信息（图 2-65）。

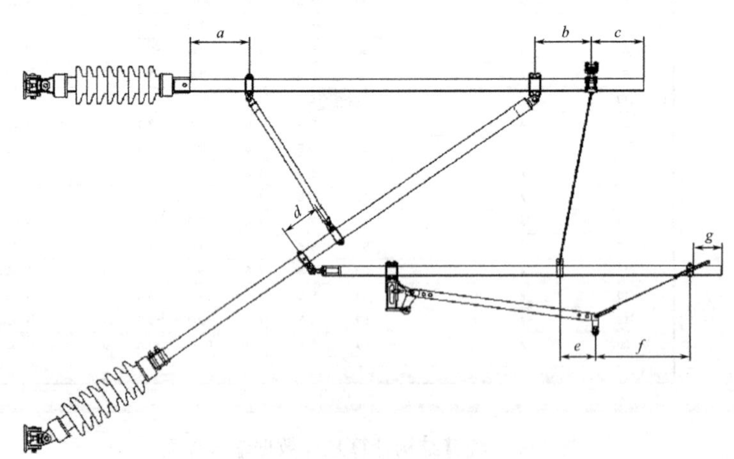

图 2-65　腕臂结构显示界面

（2）吊弦计算

① 输入数据

a. 基本参数

基本参数输入页面用于输入计算锚段的项目信息和线路概况（表 2-1）。

基本参数输入页面　　表 2-1

项目信息	
项目名称	计算锚段所在项目名称或代号
锚段编号	计算锚段的名称或代号
起点里程数	计算锚段第一根支柱(即小里程方向的锚柱)的里程； 应使用轨道里程； 程序沿线路里程增加方向进行计算
设计组别	接触网系统的类型，选择包含当前锚段的设计参数的设计组别名称
线路概况	
支柱数量	计算锚段中全部支柱的数量，包括锚柱
恒定半径区段数量	计算锚段内半径相同的轨道区段数量； 如果锚段的起点或终点位于缓和曲线上，则还须包括前一或后一恒定半径区段
恒定超高区段数量	计算锚段内超高相同的轨道区段数量； 如果锚段的起点或终点位于超高变化区段上，则还须包括前一或后一恒定超高区段
恒定坡度区段数量	计算锚段内恒定坡度区段数量

b. 悬挂测量数据

悬挂测量数据输入页面用于输入计算锚段内所有支柱（包括锚柱）的测量数据（表 2-2）。

悬挂测量数据输入页面　　表 2-2

支柱编号	用于标识计算支柱的唯一编号
跨距	当前支柱距下一支柱中心的距离(m)； 对于锚段关节处支柱，程序将根据双腕臂间距修正跨距参数
导高	支撑位置接触线高度(m)； 锚柱处应输入补偿装置处接触线高度
承高/结构高度	支撑位置承力索高度或结构高度(m)； 非锚柱：输入负值； 锚柱：输入补偿装置位置承力索与接触线的垂直距离
接触线拉出值	接触线在受电弓平面相对于线路中心的水平位置(cm)。 拉出值符号与支柱位置相关： 正：接触线至支柱距离大于线路中心距支柱距离； 负：接触线至支柱距离小于线路中心距支柱距离。 锚柱处应输入补偿装置位置接触线与承力索的水平距离： 正：接触线比承力索更靠近线路； 负：接触线比承力索更远离线路

续表

承力索拉出值	承力索的水平位置(cm)。 拉出值符号与沿里程增大方向承力索与线路中心的相对位置相关: 正:承力索拉向线路右侧; 负:承力索拉向线路左侧。 锚柱处需输入低轨面线路中心距支柱面的距离
支柱在线路右侧	沿里程增大方向,支柱是否位于线路右侧
外轨超高	输入 0
曲线半径	输入 0

c. 线路半径数据

线路半径数据输入页面用于输入计算锚段包含的直线和恒定半径区段的数据，包括曲线半径和起讫里程（表 2-3）。若第一根或最后一根支柱位于缓和曲线区段，则必须输入前一或后一恒定半径区段的数据。

线路半径数据输入页面 **表 2-3**

曲线半径	恒定半径区段的半径(m)。 沿里程增大方向,根据曲线偏向确定正负号: 正:右偏曲线; 负:左偏曲线; 零:直线
起点里程数	恒定半径区段的起点轨道里程(m)
终点里程数	恒定半径区段的终点轨道里程(m)

d. 线路超高数据

线路超高数据输入页面用于输入计算锚段包含的恒定超高区段的数据，包括超高和起讫里程（表 2-4）。若第一根或最后一根支柱位于超高变化区段，则必须输入前一或后一恒定超高区段的数据。

线路超高数据输入页面 **表 2-4**

超高	恒定超高大小(mm)。 沿里程增大方向,根据曲线偏向确定正负号: 正:右偏曲线; 负:左偏曲线; 零:直线
起点里程数	恒定超高区段的起点轨道里程(m)
终点里程数	恒定超高区段的终点轨道里程(m)

e. 线路坡度数据

线路坡度数据输入页面用于输入计算锚段包含的恒定坡度区段的数据，包括坡度和变坡点里程等（表 2-5）。

线路坡度数据输入页面　　表 2-5

坡度	线路坡度大小(‰)。 沿里程增大方向，根据线路上、下坡确定正负号： 正：上坡； 负：下坡； 零：平坡
变坡点里程	坡度变化点轨道里程(m)
竖曲线半径	坡度变化处设置的竖直曲线半径(m)。 总为正值；两个坡度变化很小未设置竖直曲线，则输入 1

② 计算结果

吊弦计算结果包括计算锚段概况和测量数据、吊弦计算尺寸数据（图 2-66）。

吊弦编号和吊弦长度

支柱号	安装心形环后切割吊弦长度	支柱号
弹性吊索长度	心形环内侧距心形环内侧距离	弹性吊索长度
结构高度	承力索中心至接触线中心距离	结构高度
支撑类型	支柱距吊弦距离	跨距
弹性吊索张力	吊弦间距	吊弦距支柱距离

吊弦号	弹吊	吊弦1	吊弦2	吊弦3	吊弦4	吊弦5	弹吊	吊弦号
52	1.398	10.599	10.435	10.360	10.374	10.476	1.220	54
18.0	0.953	0.949	0.785	0.710	0.724	0.826	0.775	18.0
1.568	1.058	1.054	0.890	0.815	0.829	0.931	0.880	1.350
zdz	4.50	13.03	21.57	30.10	38.63	47.17	55.70	60.20
---	4.50	8.53	8.53	8.53	8.53	8.53	8.53	4.50

图 2-66　吊弦计算结果

2.7.2　技术指标

《铁路电力牵引供电设计规范》TB 10009—2016；

《高速铁路电力牵引供电工程施工质量验收标准》TB 10758—2018；

《铁路电力牵引供电工程施工质量验收标准》TB 10421—2018；

《城市轨道交通架空接触网技术标准》CJJ/T 288—2018。

2.7.3　适用范围

适用于轨道交通接触网弹性链型悬挂、简单链型悬挂的腕臂、吊弦、软横跨等参数计算。

2.7.4 应用工程

宁安客运专线；长株谭城际铁路；成蒲铁路；张呼客专；长沙地铁 4 号线；常州地铁 1 号线等项目。

2.8 柔性接触网双支承力索换线一次到位技术

2.8.1 技术内容

双支承力索换线是柔性接触网运行到一定年限时必要的大修项目，也是承力索受损时的故障处理措施。不同线路的封闭点时间不同，基本都要求在 180min 内完成换线作业，换线完成后即开通运行。换线作业中穿线量大，倒装设备多，过程中安全、质量、时间卡控是换线施工的重点和难点。通过作业组织优化技术、无穿线施工技术、补偿装置一次到位技术、接触网参数缺陷分步纠正技术及采用的其他技术措施，较传统施工方法在安全、质量、时间限制等方面有了较大提升。

1. 作业组织优化技术

双支承力索换线作业面大，人员设备众多，容易产生因各组操作不协调而引发的安全质量问题，必须进行作业组织优化。采用放线车组加梯车人工作业方式，同时更换两侧补偿装置。双支承力索两线调平、腕臂偏移及补偿 a/b 值按照标准温偏并预留绞线初伸长确定值调整。承力索更换后导高、拉出值维持既有状态，保证系统运营稳定。

1）作业流程

现场交底及清点→验电接地→设置防护→车组到位→换线作业→平推检查→冷滑试验→绝缘测试→车组返回→确认及消令→保驾值守。

2）时间分配

时间分配见表 2-6。

3）现场布置

放线车编组方式：作业车＋作业车＋放线平板，负责放线、挂滑轮、紧线落锚及冷滑试验；中间梯车作业组：每组负责 3～4 跨吊弦、电连接、开关避雷器引线倒装，新线固定、旧线拆除；中锚组：负责中锚倒装；起、落锚组：负责放线过程中起落锚及补偿装置更换；验电接地组：负责验电接地、地线监护及绝缘测试工作（图 2-67）。

柔性接触网双支承力索更换时间分配表（min）　　　　**表 2-6**

时间划分	0～15	16～30	31～70	71～85	86～135	136～150	151～165	166～180
总体流程	施工准备	起锚	放线	紧线	悬挂倒装	平推检查	测试	施工结束
放线车组	车组到位	配合穿线	放线	车带线	配合落锚，拆除旧线	回收旧线，设备平推检查，力矩检查	冷滑试验	车组返回
起锚组	验电接地，人员、机具及材料到位	固定坠砣、临时起锚	更换补偿	手扳葫芦紧线	正式落锚，松旧线		拆除接地线，绝缘测试、现场清理	人员、机具及材料撤出现场，消除作业命令
中锚组		吊挂放线滑轮，悬吊定位点接触线	中锚拆除	巡视检查，配合两线调平	中锚安装、固定，旧线落地			
落锚组		固定坠砣、落锚准备	更换补偿	手扳葫芦紧线	正式落锚，松旧线			
中间梯车作业组		吊挂放线滑轮，悬吊定位点接触线	摘除既有承力索，拆除吊弦、电连接	巡视检查，配合两线调平	新承力索固定，安装吊弦、电连接，旧线落地			

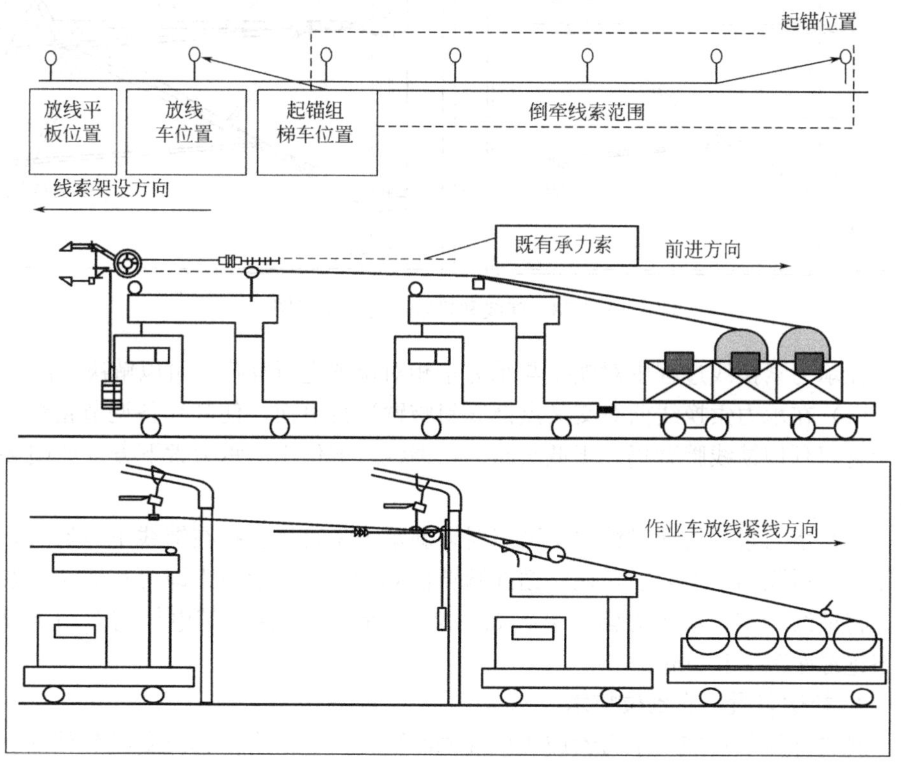

图 2-67　车组起锚、落锚及吊挂示意图

4）进出场设置

封闭点前轨道车组按调度命令由停车线转线至发车站，给点后运行至作业区段，作业完成后轨道车组返回发车站消令，特殊情况轨道车组可运行至调度指定地点消令；人工组和梯车组由作业区段邻近车站进出，最多进出点不超过 3 个站。

2. 无穿线施工技术

因站间距小，每个承力索锚段均穿越 1 至 2 个车站，馈线均在车站两端承导线之间穿越形成交叉点，承力索换线需要穿线作业，无法满足作业时间限制，如图 2-68 所示。

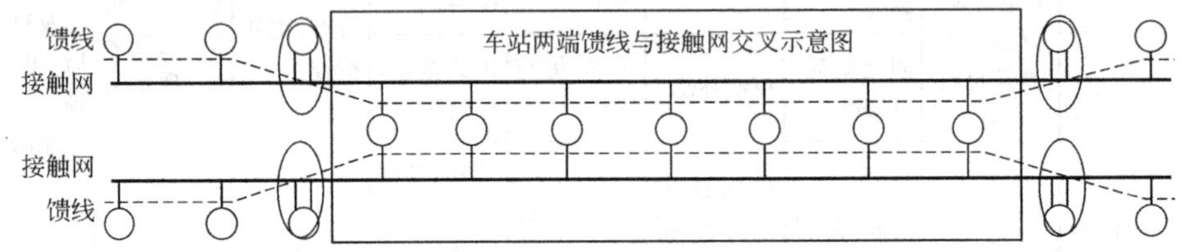

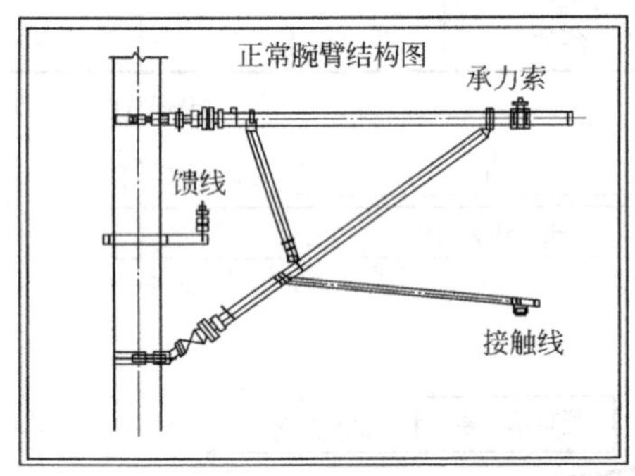

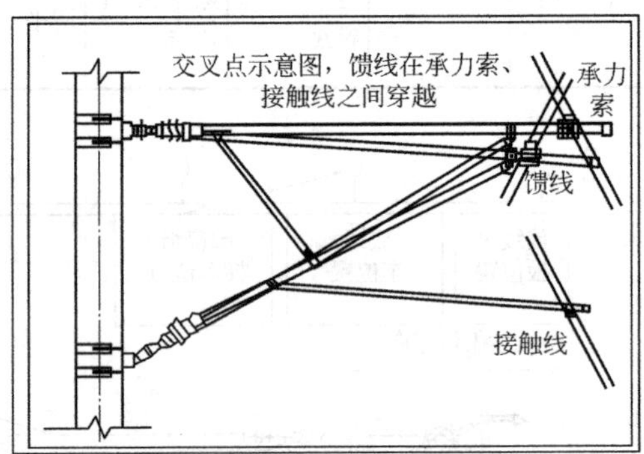

图 2-68 馈线和接触网交叉示意图

在承力索换线过程中对馈线与承力索相对位置进行互换，可以解决此问题。

（1）在承力索换线前对交叉点馈线斜腕臂进行更换，使其具备调节裕量，调整套管双耳使馈线腕臂仍处于低头状态，馈线依旧位于旧承力索下方，如图 2-69 所示。

（2）承力索放线通过馈线交叉点时，新承力索直接悬挂在馈线下方通过，架设完毕后拆除旧承力索后，调整馈线腕臂使其抬头，新承力索即可在原位安装就位，将馈线调整至新承力索上方，如图 2-70 所示，并保证带电体与车站顶棚间静态绝缘距离≥150mm。

3. 补偿装置一次到位技术

棘轮补偿装置应与承力索或接触线同时更换，应一次性解决新线延伸率、棘轮状态、坠砣下方障碍物及双线扭绞等问题。

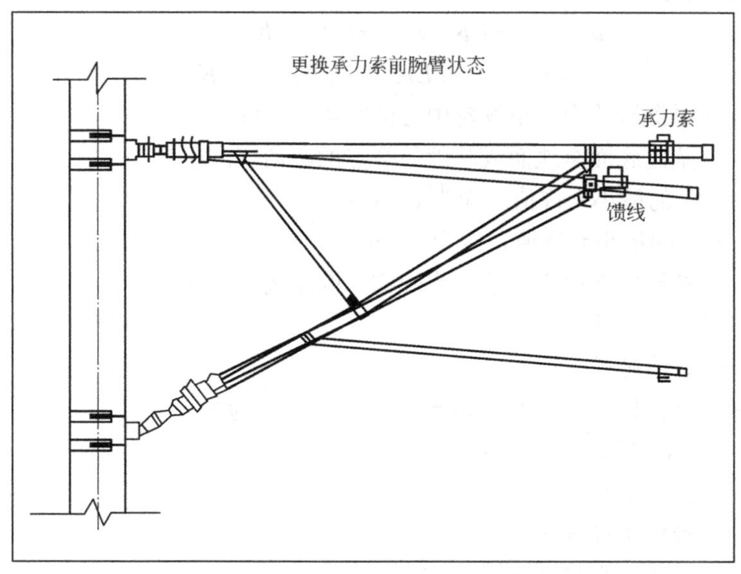

图 2-69　更换承力索前腕臂示意图

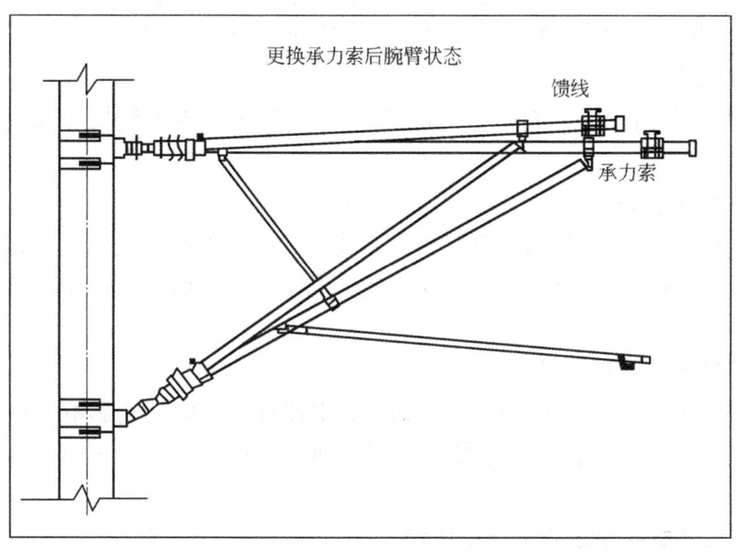

图 2-70　更换承力索后腕臂示意图

1）a、b 值确定

根据现场实际温度、半锚段长度（锚柱到中心锚结或硬锚的距离）按照安装曲线计算棘轮补偿装置 a 值和坠砣 b 值，计算过程应叠加新线延长率（以线材产品参数为准）。在任何温度下坠砣距地面的距离不得小于 200mm。

计算公式为：

$$a=a_{\min}+LK_{t}(t_{\max}-t_{x})+LK_{x}+r_{j}+r_{p} \quad (2\text{-}3)$$

$$b=b_{\min}+n[LK_{t}(t_{\max}-t_{x})+LK_{x}] \quad (2\text{-}4)$$

式中：a——平衡滑轮中心至棘轮中心的距离（m）；

b——坠砣底面至地面或基础最高点的距离（m）；

$a_{\min}$——a 的最小允许值，应为 0.4m；

$b_{\min}$——b 的最小允许值，应为 0.2m；

L——补偿器至中心锚结（或硬锚）的距离（m）；

K_{t}——线胀系数（l/℃）；

K_{x}——新线延长率；

n——补偿传动比，如传动比为 1∶3，取值为 3；

t_{x}——施工时温度（℃）；

$t_{\max}$——设计最高温度（℃）；

r_{j}——棘轮半径（m）；

r_{p}——平衡轮半径（m）。

2）补偿绳预制

对应 12kN 张力且 1∶3 传动比双支承力索棘轮补偿装置，上海地区补偿绳长度经验值为：承力索补偿小轮处 8m、大轮处 8.5m。

3）棘轮状态

棘轮后应保持铅垂，制动卡块间隙为 20～25mm，补偿绳楔块安装如图 2-71 所示。

4）平衡轮状态

下锚绝缘子处一般没有旋转零件，双支承力索及补偿绳更换后在扭绞力作用下不宜调平，在换线过程中应加装旋转零件解决此问题，如图 2-72、图 2-73 所示。

5）坠砣下方障碍物处理

b 值为坠砣底面到地面的距离，如遇到电缆托架等障碍物影响坠砣上下移动时，应将障碍物顶面设置为参考地面，但坠砣串上下活动范围不得小于 3000mm。

4. 接触网参数缺陷分步纠正技术

接触网经过长时间运营与检修，不可避免地会存在一些参数缺陷，在柔性接触网大修过程中缺陷参数的纠正分配到大修各步骤中进行，以免因封闭点工作时间有限造成运营质量问题，双支承力索更换是柔性接触网大修的重难点工序，应避免在承力索换线过程中产生接触网参数变化。

此为直角边，简称为直边。此处为线索本线所在边

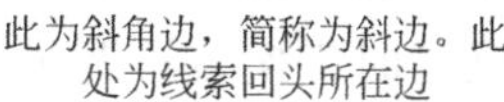
此为斜角边，简称为斜边。此处为线索回头所在边

此为斜角边，简称为斜边。此处为线索回头所在边
此为直角边，简称为直边。此处为线索本线所在边

图 2-71 补偿绳楔块安装示意图

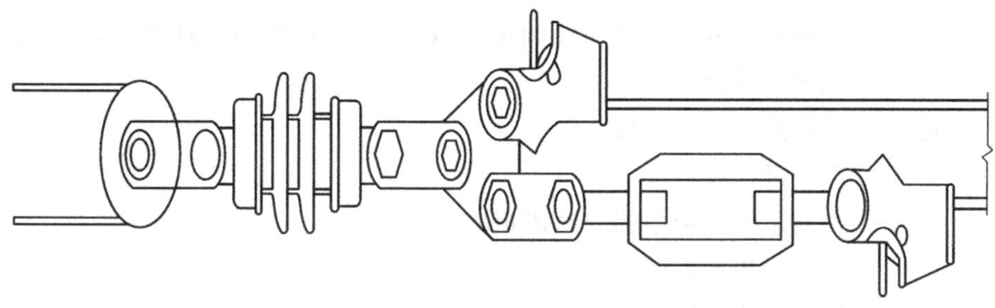

图 2-72 无旋转零件状态

杵头挂环
杵座双耳

图 2-73 加装旋转零件示意图

1）腕臂定位更换

接触网大修应首先更换腕臂定位装置，以防止因既有腕臂零件老化造成承力索、接触线更换过程中出现受力方面的隐患。腕臂通过精确测量、计算和预制保证更换后参数正确，腕臂更换后拉出值恢复设计标准。导高采用过渡措施，调整平腕臂使其临时抬头或低头，保持承力索既有高度不变，接触线在既有吊弦作用下保持既有导高不变，接触线坡度和坡度变化率不得超出本线要求，不能满足时应换装可调吊弦过渡，防止导高出现突变，保证接触线坡度满足运营要求。

2）双支承力索更换

双支承力索更换需同时更换两侧补偿装置，换线后两线调平，腕臂定位偏移、吊弦偏移及补偿 a/b 值按照线胀系数并叠加预留新线初伸长计算调整值。承力索更换后对导高缺陷不做纠正，通过吊弦继续维持导高既有状态，保证系统运营稳定。

腕臂、定位及吊弦偏移量计算公式为：

$$l_p = L_i K_t (t_x - t_0) - L_i K_x \tag{2-5}$$

$$l_i = L_i K_x \tag{2-6}$$

式中：l_p——腕臂定位偏移量（m），正值为向下锚方向偏移，负值为向中锚方向偏移；

l_i——吊弦或腕臂定位承导线间偏移（m），相对于同悬挂既有线索向中锚方向偏移；

K_t——线胀系数（1/℃）；

K_x——新线延长率；

L_i——当前定位点距中锚或硬锚距离（m）；

t_x——施工时当前温度（℃）；

t_0——设计平均温度（℃）。

3）中锚、电连接更换

中锚及电连接应在更换接触线前完成，确保接触线更换后设备性能与导流质量。施工前考虑结构高度更换前后的差异，承导间电连接线预留调整余量。

4）双支接触线更换

双支接触线更换需同时更换两侧补偿装置。双支接触线两线调平，腕臂定位偏移、吊弦偏移及补偿 a/b 值按照温度曲线并叠加预留接触线初伸长计算值调整，腕臂、定位和吊弦偏移量计算公式同第 2）项。接触线更换后导高仍维持既有状态，保证平滑过渡。

5）吊弦（非固定绳区段）更换

吊弦更换应在腕臂、承导线更换完成，以及承导线初伸长基本拉伸到位后进行，以避免接触网受力部件的反复拆装调整。通过精确测量、计算和预制，同锚段吊弦应一次更换到位，同时对腕臂、电连接进行调整并恢复设计参数，导高一次性恢复设计值，定位器坡度调整到位。与固定绳区段交接处导高变化段采用可调吊弦过渡，保证接触线坡度和变化率不超出本线设计要求。

6）固定绳（含范围内吊弦）更换

固定绳更换应在承导线更换完成后进行，应同时更换固定绳范围及过渡段的吊弦。通过精确测量、计算和预制保证更换后参数正确，必要时可采用吊弦现场压接的方式保证导高、拉出值一次调整到位。

5. 其他技术措施

其他技术措施见表 2-7。

双支承力索换线其他技术措施 **表 2-7**

序号	工序	措施
1	双支承力索更换后张力调平	两端紧线落锚，带线及紧线采用平衡滑轮，紧线过程多次加减张力，落锚后通过可调螺栓调平两支线
2	承力索放线通过车站异侧腕臂	将既有接触悬挂在车站桁架上吊挂，将异侧腕臂定位装置放空
3	承力索放线通过渡线接触线	通过手扳葫芦和紧线器打开渡线下锚、分段或中间绝缘，将新承力索提至渡线接触线上方，然后恢复渡线接触线连接
4	承力索放线通过渡线低支承力索	将低支承力索抬高并调整，新承力索放至渡线承力索下方，待渡线承力索更换时放线至正线承力索下方，即恢复原位
5	承力索放线通过下部固定绳	打开下部固定绳端部或中间绝缘，将新承力索提至固定绳上方，然后恢复固定绳连接

2.8.2 技术指标

《铁路电力牵引供电工程施工质量验收标准》TB 10421—2018。

2.8.3 适用范围

适用于地铁柔性接触网大修或承力索受损更换。

2.8.4 应用工程

上海轨道交通 3 号线接触网大修项目。

2.9 跨座式接触轨系统C型接触轨安装一次到位技术

2.9.1 技术内容

C型接触轨为庞巴迪制式跨座式单轨系统采用的接触轨类型，轨道梁宽度为690mm，电压等级为DC750V，目前仅在芜湖轨道交通采用该制式。因技术要求严格，接触轨在安装过程中一次到位较为困难。经过高精度定位测量、绝缘支撑预配一次到位、膨胀接头间隙一次安装到位等新技术的采用，提高了施工效率，基本实现了接触轨安装过程中相关参数一次到位，省略了后续的调整工序。

1. 高精度定位测量技术

C型接触轨安装固定采用轨道梁预埋槽道方式，绝缘支撑通过T型螺栓与轨道梁连接固定。接触轨中心线与走行面垂直距离：正极轨677mm，负极轨491mm，允许误差±2mm。通过专用测量尺在轨道梁架设前进行测量划线地面作业。

(1) 专用测量尺采用型钢或铝合金型材进行加工，两处水平型材上沿为测量线位置，距轨道梁顶面（走行面）垂直距离分别为677mm和491mm，加工允许误差±0.5mm，如图2-74所示。

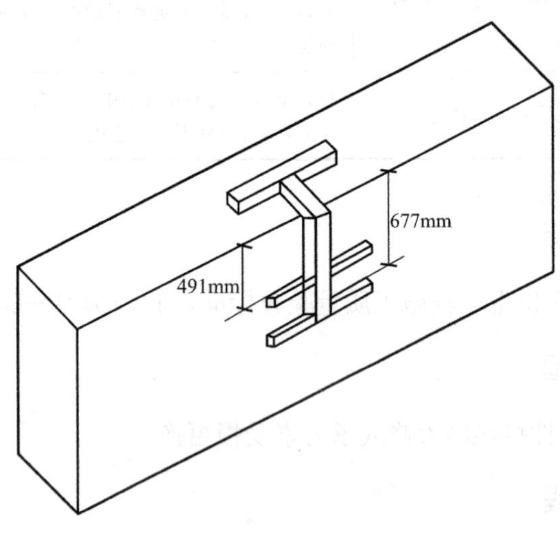

图2-74 专用测量尺

（2）采用测量尺和记号笔分别在轨道梁正负极两侧预埋槽道位置划线，标线下沿为绝缘支撑中心位置，如图 2-75 所示。

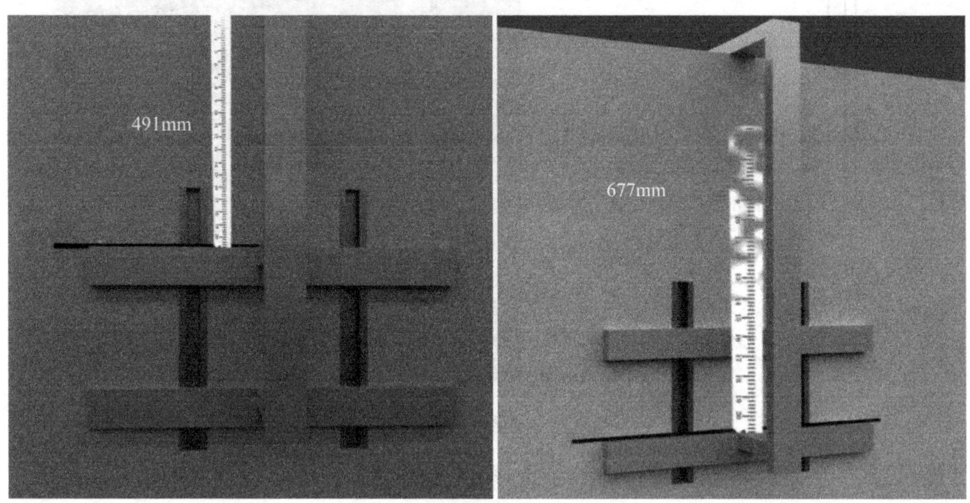

图 2-75　预埋槽道位置划线

（3）为了提高作业效率，绝缘支撑定测划线一般在轨道梁架设前采用地面作业方式提前完成，应尽量避免高空作业，如图 2-76 所示。

图 2-76　轨道梁架设前绝缘支撑定测划线

2. 绝缘支撑预配一次到位技术

接触轨顶面距轨道梁侧面水平距离为 140mm，允许误差（＋0，－1mm）。通过绝缘支撑精确预配实现误差精度要求，避免后期调整工作。

1）加工绝缘支撑预配卡具

预配卡具采用型钢制作，底板至顶板间隙为 102.5mm，允许加工误差 ±0.2mm，保证绝缘支撑安装后参数一次到位，如图 2-77 所示。

2）绝缘支撑预配

固定金具与绝缘子本体间采用螺扣连接，首先顺时针旋转固定金具，将绝缘支

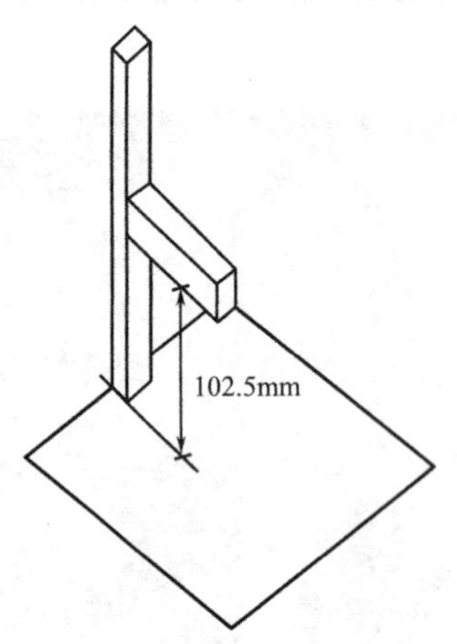

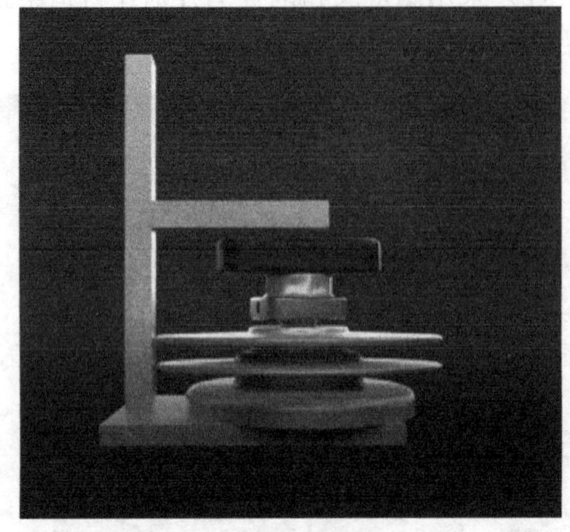

图 2-77　绝缘支撑预配卡具

撑放入预配卡具，逆时针旋转固定金具使其顶住卡具顶板（总高 102.5mm 到位），选择左右旋转的最小幅度进行销钉孔对位，穿入固定销钉和 β 销（图 2-78）。

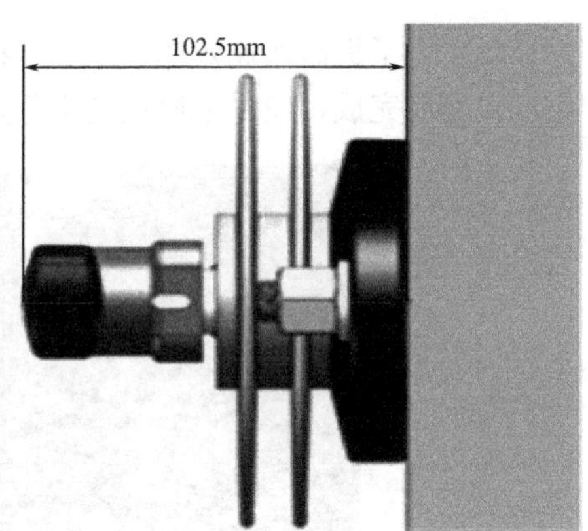

图 2-78　绝缘支撑预配

3. 高空作业方式的选择

接触轨安装与轨道梁施工交叉作业比较常见，零部件和接触轨安装过程中因作业条件的不同，适应场景的安装方式也不同。

1）长、大区段作业

在轨道梁连续长度大于 500m 且曲线半径≥100m 的区段选用接触轨安装平台，此平台为研制的专用装备，配有液压式升降作业平台，具备接触轨装运和吊装能力，将高空作业的施工难度和安全风险降到了最低，极大地提高了接触轨的安装效率。其缺点是平台拆装和吊运比较繁琐，不便于装备转场（图 2-79）。

图 2-79　长、大区段作业

2）小区段作业

在轨道梁连续长度小于 500m 及曲线半径小于 100m 的区段适用轨旁设备安装平台，该平台也是定制的装备，装有可折叠式稳定轮，适用于小型构件安装，两台配合可进行接触轨吊装。安全性和灵活性相对较强，方便在多个小作业面之间频繁转场。缺点是需要将接触轨摆放在轨道梁下方，无法在铁路、路口、水面上方进行接触轨吊装（图 2-80）。

3）零星安装作业

在不具备两种作业平台施工条件的区段，为了保证施工进度，采用折臂式液压升降平台并配合汽车式起重机，进行零星安装作业（图 2-81）。仅适用于地面有施工场地的抢工作业。

图 2-80　小区段作业

图 2-81　零星安装作业

4. 膨胀接头间隙一次安装到位技术

膨胀接头是接触轨系统温度补偿装置，作用相当于架空接触网的锚段关节，因接触轨布置的连续性，接触轨安装完成后膨胀接头间隙将不具备调整的条件。膨胀接头间隙必须在安装过程中一次性调整至符合设计要求。故将其中一个中心锚结设定为安装基准点，接触轨及其附件由安装基点向一个方向顺序安装，即膨胀接头间隙调整时机为其一侧中心锚结完成固定、另一侧中心锚结准备固定时。

（1）制作膨胀接头调整固定卡具，由两套固定抱箍和调节螺杆组成，具备固定调节膨胀接头间隙的作用，如图 2-82 所示。

（2）测量本段接触轨两中锚间距离，测量当前轨温，根据温度曲线查询或计算当前膨胀接头间隙。

（3）安装固定调整卡具，转动调节螺杆，将膨胀接头间隙调整至计算值并固定，膨胀间隙安装允许误差为±2mm。

（4）安装固定另一侧中心锚结（膨胀接头安装前一侧中心锚结已固定完成）（图 2-83）。

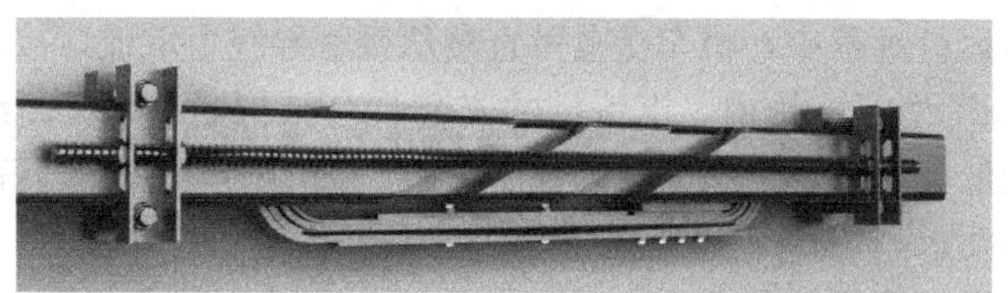

图 2-82　膨胀接头调整固定卡具

图 2-83　安装固定中心锚结

（5）拆除膨胀接头调整固定卡具，作业完成。

2.9.2　技术指标

《城市轨道交通接触轨供电系统技术规范》CJJ/T 198—2013。

2.9.3　适用范围

庞巴迪制式跨座式轨道交通系统接触轨安装。

2.9.4　应用工程

芜湖市轨道交通 1 号线、2 号线一期工程。

2.10　地铁刚性接触悬挂采用可调节平台预制工艺方法

2.10.1　技术内容

地铁架空刚性接触网主要由悬挂装置、绝缘元件、铝合金汇流排和接触线组成。地铁列车运行过程中，机车受电弓直接从接触导线上取流，接触导线镶嵌在HL2213-12“π”型汇流排内，汇流排的安装具有结构紧凑、无断线隐患、可靠性高、费用较低等特点，但是架空刚性悬挂施工难度比柔性接触网高、调节范围小、安装精度要求高。

施工过程中汇流排切割的垂直度和打孔的孔距都不能大于1mm的误差，目前国内对汇流排切割的施工基本都是现场人工切割，垂直度和孔距的精度难以控制。汇流排预制长度的测量精度，也是影响施工精度的关键因素。

1. 技术特点

（1）采用分步安装的方法，各步骤为后续工序提供现场施工实际数据，避免一次性计算和安装造成返工，提高施工效率、节约施工成本。

（2）施工精度高，工艺美观。汇流排切割和打眼均利用专用的切割预制平台、打孔模具以及专用电钻来进行，保证切割打孔的精度。

2. 工艺原理

1）汇流排结构特点

成品汇流排主要有两种规格：终端汇流排，用在起锚和落锚两端，7.5m一根，终端尾部有8个连接螺栓孔；中间汇流排，每根12m，两头均有8个连接孔。如图2-84所示。

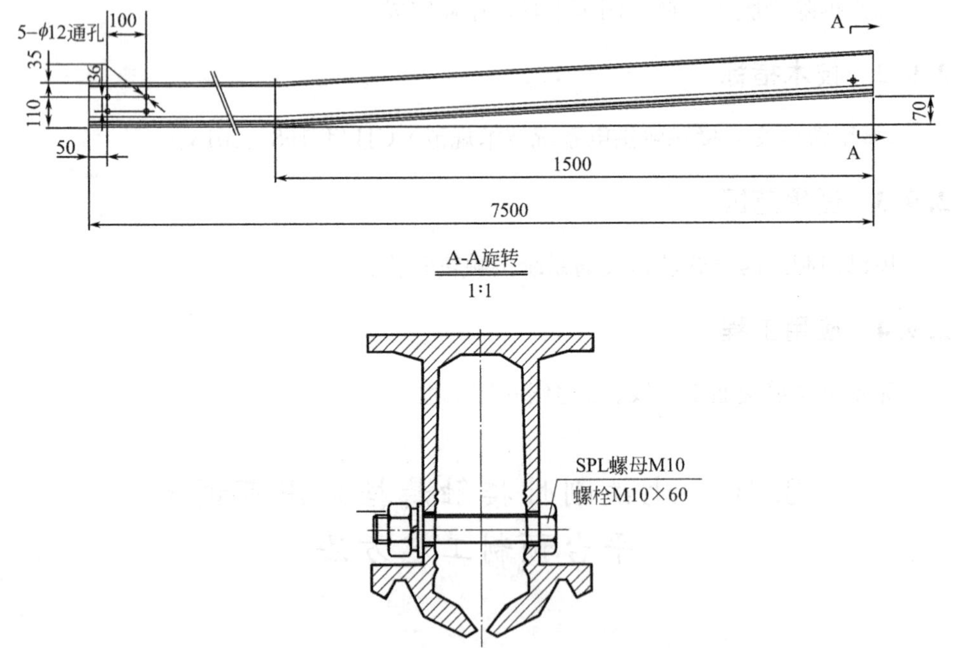

图2-84　终端汇流排的参数（单位：mm）

2）工艺原理

整个锚段约 250m 左右，每个锚段由两根终端汇流排和若干根中间汇流排连接而成。汇流排出厂仅两种规格 7.5m 和 12m，为满足锚段长度的需求，每个锚段至少有一根汇流排需要进行切割。两根汇流排用中间接头通过 16 组无螺母式螺栓与汇流排连接，将两根汇流排连接成为一个整体，汇流排连接间隙设计值小于 1mm。为保证所需的安装精度，甚至将其降到更小，采取以下工艺思路：

（1）分步安装

汇流排安装前对其整锚段所对应的特殊位置进行勘察并做好记录，再根据 CAD 平面图进行 1：1 模拟排布后制订合理的汇流排安装方案，然后完成终端汇流排（7.5m/根）和所有标准汇流排（12m/根）的安装，再针对本锚段剩余需要切割的汇流排进行精确测量，利用汇流排切割预制平台对其切割、打孔，最后完成所切割汇流排的安装。

（2）集中预配

汇流排切割打眼采用专用“可调节式汇流排切割预制平台”、专用打孔模具以及专用电钻来进行，保证切割打孔的精度，提高一次安装成功率，降低工程成本。使用本切割平台可以严格控制精度，使连接间隙小于 0.5mm。

汇流排切割预制平台由 1 台具有可切割不同角度的旋转式切割机、6 根可调节式滚轮、若干角钢焊接而成，并做防锈处理（图 2-85）。

汇流排切割预制平台是用∟50×50×5 的角钢焊接而成的，平台总长 15m、宽 0.6m、高 0.9m。平台上面焊接有 6 个可调节的滚轮，其中每个滚轮的直径为 80mm，长度为 0.5m，滚轮的间距为 2.5m。滚轮两端各有一个调节螺栓，其作用便是调节切割平台汇流排两端的放置高度使其达到水平状态，保证了汇流排截面的垂直切割精度（图 2-86）。

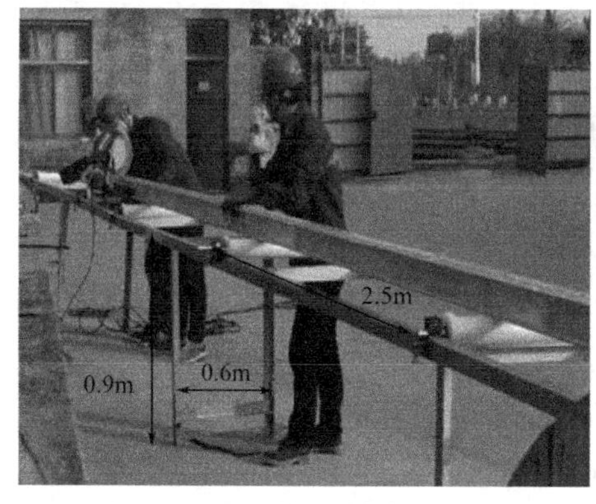

图 2-85　汇流排切割预制平台实物图

图 2-86　汇流排切割预制平台细节图

对于汇流排打孔方面采用专用的打孔模具和博世 GBM-1600-RE 型电钻相组

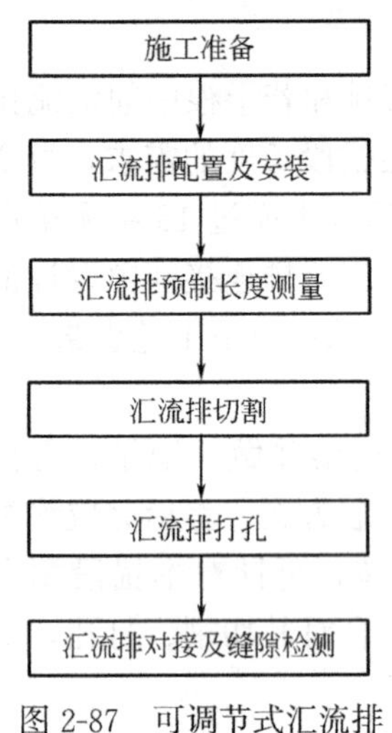

图 2-87　可调节式汇流排切割预制施工工艺流程图

合，固定在预制平台进行打孔。

3. 施工工艺流程及操作要点

1）施工工艺流程

可调节式汇流排切割预制施工工艺流程如图 2-87 所示。

2）操作要点

（1）施工准备

在每个锚段的汇流排安装前，组织技术人员了解现场情况，包括人防门、分段绝缘器、跨距是否需要调整等。现场基本条件核对并记录完成后，再根据现场情况比对接触网平面布置图，利用 CAD 模拟现场进行反复排布，制定合理的汇流排安装方案，确保汇流排中间接头有效地避开特殊位置并且距离悬挂点 600mm 以上，还要求需要切割的汇流排大于 6m。根据模拟的安装方案，准备施工材料和工器具、所需的标准汇流排。

（2）汇流排配置及安装

① 根据施工准备阶段制定的汇流排安装方案进行安装。首先利用梯车从锚段关节第一定位点处开始向另一端安装终端汇流排和标准汇流排；遇到方案中需要安装非标准汇流排的位置，空开暂时不安装，进行下一个标准汇流排的安装，直到整个锚段标准汇流排安装完成为止。

② 汇流排安装

a. 两组施工人员在梯车上进行终端汇流排和标准汇流排安装，前端对接汇流排置于已装汇流排同一条直线上，对接入连接接头，装上紧固螺栓和弹垫。

b. 16 组螺栓不应拧紧，保持松动状态。

c. 调整两汇流排对接状态，保证对接密贴，不能上下左右偏斜错位，尤其是槽端，汇流排接缝两端夹持接触线的齿槽连接处要平顺光滑，不平顺度不能大于 0.3mm，保证对接后，密贴不错位。汇流排中轴线应垂直于所在处的轨道平面，偏角不大于 1°。

d. 对接好后，接口两端同时用力矩扳手对应拧紧螺栓，先内后外、先下后上，紧固 16 组螺栓，紧固力矩为 16N · m。

e. 对接时前端汇流排根据需要上下左右移动调整，接口对接完成后，用塞尺检验合格后方可卡入定位点的悬挂线夹中。

f. 每个锚段的汇流排安装完成 90%后，处理好每个中间接头，确保汇流排钳口和上端平面水平无误差安装，调整好中间接头连接缝隙不大于 0.5mm，并按照蓝图调整好汇流排的高度和拉出值。再次检查锚栓的安装质量、槽钢的高度、T形头螺栓的安装质量和已成型汇流排的拉出值，为汇流排切割处测量的精准度做准备。

(3) 汇流排预制长度测量

测量施工主要是对上述安装过程中，需要安装的非标准汇流排长度进行精准的测量和长度计算，以便制定切割方案。首先找到需要切割的位置，将激光测距仪放置在其中一端，打开激光，来回移动并且调整激光测距仪使激光点正好与汇流排的端头垂直切面刚好重合，此时用石笔或铅笔在钢轨上标记出激光测距仪的位置。另一端也用同样的方法做好标记，然后利用钢尺测量标记长度，并考虑拉出值的变化以及汇流排温差变化，做好预留，计算需要切割的长度，完成后进行二次复测并做好记录。

(4) 汇流排切割

采取集中预配汇流排的原则，利用可调节汇流排切割预制平台进行切割。

① 切割前检查整根汇流排的质量情况、出厂端头的垂直度和孔的质量情况；

② 根据需要用钢尺测量好要切割的位置并用黑色记号笔做好标记；

③ 利用水平尺检查切割预制平台上汇流排的水平度和切割片的垂直度，如果不达标，要对平台滚轮两端的调节螺栓进行调节；

④ 将汇流排切割点放置在切割片的位置（一定要考虑切割片的厚度），再次用水平尺测量汇流排的水平度，完成后将汇流排固定好；

⑤ 接通电源切割，切割机切割的速度要缓慢并匀速以免出现毛刺；

⑥ 切割完成后检查汇流排的切割面，并用砂纸或细锉对切割面进行打磨处理。

(5) 汇流排打孔

汇流排属于铝合金制品，表面比较光滑。垂直间距 36mm，水平间距 100mm，M10 的螺栓连接，若打孔的间距大于 2mm 的误差，那么汇流排的接头肯定不能紧密连接，接触线会出现不同程度的硬弯，列车的运行安全性难以得到保证。

为保证打孔精度，采用专用的打孔模具和博世 GBM-1600-RE 型电钻相组合，固定在预制平台进行打孔（图 2-88）。打孔步骤如下：

① 将切割好的汇流排放置在钻孔平台上，并固定好；

② 检查打孔汇流排端头的质量情况，安装好打孔专用工具；

③ 检查钻头的大小、尺寸和安装的垂直度；

④ 打孔过程中钻头的受力要均匀并且匀速钻孔，完成后对孔洞进行打磨处理。

(6) 汇流排对接及缝隙检测

把切割好的汇流排依次编号，搬运到现场根据（2）中的安装方法和技术要求进行安装。

切割汇流排中间接头安装连接完成后进行缝隙检测，实践证明用塞尺检查中间的缝隙为 0.07mm，远远小于设计的误差范围值 1mm（图 2-89）。

图 2-88　汇流排打孔图

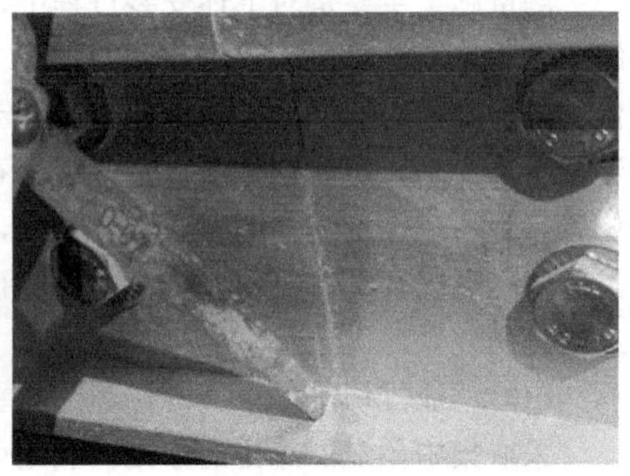

图 2-89　切割汇流排安装完成的缝隙检测

2.10.2　技术指标

《城市轨道交通直流牵引供电系统》GB/T 10411—2005；
《供配电系统设计规范》GB 50052—2009；
《城市轨道交通工程测量规范》GB/T 50308—2017；
《地铁设计规范》GB 50157—2013；
《地下铁道工程施工质量验收标准》GB/T 50299—2018；
《电气化铁路接触网汇流排》TB/T 3252—2010。

2.10.3　适用范围

适用于地铁和国铁刚性悬挂接触网汇流排施工。

2.10.4　应用工程

石家庄市城市轨道交通 3 号线一期工程（首开段）接触网工程。

第3章 弱电系统

3.1 弱电线缆安装技术

3.1.1 技术内容

地铁通信光缆为地铁通信、自动列车控制（ATS）、电力监控（SCADA）、门禁、自动售检票（AFC）、主控系统（MCS）、办公自动化（OA）等系统提供传输通道。电缆主要是开通轨旁电话及作为地铁调度电话备用，为地铁相关工作人员在隧道区间内与相邻车站值班员及车站值班员与控制中心调度员之间提供通话服务。

通信漏缆敷设广泛应用于地铁通信、隧道工程等领域。其施工工艺既同于地铁区间、隧道线路光、电缆敷设，也有别于地铁区间、隧道线路光、电缆敷设，具有一定的推广价值。其主要工序有：画线打孔、卡具安装、漏缆敷设、接续等。

弱电机房的地槽、机柜底座和机柜安装作为设备安装的一道重要工序，对设备安装的质量和进度有很大的影响。通过对机房内的线缆敷设及接地进行改进，在保证质量的同时达到美观且节约成本的目的。

1. 技术特点

(1) 针对不同的线缆敷设环境，能够采取不同的放线方式。

(2) 在区间有轨的情况下，采用平板车或者轨道车的方式进行光电缆的敷设；在区间无轨的情况下，采用定滑轮的方式进行光电缆的敷设。

(3) 在区间架设电缆支架进行电缆敷设，电缆支架架设地点的选择应以敷设方便为原则，一般应在电缆起止点附近为宜。架设时，应注意电缆轴的转动方向，电缆引出端应在电缆轴的上方（图3-1）。该技术能在很大程度上避免线缆在布放过程中产生的背扣、扭绞等现象。

(4) 该技术采用激光水平仪进行漏缆卡具的打孔定位，根据轨面的高度确定漏缆卡具安装的高度，确保后续漏缆敷设高度满足实际需要；该技术采用侧壁车进行漏缆卡具的打孔安装以及漏缆的敷设工作，加快了施工速度，减少了施工难度，能够更加方便施工人员的漏缆卡具安装及漏缆敷设作业；能够适应车站大部

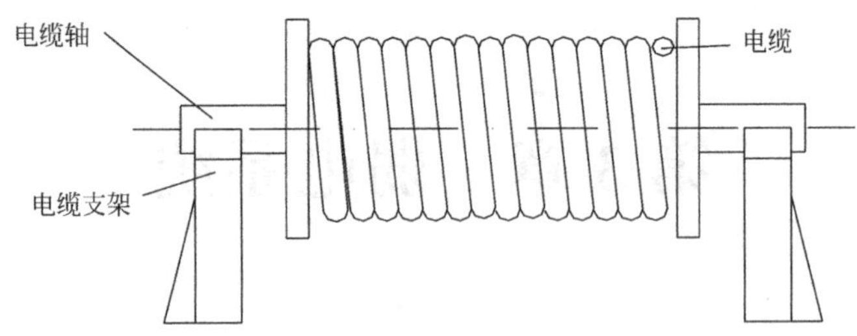

图 3-1　电缆支架放线示意图

分区间，部分特殊部位可根据现场实际情况对侧壁车的高度以及斜撑的长度进行调节；根据设计图纸以及现场区间定测数据，定制与区间漏缆卡具高度相匹配的侧壁车，在考虑侧壁车稳定性的同时预留施工人员的操作空间。具体侧壁车的样式如图 3-2 所示。

图 3-2　地铁通信系统区间侧壁车实物图

(5) 机房内采用铝合金走线架代替原有的地槽，采用夹板的方式代替原有的扎带绑扎，提升了机房内线缆敷设的整体效果，也方便了后期维护；机房内使用接地铜排代替原有的地线，铜排仅首尾端采用地线连接至地线箱，减少了机柜地线到地线箱的数量，在减少故障点的同时同样提升了机房内线缆敷设的整体效果；机房内线缆布放前对走线架线缆排布进行规划，电源线、地线和信号线分开布放；柜内设备填充依据设计及厂家交底进行优化，确保布线方便、功能齐全。

2. 施工工艺流程及操作要点

(1) 线缆敷设工艺流程

① 光电缆敷设工艺流程

光电缆敷设工艺流程如图 3-3 所示。

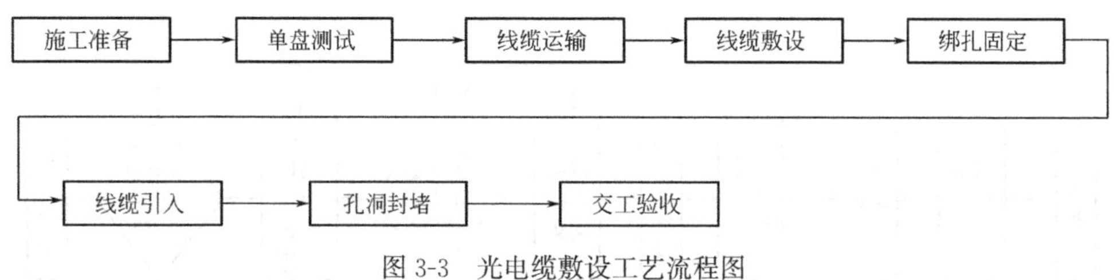

图 3-3 光电缆敷设工艺流程图

② 光缆接续工艺流程

光缆接续工艺流程如图 3-4 所示。

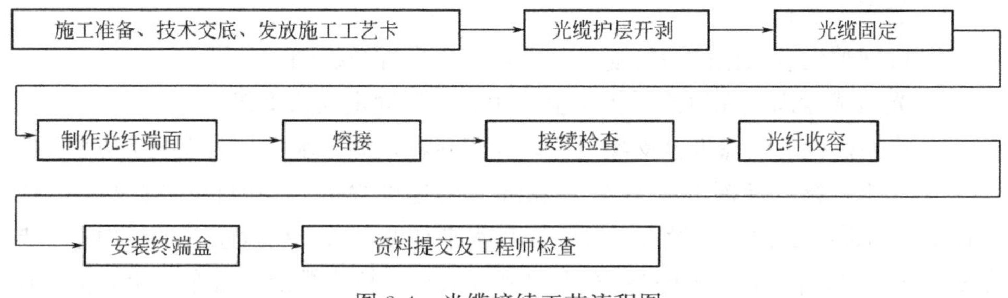

图 3-4 光缆接续工艺流程图

③ 电缆接续工艺流程

电缆接续工艺流程如图 3-5 所示。

④ 漏缆敷设工艺流程

地铁通信系统漏缆敷设工艺流程如图 3-6 所示。

(2) 线缆敷设操作要点

区间光电缆敷设以机械（轨道车）敷设为主、人工为辅的方式，漏缆敷设采用侧壁车的形式，根据工程进展情况和轨道运输情况灵活选择。对于受地形限制（如区间隧道人防隔断门、屏蔽门等）的地方，宜采用轨道车运放并辅助人工敷

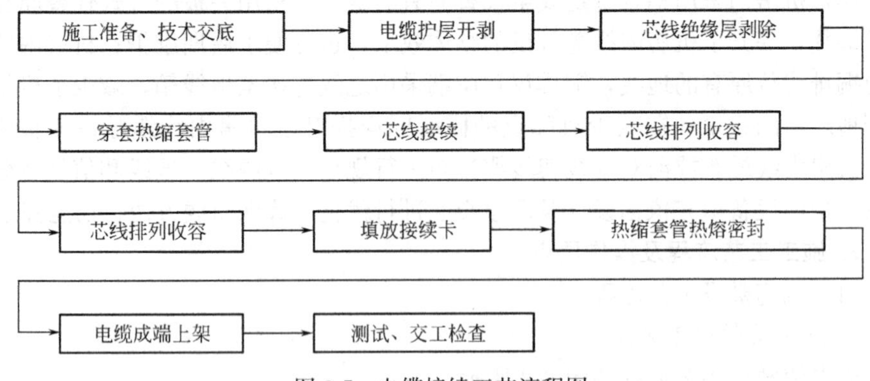

图 3-5　电缆接续工艺流程图

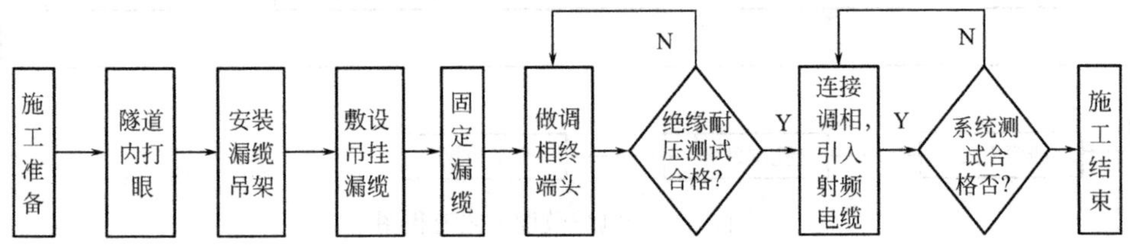

图 3-6　地铁通信系统漏缆敷设工艺流程图

设的方法。

① 轨道车敷设

a. 机械敷设可根据区间的缆线种类，采用多种缆线同时敷设。

b. 光电缆盘固定在轨道平板车上，用刹车器固定线盘支架。

c. 将要敷设的线盘推至支架位置，支起线盘，调整水平；线缆从上方引出。

d. 车组在统一指挥下以不大于 5km/h 的速度徐徐启动前行；敷设过程中，线盘随轨道曲线变化，敷设人员调整线盘水平高度，防止线盘左右平移而造成与支架摩擦卡盘，同时转动线盘；车上另外 3 人负责拉线缆沿平板车后沿布放，防止线缆所受张力过大；车下 2～4 人随车将缆线布放在隧道内。

e. 线缆放完后，空盘推至平板车上的空余位置或推至附近车站站台上，待其他线缆放完后再一起回收。

f. 切断后的多余电缆收好，和已施放的电缆端头，用热可缩套管密封，防止潮气进入。

光电缆机械敷设示意图如图 3-7 所示。

② 人工敷设

a. 一是采用人工平板敷设方式，和机械敷设类似，仅是人工将缆盘推到平板上，其他同机械敷设方式；一是将缆盘支在站台，然后采用定滑轮进行人工牵

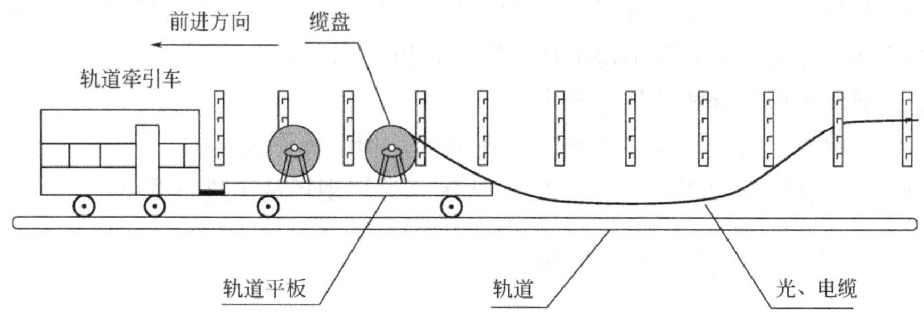

图 3-7　光电缆机械敷设示意图

引方式敷设，多用于无轨区间。

b. 选择站台内的有利地形，用电缆支架支起缆盘，并留 2 人看守、转动缆盘，将光、电缆头缓缓拉出，以每人 10～15m 的距离间隔依次抬放，向区间另一方向前进，速度不宜过快，保持均匀，避免出现“背扣”和“浪涌”现象。在拐弯处弯曲弧度尽量大些，光缆的弯曲半径不得小于光缆外径的 20 倍，电缆弯曲半径不得小于电缆外径的 15 倍。当光、电缆被全部展放拉出后，将光、电缆顺直并放置于需要上电缆支架的一侧。

c. 一端的光、电缆被引入机房后，顺着一端沿着区间向另一端顺放，将光、电缆摆放到位。

光电缆人工敷设示意图及俯视图如图 3-8、图 3-9 所示。

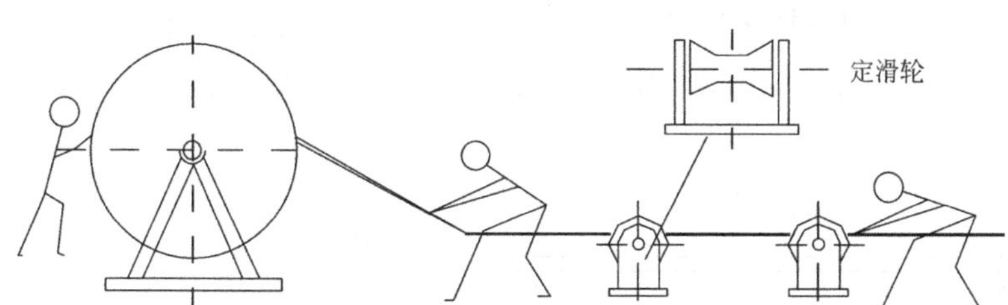

图 3-8　光电缆人工敷设示意图

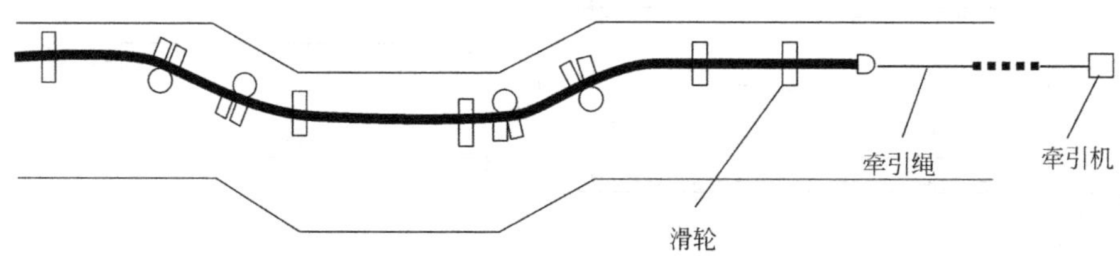

图 3-9　光电缆人工敷设俯视图

③ 侧壁车制作

a. 侧壁车采用 ϕ32mm 镀锌钢管，其壁厚不得小于 3. 25mm。

b. 扣件材质应符合《钢管脚手架扣件》GB 15831—2006 的规定，并在螺栓拧紧扭力矩达 65N·m 时不得破坏（用扭矩扳手测试）。

c. 铺设板材符合相关质量要求。

d. 侧壁车上方平台宽度需满足作业要求，预留操作人员的空间。

e. 具体制作图如图 3-10、图 3-11 所示（根据现场情况进行调整）。

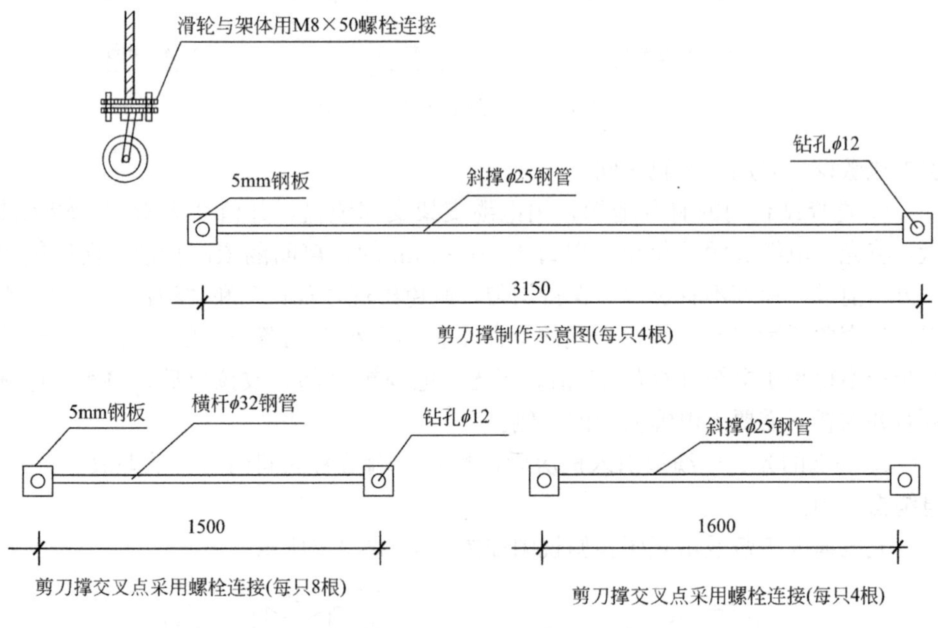

图 3-10　连接件、斜撑及翼架制作图（单位：mm）

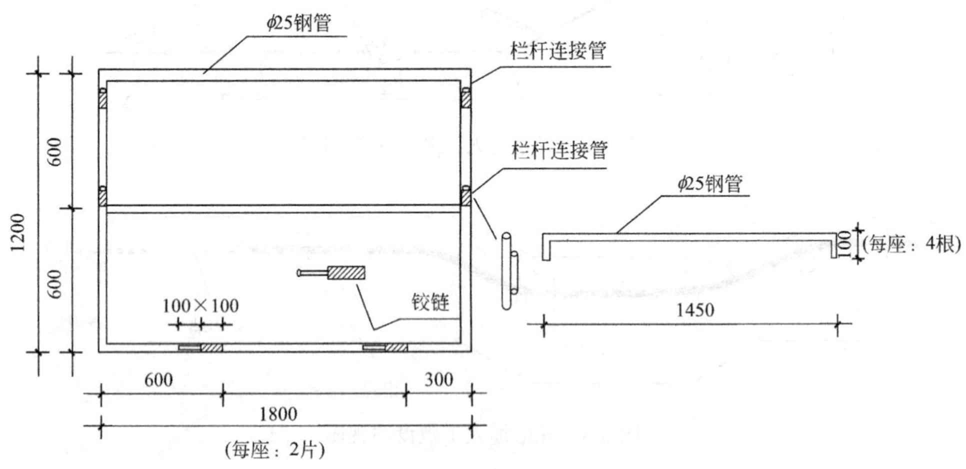

图 3-11　扶手栏杆制作图（单位：mm）

④ 漏缆敷设

a. 按照设计图纸，根据轨面标高划出漏缆的安装高度，在侧壁车上固定好钢筋，侧壁车在轨道上推行，画出线条并加深颜色，间隔1.2m画出眼位。

b. 施工人员用冲击电钻打孔，打孔深度比塑料胀管略大5mm，钻头与塑料胀管型号一致。

c. 划线组完成某区段作业后，可开始进行漏缆卡具安装，将塑料胀管用榔头完全敲入安装孔内，把螺钉穿入底座孔后，旋入胀管内。用电钻带上专用夹头，夹头上卡入专用螺丝刀头。应调节好底座上卡扣的方向和控制好螺钉的旋入深度，螺钉旋紧不得超过±0.05m，在水平方向上过障碍物时需在两端安装支架绕过障碍物，不得超过限界。

d. 在垂直方向上过障碍物时需根据漏缆的弯曲半径决定打孔、安装卡具位置。

e. 使用侧壁车敷设，前方人员将漏缆水平拉直，需将漏缆加上300±30kg的张力。

f. 按照光电缆的敷设方式将漏缆放到位；漏缆一端固定，调整好泄漏电缆的辐射方向，且将漏缆放到吊夹内；漏缆平直后，扣住吊夹，固定漏缆。

g. 漏缆卡装时，将漏缆置于缆夹中，用手将缆夹闭合。在吊线处，挂钩间距为1±0.05m。从开始卡装时，严格按照设计规定的漏缆泄漏槽的泄漏角度卡紧漏缆。

h. 漏缆要吊挂平直，弯曲半径不得小于2m。

⑤ 接地铜排安装

a. 铜排装配必须佩戴手套，防止表面留下手印、污渍。

b. 铜排连接用紧固件采用符合国家标准镀锌螺栓/螺丝、螺母和垫圈。

c. 组合螺丝长度应考虑螺丝紧固后丝扣能露出螺母外2～5mm，六角头螺栓/半圆头方颈螺栓长度应考虑螺栓紧固后丝扣能露出螺母外5～8mm，不宜过长或过短。

d. 螺栓贯穿方向一般情况由下至上、由后至前、由左到右，尽量达到统一。当铜排水平放置时，连接用螺栓、螺母应由下向上贯穿拧紧，其余情况下螺母应装在便于维护侧。

e. 连接铜排螺栓两侧都要有平垫圈，螺母侧要加弹簧垫圈或锁紧垫圈。相邻螺栓垫圈应有3mm以上净距，以防止构成磁路发热。

f. 铜排接触面应连接紧密，连接螺栓应用力矩扳手紧固并标记，连接组合螺丝应用力矩批紧固确认并标记，其紧固力矩值应符合有关的螺纹紧固工艺规范规定。

g. 铜排安装应平整美观，且铜排安装时，水平段：两支撑点高度误差不大于 3mm，全长不大于 10mm；垂直段：两支撑点垂直误差不大于 2mm，全长不大于 5mm；间距：平行部分间距应均匀一致，误差不大于 5mm。

接地铜排安装实物如图 3-12 所示。

图 3-12　接地铜排安装实物图

⑥ 设备机柜布线

a. 放线时首先放置电源线，放在走线架设备侧；其次放置信号线，放在走线架中部；最后放置数据通信电缆，放在走线架剩余侧。

b. 放线前对所用线认真测试检查，确保其规格、型号符合设计要求。

c. 放线时轻拉轻放，走线合理到位，并留足做头备用量。

d. 将电缆线、电源线和屏蔽线分别绑扎，以利工艺美观。

e. 机架配线采用插接方式，通常是自上而下、由左到右进行插接。要求多股线缆端头不能有芯线溢出，更不能裁剪，缆线排列整齐，余量等长适宜。

f. 配线完毕须进行一次全面导通，按照施工配线图，结合原理图逐步导通。先导通本柜侧面及柜间配线，再导通分线柜至机柜侧面端子的配线，然后导通控制台至机柜或分线柜的配线，最后导通电源屏至分线柜、控制台、机柜及机柜之间的电源线。

⑦ 余留、绑扎及标识

a. 光、电缆进站时，在进站口做 5～8m 余留。光电缆通过隔断门时，做 3～5m 余留。

b. 将光、电缆平直地摆放到规定的电缆支架托板位置，并绑扎牢固，再由专人从一端理顺绑扎，避免发生拱起、扭绞与背扣；如电缆支架上有多条线缆时，将摆放整齐，保证光、电缆不重叠、不交叉，较重的线缆应放在电缆支架内侧。

c. 区间光、电缆始端、末端、拐弯处、电缆井等处挂设线缆标志牌，区间中每 100m 挂设标志牌，标志牌标明缆线种类、规格、型号、起止位置。

d. 根据区间电话位置，敷缆时区间电话电缆接续处余留 1m。

e. 按照设计要求做好预留，并进行测试，测试合格后密封缆头，并进行标识，最后进行记录，包括径路标识、缆长、防护措施等。

3.1.2 技术指标

《地铁设计规范》GB 50157—2013；

《地下铁道工程施工质量验收标准》GB/T 50299—2018；

《城市轨道交通通信工程质量验收规范》GB 50382—2016。

3.1.3 适用范围

适用于轨道交通通信系统所有区间线缆敷设施工在建、改造工程。

3.1.4 应用工程

1. 上海轨道交通 17 号线工程通信系统、信号系统安装项目（图 3-13～图 3-16）。

图 3-13　区间光电缆敷设效果

图 3-14　高架区间漏缆敷设

图 3-15　上走线架配线

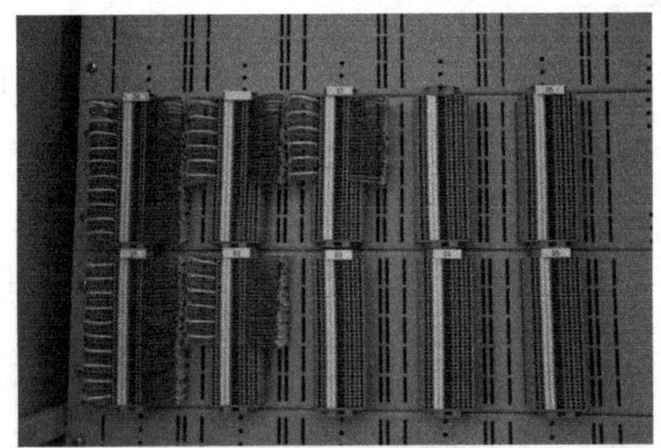

图 3-16　接口柜配线

2. 上海轨道交通 14 号线工程通信系统、信号系统安装项目（图 3-17～图 3-20）。

图 3-17　使用平板车进行区间光电缆敷设

图 3-18 使用定滑轮进行区间光电缆敷设

图 3-19 地下区间漏缆敷设

图 3-20 机柜设备安装及配线

3.2 基于辅助模板的通信电缆安装技术

3.2.1 技术内容

在现阶段通信机房的各种施工中，配线施工是制约机房施工工期、时间无法缩减的硬性工序，也是考察机房整体工艺水准的重要工序。

由于交换机前端网线配线比较繁琐，相比于直干线绑扎，它对于绑扎的先后顺序、电口出线长度、网线弯曲角度等工艺关键点侧重较多，且受工人水平、线缆重量、水平度、工期、线缆材质、工作态度等因素制约，因此此道工序时间花费长、工艺考察点多。

传统机房交换机网络配线均采用人工配线的方式，由于操作人员的水平差异较大，会造成如下问题：第一，人员操作水平参差不齐，各节点工艺不统一；第二，由于交换机网口分布较为密集，操作人员在网线扎把时由于操作空间不够，会造成线缆弯曲过度的情况，对线缆造成损害；第三，传统配线方式在网线上架交换机时费时费力，施工效率较低。

基于辅助模板的通信电缆安装技术，通过使用辅助模板规范交换机配线工艺，降低工人劳动强度及技术技能要求，使得通信线缆配线从线缆预留、线缆的弯曲弧度等方面均进行量化，通过长度、弯曲率等量化调节，方便了现场施工，提高了现场施工效率近20%。

1. 技术特点

1）针对线缆重量因素的安装技术特点

模板采用不固定在任何一处地点的方式，采取“先绑扎，后上线”的绑扎策略，先在桌面、地面等平坦地点绑扎完成，再统一上线至电口，从而很好地避免了因线缆太重而出现绑扎变形的情况。

2）针对线缆水平度因素的安装技术特点

合格的通信线缆绑扎后，无论从平视、俯视还是仰视都应水平，从横断面观看应该重合成一点。现场这一工艺的保证属于一处难点，而配线模板照顾到了这一点。配线模板主干圆弧处设置了每15mm一处的缝隙，用于扎带穿过此缝隙实现主干线缆绑扎，考虑到扎带宽度为3mm而扎带头宽度为4mm，因此设计缝隙宽度为3.5mm，保证了扎带主体可以自由穿过而扎带头被卡在主板外侧，当支干缆处绑扎固定住时，主干缆都被固定在圆弧一侧，实现了高度的水平统一。

3）针对不同网口数量的交换机配线的安装技术特点

配线模板共设置48口，同样对于交换机12口、18口、24口、30口、36口、42口和48口的配线都适用。配线模板设置了附带标尺的刻度板，可以自由设置支干网线的伸出长度，确定具体长度后，依照标尺统一裁剪，可以有效避免工人因裁剪偏差而导致长短不一的情况，保证了工艺容错率和规范化。

4）针对不同工人水平的安装技术特点

施工配线作为一种传统人力施工，工艺水准和施工时间很大程度取决于工人的能力和水平，而配线模具作为一种工具，由于规范化的设计和简单的操作，可大大减少工人的操作水平要求和施工时间。

2. 辅助模板的应用

配线模板用于整个配线其中一端线缆的绑扎，采用不固定在任何一处地点的方式，采取“先绑扎，后上线”的绑扎策略，先在桌面、地面等平坦地点绑扎完成，再统一上线至电口。

配线模板分为两部分：配线板和刻度板，配线板是用于配线的主体，配线主干缆放置在带有弧度的槽道中，每分支出一根网线，将其用一排铁质线夹固定住，固定紧后通过前后长度微调来调整分支线缆与主干缆之间的弯曲弧度。由于每分支出一根网线，都需要用扎带扎住分离后的主干缆，因此，配线板前方设计一排竖向缝隙，使得扎带能自由绑扎住主干缆，而扎带头被卡在配线板外侧，以此实现把配线主干缆固定在一边的功能。

为了实现配线板与刻度板之间的纵向固定和横向自由抽动，把配线板与刻度板的翼缘设置成图 3-21～图 3-26 中样式，使得刻度板可以拉出任意长度，比对好长度后，通过侧面固定孔，用螺栓将两块主板固定起来。

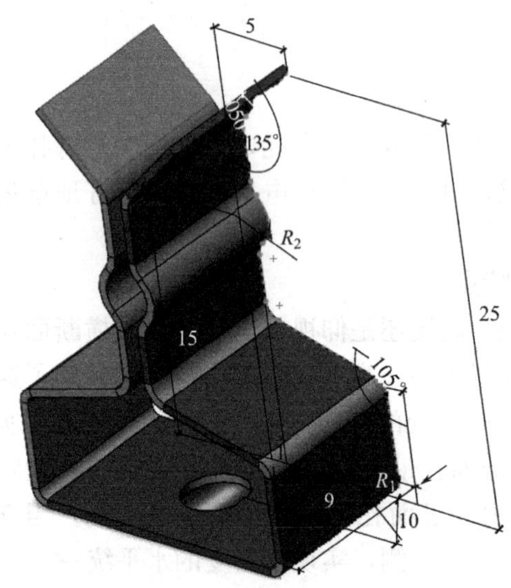

图 3-21　配线板上铁质线夹（单位：mm）

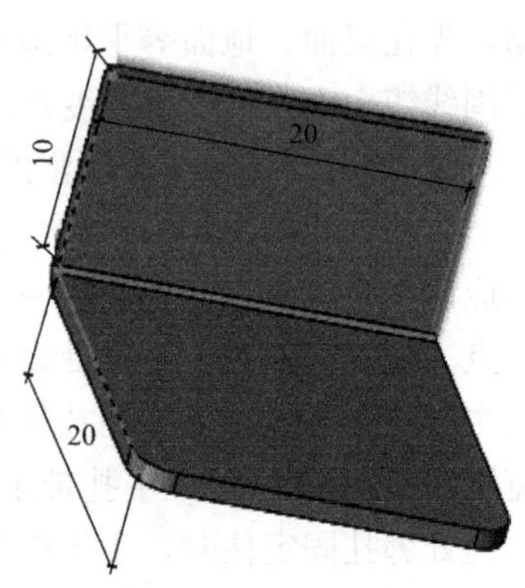

图 3-22　刻度板上 L 形标尺（单位：mm）

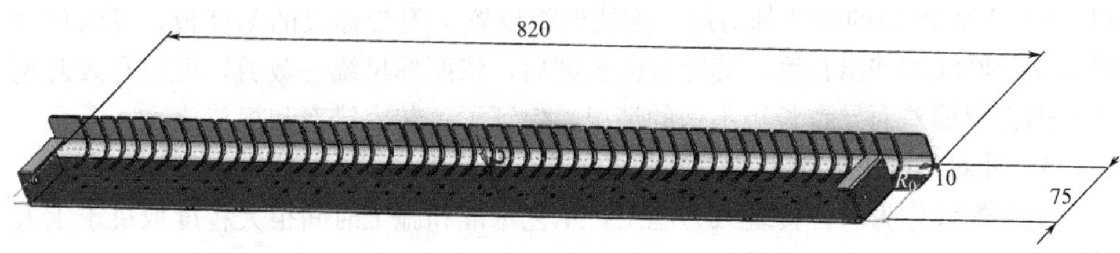

图 3-23　配线底板（单位：mm）

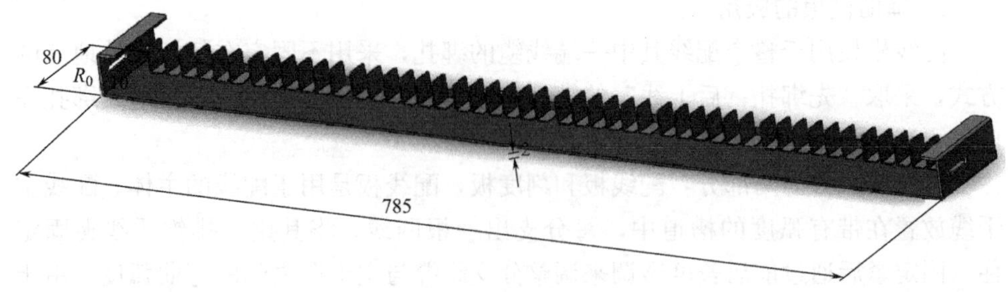

图 3-24　刻度板（单位：mm）

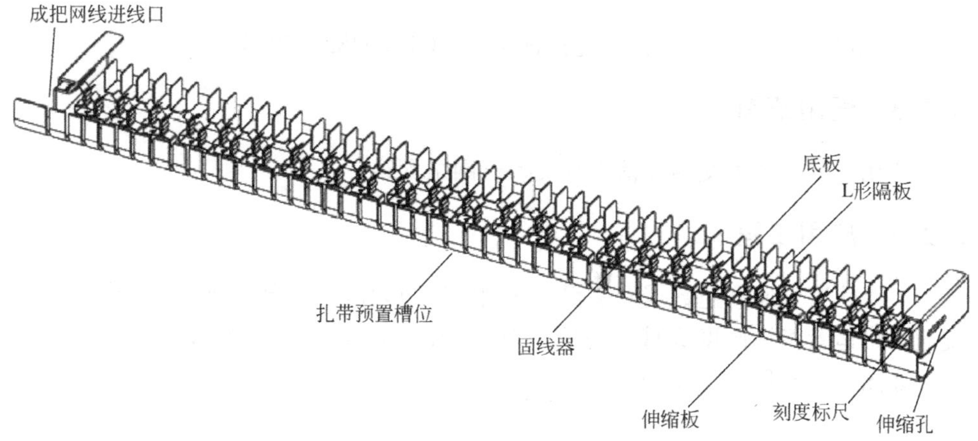

图 3-25　整体模型

图 3-26　模具实物

刻度板用于测量出支线线缆延长的长度，并给剪断提供统一标尺作用。刻度板末端固定一排 L 形铁用作标尺（图 3-22），其垂直方向与铁线夹垂直方向稍有偏离，用于给每一分支网线提供剪断参考点，刻度板的刻度体现在左下拐角处，零点与每一个 L 形铁前端在同一水平方向，刻度向下延伸，刻度体现刻度板拉出具体的距离。

3.2.2 技术指标

《城市轨道交通通信工程质量验收规范》GB 50382—2016。

3.2.3 适用范围

适用于城市轨道交通通信系统交换机网络配线。

3.2.4 应用工程

上海轨道交通高速数据网工程（含网络级视频监控平台）项目；上海市轨道交通网络运营指挥调度大楼工程网络化平台配套系统设备供货及施工总承包项目。如图 3-27～图 3-30 所示。

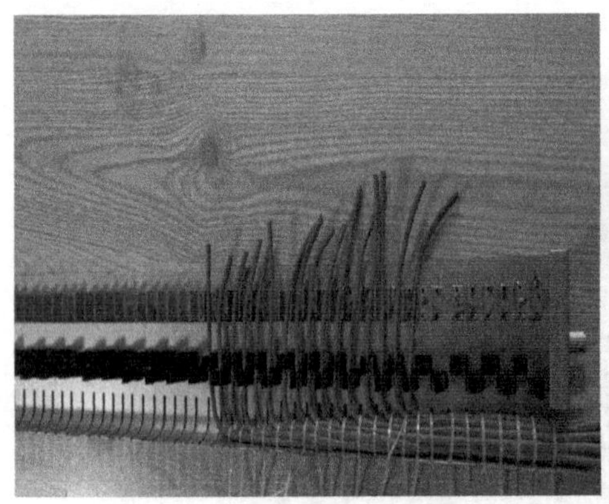
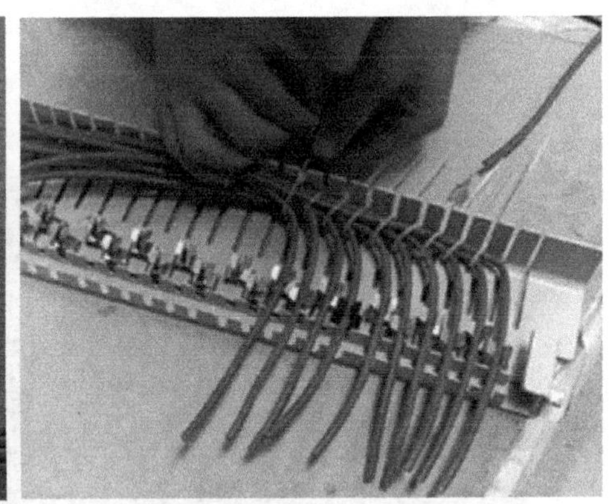

图 3-27　配线模具线缆绑扎

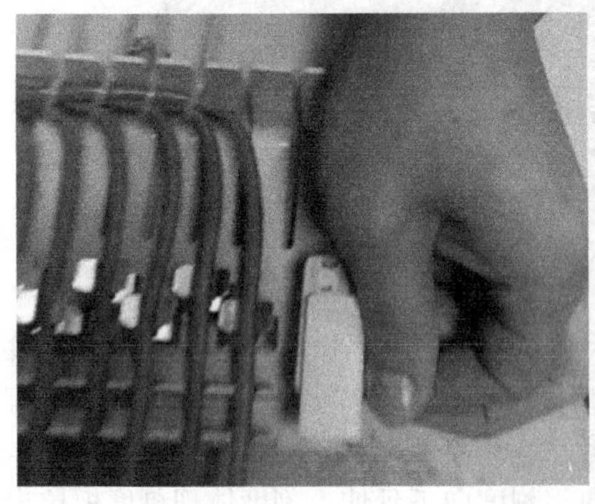
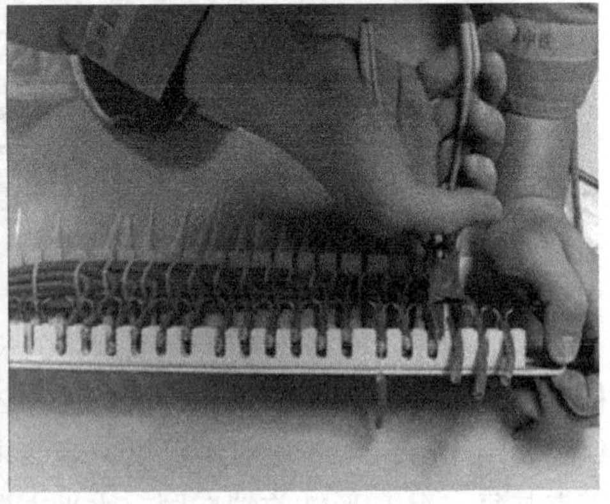

图 3-28　配线模具长度调节示意图

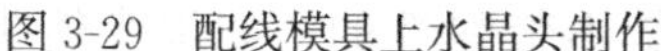

图 3-29 配线模具上水晶头制作

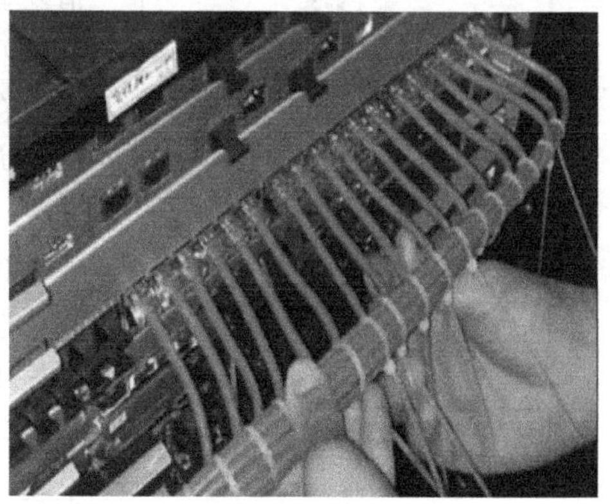

图 3-30 交换机网络配线

3.3 特殊工况下的转辙机安装技术

3.3.1 技术内容

转辙机是用于实现对道岔的转换和锁闭，是直接关系行车安全的设备，对于保证行车安全、提高运输效率起着非常重要的作用。

城市轨道交通转辙设备基本采用侧式安装，对于设备的功能要求精准，因此对交付前的安装有着极高的施工标准要求。目前，场段采用两种型号：50kg/m 7 号单动或双动道岔采用 ZD6 直流转辙机或 ZDJ9 三相交流转辙机、内锁闭、单牵引点、侧式安装。正线及试车线 60kg/m 9 号单动或双动道岔均采用 ZDJ9 三相交流转辙机、内锁闭、双牵引点、侧式安装。

1. ZD6 转辙机安装流程

ZD6 转辙机安装流程如图 3-31 所示。

1）安装准备工作

首先调查现场道岔铺设与设计图纸是否一致，里程是否正确，统计电动转辙机、道岔编号及总数量。

调查电动转辙机安装位置：面对岔尖电动转辙机位置有四种情况：左侧弯股、左侧直股、右侧弯股、右侧直股。根据设计图纸，调查现场是否有空位置安装，如果没有空的位置，可把电动转辙机安装在另一边，需要做好详细的记录，以便修改内部配线。

转辙机动作杆动程与尖轨开程和密贴调整杆空动距离三者有如下关系：转辙机动作杆动程=尖轨开程+密贴调整杆空动距离+（销孔旷量+杆类压力变形量）。

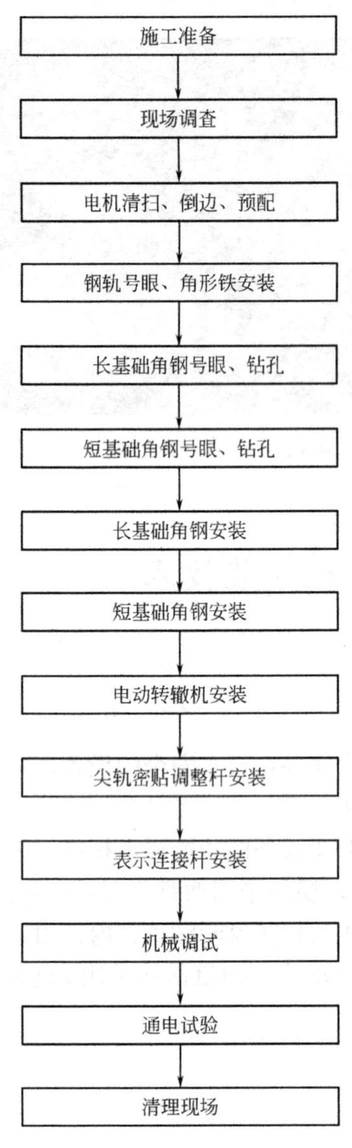

图 3-31　ZD6 转辙机安装流程图

道岔尖轨开程应调整在 148～152mm 范围内。

2）道岔方正

在安装电动转辙机之前，必须使整组道岔调整方正。调整的内容有：

（1）尖轨与基本轨密贴调整。

（2）尖轨方正：尖轨是否方正，是以尖轨第一连接杆（四开位置）与基本轨直股或直股延长线是否垂直来衡量的，可采用方尺来检查。

（3）消除尖轨弹性：尖轨带有弹性是影响电动转辙机正常锁闭及尖轨密贴的重要因素。正常的尖轨是不带弹性的，如果尖轨带有弹性，说明道岔部位道床不平整（俗称吊板），应请铺轨部门整治。

3）实地测量、钢轨号眼、角形铁安装

（1）用方尺卡在道岔基本轨直股上（不能卡在弯股上），横臂与直股基本轨贴紧，直臂边线与第一连接杆中心重合，用划针或特种笔在两基本轨面做标记。

（2）预先将 4 只角形铁的直面画出中线，每一只角形铁对准各自位置的轨面记号，用划针伸进角形铁孔内，在基础轨腰部画出圆圈，取下角形铁，用冲子冲出钻孔中心，也可以采用特殊冲子。

（3）用特制电钻架从底部卡住钢轨，使之稳固，采用 ϕ21mm 钻头，对准用冲子冲出的钻孔中心钻孔。

（4）钢轨钻孔之后，用 M20×70mm 的螺栓从钢轨内侧穿出，装上原来画标记的角形铁，加直径为 20mm 的弹簧垫圈，拧紧螺帽，用卷尺复核同侧两角形铁间距，若有出入，可松开螺母加以调整，然后用 450mm 大扳手重新紧固。注意尖轨处须用头部为厚 10mm 的螺栓（用 M20×70mm 螺栓加工）紧固角形铁，否则会影响尖轨密贴。不论电动转辙机安装在哪一侧，角形铁安装方法是相同的。

（5）根据对全站场转辙机具体安装位置的调查情况，即四种情况：面对岔尖，转辙机设在左侧直股和弯股两种类型，以及转辙机设在右侧直股和弯股两种类型。转辙机设在左、右侧时长基础角钢的号眼方法为：将尖轨拨到四开位置，并与两边基本轨均匀对称。以第一连接杆两个销子中心做一直线，垂直延长到两边基本轨，以此线为基准，用一个角钢耳铁为样本，由基准线至岔尖前角钢和后角钢耳铁中心根据图纸数据开始划线，需注意所有测量均以角钢孔中心为计算点。号眼完毕后，用冲子在各孔中心冲眼，然后用台钻取 ϕ21mm 钻头钻孔。钻孔完毕后，除锈、涂防锈漆（红丹漆），再在外层涂深灰调和漆（镀锌角钢除外）。

4）长、短基础角钢安装

长基础角钢按照各自的道岔号码及前后位置对号穿过轨底，与左右角形铁连接，注意所有附件（绝缘板、绝缘管、绝缘垫圈、铁垫板、弹簧垫圈等）不能漏装、错装。基础角钢与角形铁进行组装时，先将螺栓套入近轨的眼孔，略拧紧螺帽，看看尺寸是否合适，再将短基础角钢横架在长基础角钢上，竖边朝里，用 M20×60mm 螺栓由下往上穿加弹簧垫圈，略拧紧螺栓，检查基础角钢方正，可利用眼孔余量适当调整基础角钢位置，若尺寸完全合适，则将螺帽拧紧。

5）电动转辙机安装

尖轨密贴调整杆穿入杆架前，先拧入一只 36mm 紧固螺母，顺丝扣凹槽套入一只挡环，挡铁背向紧固螺母，再拧入一只轴套，轴套止挡缺口面向挡铁，预先将杆架安装在第一连接杆上，密贴调整杆从转辙机一侧穿过轨底，穿入杆架，将另一只轴套止挡缺口朝外拧入密贴调整杆，顺丝扣凹槽套入另一只挡环，挡铁背向紧固轴套，最后再拧入一只紧固螺母，拨去密贴调整杆的连接销，套入转辙机动作杆，三孔一致后插入连接销，加开口销并劈开，在尖轨尖端安装尖端杆，电动转辙机表示杆的一端装在尖端杆的舌铁上，用专用螺栓紧固。

6）机械调试

（1）暂不连表示杆。摇动手摇把，先调动作杆伸出位置，密贴程度以动作杆停止移动，尖轨密贴基本轨，手摇把再空摇 3 至 4 圈转辙机方才锁闭为好。转辙机锁闭后，继续摇动手摇把，检查一下摩擦连接器松紧程度，在调整故障电流之前，一般应以一只手稍微用力便可摩擦摇动为好。如尖轨已经密贴，转辙机无法锁闭，摩擦连接器空转，说明密贴调整太紧；如尖轨尚未密贴，转辙机即已锁闭，说明调整太松。调整轴套，可使尖轨密贴过紧、过松消失，达到要求。调整轴套时以稍松一点为宜，因紧固螺母时，轴套还会被挤紧，密贴就显得正好；如调整时就正好，那么紧固螺母后，密贴就会显得过紧。

（2）密贴调整良好后，摇动电动机使转辙机解锁，让密贴调整杆轴套在不受力的情况下紧固定螺母，这样才能真正紧固，然后再视密贴有无变化。

（3）动作杆伸出位置密贴调整完成后，调整尖端杆上的舌铁位置，使检查柱落入检查缺口，自动开闭器第二次变位，间隙调整到 1～2mm，充分拧紧舌铁固定螺母。摇动道岔复查两次，然后在尖轨第一连接杆处与基本轨之间夹入 4mm

厚铁板，检查柱不能落入检查块缺口内，转辙机无法构成内锁闭。

(4) 将尖轨摇至动作杆拉入位置，进行拉入位置的密贴调整，松开转辙机表示杆上的横穿螺栓，卸去尾端外罩，拧动调整螺杆，使拉入位置的检查柱落入检查缺口，自动开闭器第二次变位，间隙调整到 1～2mm，充分拧紧表示杆上的横穿螺栓。摇动道岔复查两次，并试验 4mm 不锁闭。

2. ZDJ9 转辙机安装流程

ZDJ9 转辙机安装流程如图 3-32 所示。

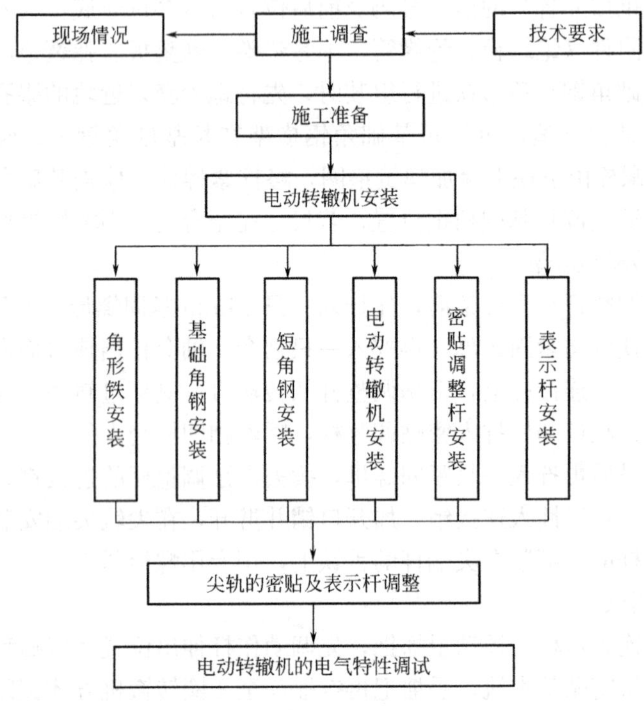

图 3-32　ZDJ9 转辙机安装流程图

1) 准备工作

(1) 确认轨道已经调整完成，轨距符合要求；

(2) 道岔尖轨方正、尖轨与基本轨密贴、吊板等情况符合安装标准；

(3) 轨道专业预留基坑大小、深浅符合设计标准，角钢穿入需要抬轨的已联系好配合单位；

(4) 确定转辙机安装位置、方式，现场测量轨距并做好记录。

2) 尖轨方正

采用方尺检查，以尖轨第一连接杆（四开位置）与基本轨直股或直股延长线是否垂直来衡量，其前后偏差不应大于 10mm，调查时大于 10mm 的道岔，已协调铺轨单位进行整治。

3）钢轨打孔

用方尺卡在道岔基本轨直股上（不能卡在弯股上），横臂与直股基本轨贴紧，直臂边线与第一连接杆中心重合，用划针或特种笔在两基本轨面做标记，画出第一连接杆的中心线，以第一连接杆的中心线向岔尖方向量550mm做记号（前角钢），同样从第一连接杆的中心线向岔心方向量出500mm做记号（后角钢），准确标记钢轨钻孔位置，岔前后标记间的距离即为1050mm。如果钻孔难度过大可先用小号钻头打出钻孔位置作为引导，然后再用ϕ21mm钻头进行最后钻孔。

4）角钢安装

（1）检查全站场转辙机设置情况，主要分四种情况：转辙机设于左侧直股、左侧弯股、右侧直股、右侧弯股，做好记录。

（2）量取安装角形铁处的轨距或角形铁眼孔间距离，列表记录。

（3）角钢号眼：以右侧弯股道岔为例，介绍转辙机设在道岔右侧和左侧时，长基础角钢号眼方法。

① 将岔前角钢称作角钢Ⅰ，岔后角钢称作角钢Ⅱ。角钢固定孔的编号从不设转辙机的一端开始。

② 将两根基础角钢的125mm边相靠，两头各用一块带槽木垫，使两角钢竖边入槽，角钢离开地面。

③ 不同类型的钢轨，其内侧距角形铁外孔的尺寸L_0不同（见STB-GJ-030507-800角形铁安装图），岔前角钢上安装转辙装置短基础角钢的眼孔五与其基本轨内侧保持1000mm。

④ 转辙机装在直股基本轨侧时：$L_1=L_3$，保证了转辙设备与单开道岔直股基本轨平行。从设转辙机端头开始量60mm号第六孔，从第六孔量360mm号第五孔，从第五孔量L_1（或L_3）（$L_1=1000-L_0$）号第四孔，从第四孔量60mm号第三孔，根据实测从第三孔量L_2或L_4号第二孔，从第二孔量60mm号第一孔，号眼完毕。岔前角钢Ⅰ和岔后角钢Ⅱ可以同时从一端号起。

⑤ 转辙机装在弯股侧时：$L_1+L_2=L_3+L_4$。先划角钢Ⅱ，从设转辙机端头量60mm号第六孔，从第六孔量360mm号第五孔，从第五孔量$L_3=1000-L_0$号第四孔，从第四孔量60mm号第三孔，从第三孔量取实测L_4号第二孔，从第二孔量60mm号第一孔；再划角钢Ⅰ，仍从设转辙机端开始，与角钢Ⅱ对齐，量60mm号第六孔，从第六孔量360mm号第五孔，将角钢Ⅱ与角钢Ⅰ之五、六孔对齐，把角钢Ⅱ之第一孔平移取到角钢Ⅰ上号第一孔，第一孔回量60mm号第二孔，第二孔向回量实测L_2号第三孔，第三孔回量60mm号第四孔，号眼完毕。保证角钢Ⅱ的$L_3=1000-L_0$，角钢Ⅰ的L_1大于$1000-L_0$。如图3-35所示。

⑥ 将号完眼的角钢用红油漆进行编号。

⑦ 角钢、角铁安装如图3-33、图3-34所示。

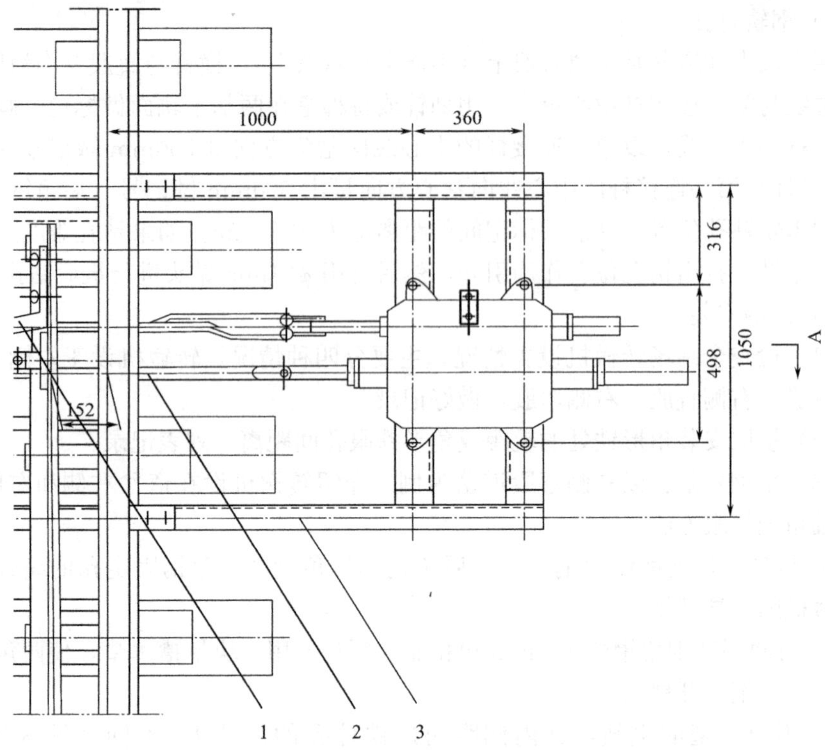

图 3-33 角钢安装示意图

1—连接杆；2—密贴调整杆；3—基础角钢

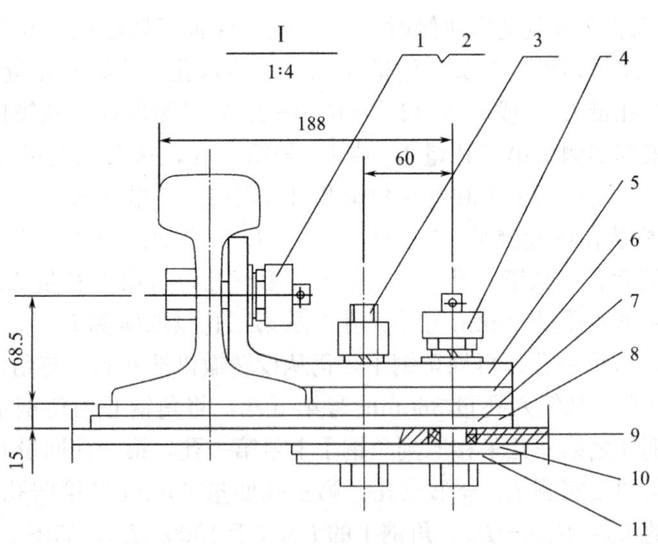

1—螺栓 M20×80；2—垫圈 M20；3—螺栓 M20×130；4—防松盖 M20；5—60 角型铁；6—共用垫板；7—角钢垫板；8—C 绝缘板；9—绝缘管；10—C 绝缘板；11—角钢垫板

图 3-34 角铁安装示意图（单位：mm）

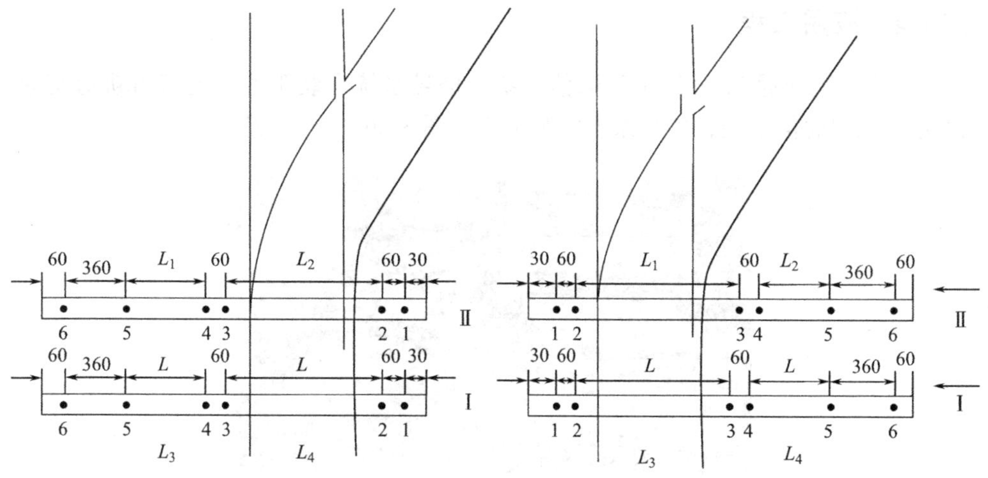

图 3-35 角钢号眼图

3. 通用技术要求

（1）基础角钢安装符合相应的定型安装图；

（2）长基础角钢与单开道岔直股基本轨或对称道岔中心线垂直，偏移量不得大于 20mm；

（3）短基础角钢与长基础角钢垂直，与单开道岔直股基本轨或对称道岔中心线平行，偏差不大于 10mm；

（4）基础角钢平直无弯，强度符合要求；

（5）各部绝缘及铁配件安装正确，无遗漏，无破损；

（6）固定角形铁的螺栓头部与尖轨不得相碰。

3.3.2 技术指标

《地铁设计规范》GB 50157—2013；

《地下铁道工程施工质量验收标准》GB/T 50299—2018；

《50kg/m 钢轨 7 号单开道岔转换设备（ZD6）安装图》STB-GJ-030507-600；

《50kg/m 钢轨 7 号单开道岔转换设备（ZD（J）9）安装图》STB-GJ-030507-800；

《60kg/m 钢轨 9 号单开道岔转换设备（ZD（J）9）安装图》STB-GJ-030525-300；

《城市轨道交通信号工程施工质量验收标准》GB/T 50578—2018。

3.3.3 适用范围

适用于城市轨道交通信号系统所有转辙设备安装在建、改造工程。

3.3.4 应用工程

上海轨道交通 17 号线工程通信系统、信号系统安装工程；上海市轨道交通 14 号线工程通信系统、信号系统安装工程（图 3-36、图 3-37）。

图 3-36 转辙机安装

图 3-37 转辙机安装验收

3.4 地铁整体道床矩形波导管安装调试技术

3.4.1 技术内容

随着地铁信号系统的成熟发展，基于通信的列车自动控制系统因更好地实现了车、地信息双向通信功能，且有传输信息量大、传输速度快、列车定位实时性好、自动控制运行技术先进等优势而被广泛应用。波导管信号覆盖均匀、无盲区、损耗小且能同时传输多媒体信息，成为一种新兴的城市轨道交通信息通信技术。

1. 技术特点

（1）该技术应用了Z型定位模具安装支架。通过Z型定位模具快速确定支架安装限界、确定安装支架与走行轨垂直角度，从而可准确标记道床打孔位置，节省了测量强度。

（2）该技术应用了工字卡尺确定波导管高度。波导管高度调整作业时，通过采用工字卡尺确认波导管与轨面的距离，为支架高度调节提供了标准。

（3）降低了施工难度，提高了施工效率。使施工安装更加简单快捷，一次成功率高。节约了人工，降低了施工成本。

（4）施工工序衔接有序，采用流水线施工作业，人员分工详细，各负其责，互相协作，既能确保工程质量，又能提高工作效率。

2. 工艺原理

矩形波导管是一种空心的、内壁十分光洁的金属导管，波导管用来传送超高频电磁波。波导管安装在整体道床的内侧，采用支架固定的方式，对波导管进行安装。波导管的安装应保障波导管距线路中心的距离满足要求、波导管和列车无线天线的距离保持不变。实际安装时，可以根据轨腰、轨面为基础确定波导管的安装位置。

传统施工工艺经常采用卷尺现场测量支架位置及调节高度。测量工作大，且准确度较差，容易形成偏差，造成返工。该技术在安装过程中利用Z型定位模具和工字卡尺有效地解决了波导管安装过程中测量、调高繁琐、误差大的难题。

3. 施工工艺流程及操作要点

1）施工工艺流程

波导管安装调试施工工艺流程如图3-38所示。

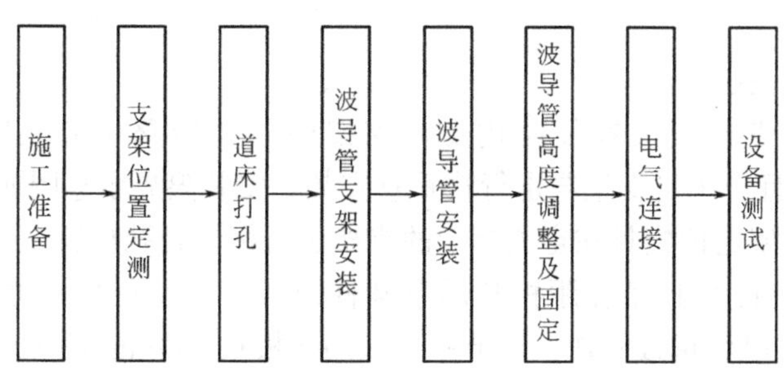

图3-38 波导管安装调试施工工艺流程图

2）操作要点

（1）施工准备

① 审查设计图纸，熟悉有关资料。检查图纸是否齐全、图纸本身有无错误和矛盾、设计内容与施工条件能否一致、各工种之间搭接配合是否有问题等，同时应熟悉有关设计数据。

② 对施工所需的技术资料进行整理，对现场施工人员生活安置、设备、材料、场地布置等事项做出具体安排。现场技术人员根据技术交底书的要求向相关施工人员详细交底。

③ 组织材料供应单位、监理单位进行施工材料检验，在产品检验报告、合格证齐全的情况下，经实物核对产品规格型号无误，经检验无外损、变形现象，确认签字后方能用于施工。

④ 检查铺轨及道床情况：检查铺轨完成情况，对采用不同道床的区段进行记录，检查整个波导管的作业区没有任何障碍物，且焊轨已完成。

（2）支架位置定测

定测从波导管始端开始，根据波导管配比标记波导管法兰位置，定义波导管区段支架的位置，并使用油漆在道床上做标记。

① 滑动支架安装位置原则

对于滑动支架的位置，应该遵循第一个滑动支架离固定支架为 1.17m，两个滑动支架之间的距离为 2.35m。

② 短波导管区段固定支架安装位置原则

短波导管区段（总共长度小于 50m 的区段）固定支架使用一般固定支架，并应当安装在第 2 个法兰上；禁止将固定支架安装在第一个法兰处。

③ 长波导管区段固定支架安装位置原则

长波导管区段（总共长度大于 50m 的区段）固定支架使用加强型固定支架，并应当安装在区段的中间。如果波导管区段的中间位置不能安装固定支架，固定支架可以向左或向右移动 12m（即移至旁边的法兰处）。

如图 3-39 表示了不同情况下波导管滑动支架与固定支架安装位置的距离原则。

（3）道床打孔

① 波导管支架安装在线路内侧，支架中心与线路中心之间距离应满足 420±20mm，且应满足支架与走行轨垂直安装，安装限界示意图如图 3-40 所示。

② 利用 Z 型定位模具在定测标记的支架位置标记打孔位置。

Z 型定位模具由 L 型孔距板和调节螺杆组成。L 型孔距板仿照滑动支架底座，采用 2mm 厚度钢板制作。调节螺杆采用 2 根长 260mm 的 M6 螺杆，采用螺母与 L 型孔距板连接，通过调节螺杆的长度，确定支架中心距线路中心线的距离，保障安装支架和轨道保持直角，从而定位波导管支架底部的位置，之后用记号笔在道床上标记打孔位置，打孔位置尽量保持最大三角形，确保安装质量，方便下一步道床打孔的施工。如图 3-41、图 3-42 所示。

③ 用冲击钻在 Z 型定位模具标记的位置打 3 个 ϕ14mm 的孔，钻孔深度要求 60mm 以上，并将孔内砂石清空。

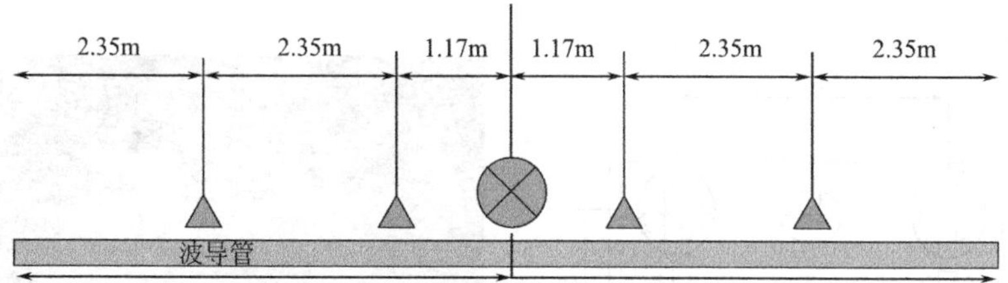

(a) 大于50m区段支架的位置

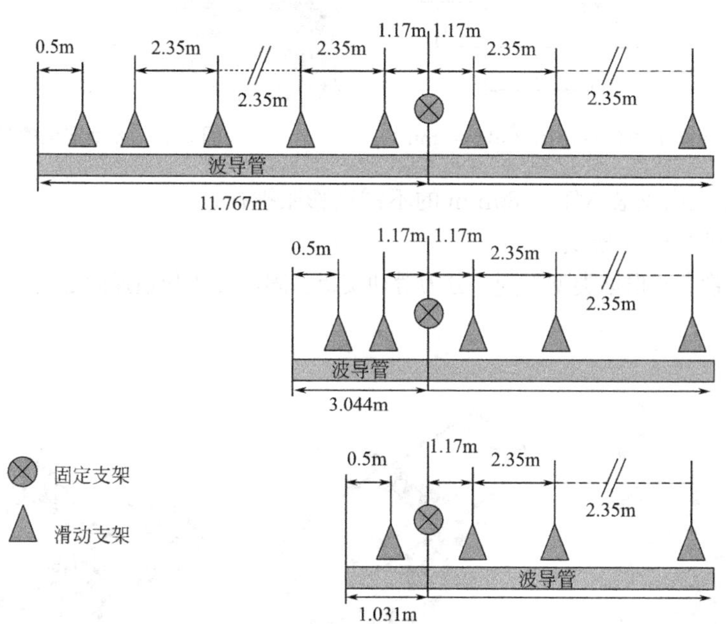

(b) 小于50m区段支架的位置

图 3-39　支架位置的距离原则

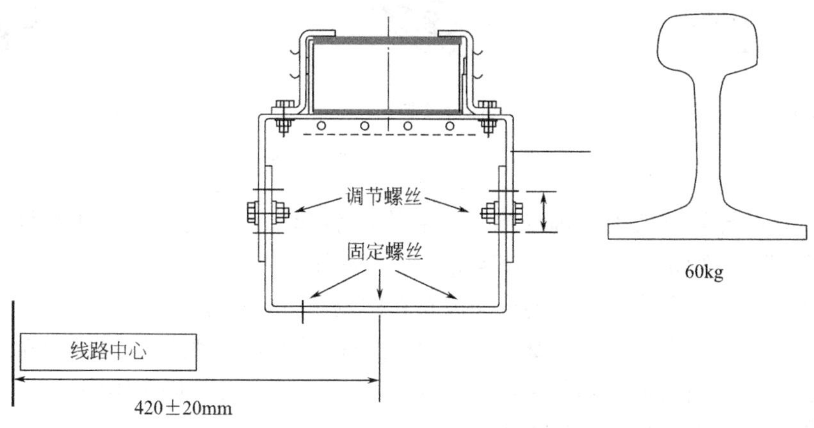

图 3-40　支架安装限界示意图

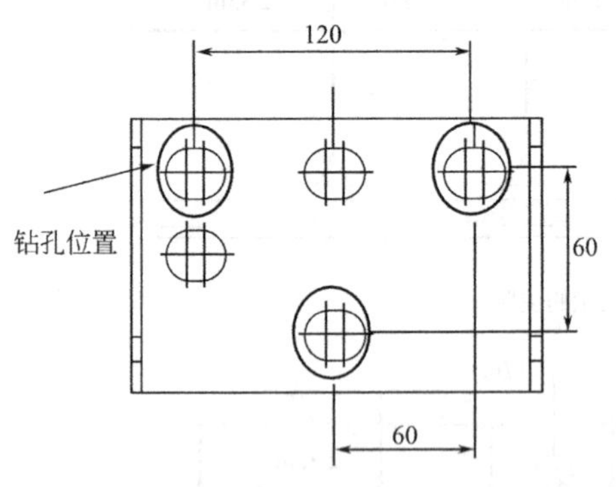

图 3-41　支架固定底板示意图（单位：mm）

图 3-42　Z 型定位模具

④ 在孔内安装 M12×80mm 的不锈钢膨胀螺栓。

(4) 波导管支架安装

波导管支架根据类型不同，分为滑动支架、固定支架和超强固定支架，如图 3-43 所示。

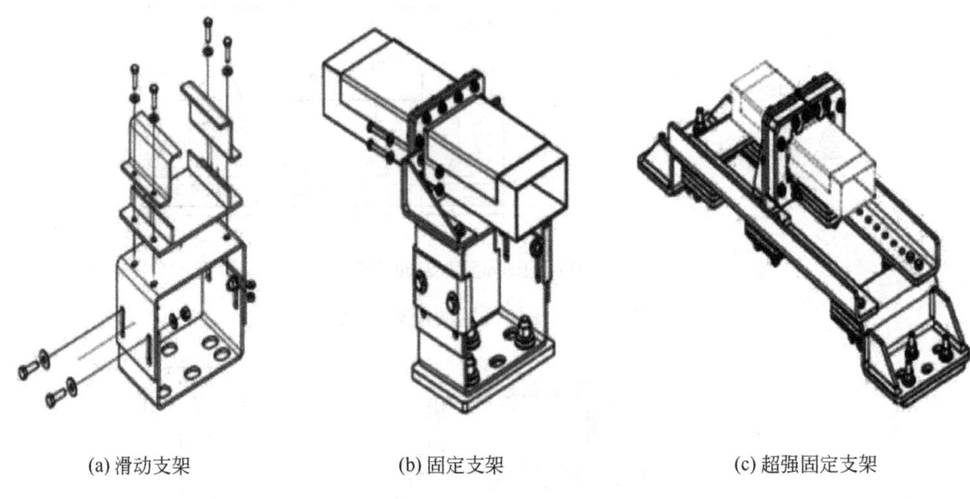

(a) 滑动支架　(b) 固定支架　(c) 超强固定支架

图 3-43　波导管支架类型图

① 在波导管支架安装前应当先在料库组装起来，安装上螺栓和螺母，但不要拧紧，防止现场安装时部件掉落或遗失，提高效率。

② 利用平板车将组装好的支架散布在定测位置，便于安装。

③ 将支架底座固定在道床上，使用扭矩扳手紧固膨胀螺栓螺母，固定螺杆安装螺帽后，应保障螺杆最小 4mm 的外露长度，确保支架固定牢固。

波导管支架安装如图 3-44 所示。

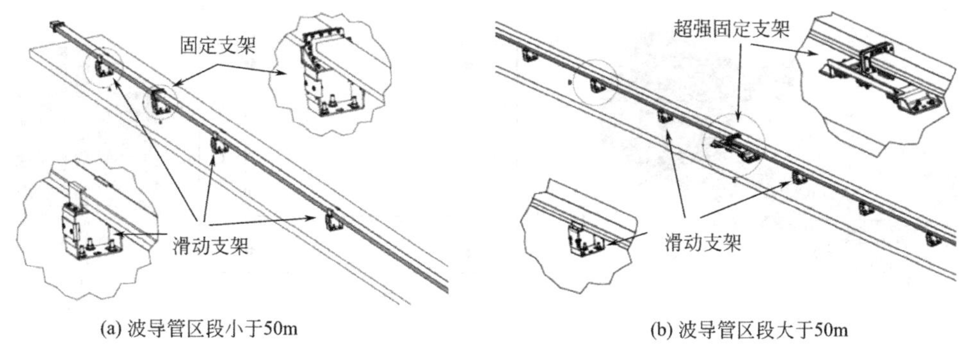

(a) 波导管区段小于50m　　(b) 波导管区段大于50m

图 3-44　波导管支架的安装

(5) 波导管安装

① 波导管安装原则

波导管连接时应遵循从固定支架向区段两头连接，两根波导管之间使用无膜法兰，波导管与 TGC 或 EL 之间使用带膜法兰。在岔区，根据岔区线路布置，利用同轴电缆穿管过轨，分别连接安装在轨道左侧或右侧的波导管，确保岔区无线传输的不间断；人防门处中断波导管连接，利用同轴电缆穿人防预留电缆孔，分别连接中断的波导管。

② 波导管的连接

a. 安装完支架后，把组装的标准波导管分段放到支架上，取下波导管上方的波导管保护罩，查看波导密封条是否完好、有无翘起，凡密封条破损或翘起的波导管，均不适合安装。

b. 使用浓度为 99%的酒精浸湿棉纱，清洁波导管内腔、波导管法兰、双槽法兰，确保波导管密封条上没有沙尘后，将保护罩重新盖在波导管上。

c. 在每个法兰的角落处，首先通过波导管的法兰安装 4 个 M5×30mm 的螺丝，螺母和垫片保持在正确的位置上组装，适度拧紧这些螺丝；螺帽和螺丝垫片根据图 3-45 中所示的拧紧顺序，用 4.5N·m 的扭力拧紧所有波导管的连接螺丝。

d. 为了整齐划一，统一规定螺栓由大里程向小里程方向固定连接，连接好后还应紧固滑动支架的耳朵。

(6) 波导管高度调整及固定

利用工字卡尺调整波导管高度，工字卡尺采用不锈钢矩形管制作。卡尺横向长度为 1800mm，竖向高度为 35mm。标高标尺利用轨平面作为基准面，通过轨平面下 35mm 长的竖向标尺测量波导管距轨平面的高度。施工时只需将工字卡尺置于钢轨上，就能方便准确地测量波导管与轨面的距离是否满足要求。调节高度时，只需要通过支架腰部的调节螺丝就能使支架上下调节。工字卡尺应用示意图如图 3-46 所示。

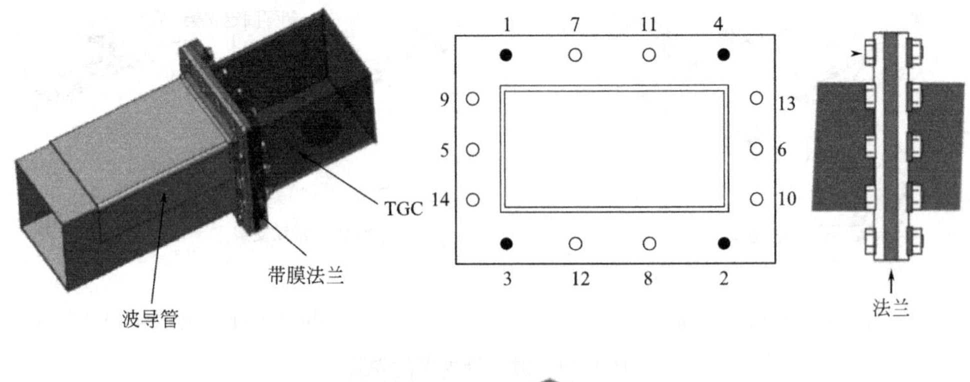

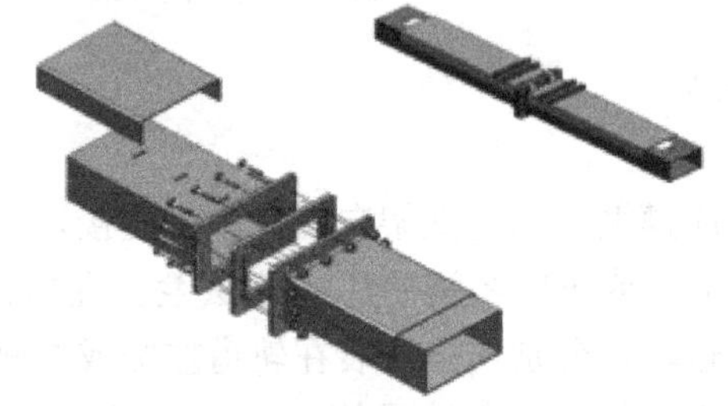

图 3-45 波导管的连接

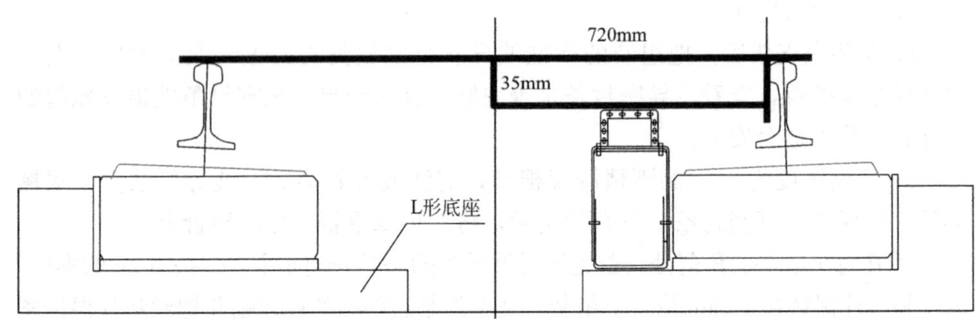

图 3-46 利用工字卡尺调高示意图

(7) 电气连接

① 根据 TRE 箱以及耦合单位安装位置，确定波导管终端（TGC）与耦合单元连接的同轴电缆（RF 馈线）长度，同时根据波导管安装情况，确定波导管与波导管之间连接馈线的长度。同轴电缆的路径应选择在有效防止工人踩踏而导致电缆破坏的地方。所有馈线均需使用钢丝软管进行防护，并用不锈钢骑马卡固定牢固。当跨越道床和强电电缆槽时使用线槽板进行防护、隔离保护。

② 由于波导管膨胀，为不破坏同轴电缆接头，应做一个环路。环路需有 50cm 的弯曲半径，以适应由于波导管的膨胀引起 TGC 位置的变化。只有在环路

确定后，才能固定同轴电缆，这样可以保证电缆的自由移动。波导管馈线连接如图 3-47 所示。

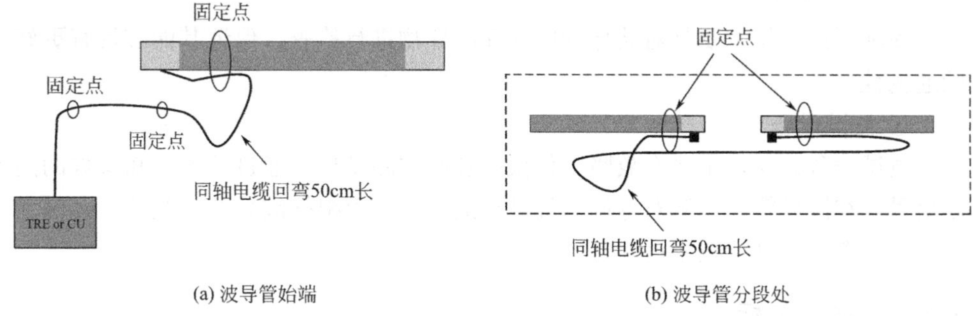

(a) 波导管始端　　(b) 波导管分段处

图 3-47　波导管馈线连接

③ 电气连接最后还要进行地线连接，每一根馈线均需使用 25m^2 地线进行连接。

④ 同轴电缆连接完成后进行防水处理，并加盖防水保护盖。

（8）设备测试

当对波导管设备安装完毕之后，则需要对其做好调试，以此保证波导管在实际应用中能够具有更好的传输性能，保证对于无线信号的传输能够满足工作要求，如图 3-48 所示。

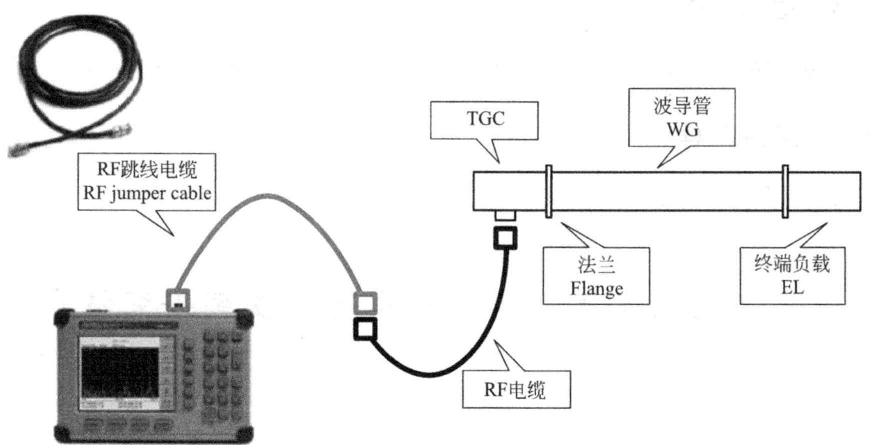

图 3-48　驻波比测试及回波损耗测试

① 传输测试

该项工作开展的目的，主要是验证目标波导管所具有的衰减量。具体方式上，是在波导管中对一个强度、频率已知的连续信号进行接入，并在波导管终端位置同样安装测量仪器对其信号进行检测。在该项测试开展过程中，则需要保证测试的完整性以及全面性，使其能够对所有波导管的区段良好覆盖。测试所得的信号强度与接入的信号强度差，就是波导管的衰减量，必须切实满足设计要求。

② 回声测试

该项测试工作主要是对波导管中存在的异物进行检查，保证其能够具有更好的通畅性。

③ 测试设备

测试设备方面，主要有故障定位仪以及微波测试仪，通过接入已知参数的高频信号，在波导管同一侧对返回信号进行测量，进而根据波导的失配情况，确定异物的位置，并进行技术清除。

3.4.2 技术指标

《地铁设计规范》GB 50157—2013；
《地下铁道工程施工质量验收标准》GB/T 50299—2018；
《城市轨道交通信号系统通用技术条件》GB/T 12758—2004；
《建筑工程施工质量验收统一标准》GB 50300—2013；
《城市轨道交通信号工程施工质量验收标准》GB/T 50578—2018；
《铁路信号设计规范》TB 10007—2017；
《系统商卡斯柯波导管安装手册》V0.0.1。

3.4.3 适用范围

适用于城市轨道交通信号工程中整体道床矩形波导管的安装。

3.4.4 应用工程

青岛地铁 11 号线。

3.5 地铁发车指示器利用可调支架安装技术

3.5.1 技术内容

城市轨道交通工程中各地铁站上、下行站台的端部（列车正方向运行方向的前端）分别设有一个发车指示器，发车指示器（DTI）采用发光二极管 LED 作为光源全屏显示，为列车运行提供列车发车指示，提示列车按计划时刻表运行。

传统发车指示器的安装采用吊装方式，支架直接固定在站台顶板上。制作时要根据站台顶板高度、不同的安装位置，定制相应的支架，通常不可调节。一般车站顶板高度较高且需要考虑顶板风管对支架安装的影响，对安装位置精度适应性较差，安装难度较大且返工率比较高。发车指示器的安装高度和显示面板的方向等均需调节，以满足现场需求，这对发车指示器的安装方式提出了更高的要求。

1. 技术特点

（1）利用可调支架安装发车指示器能减少与风管、站台监视器、时钟的冲突，降低施工难度，使施工安装更加简单快捷，节约人工，提高施工效率，降低施工成本。

（2）适用性强，安装精度高，能现场调节发车指示器高度及角度。

（3）技术的可操作性强，便于施工组织，方便现场参数测量、计算、安装。

2. 工艺原理

发车指示器作为显示列车司机到站停车时间、发车时间、晚点时间信息的设备。利用可调支架在侧墙上安装发车指示器，通过调节可调支架伸缩吊杆的伸缩调整发车指示器的垂直高度，通过旋转板调整发车指示器的水平角度。确保发车指示器安装位置、安装高度、显示方式符合设计要求。

3. 施工工艺流程及操作要点

1）施工工艺流程

地铁发车指示器利用可调支架安装施工工艺流程如图3-49所示。

2）操作要点

（1）安装准备

在发车指示器位置定测前，首先按照设计图纸核对坐标、位置；其次，在图纸会审和设计交底中，要明确发车指示器的安装高度、显示角度要求，特别是与其他专业设备交叉的地方，并逐站做好记录。

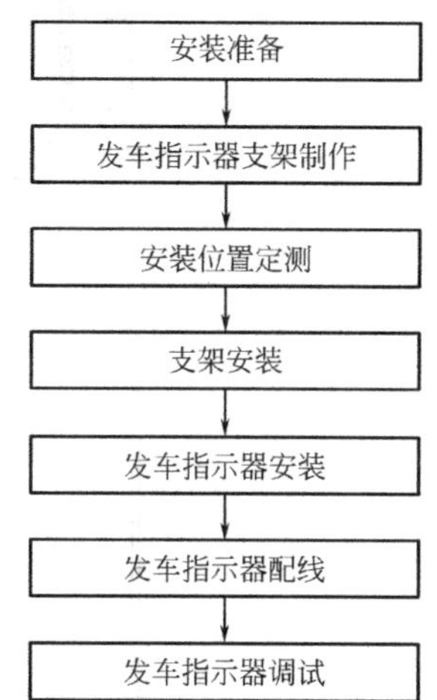

图3-49　地铁发车指示器利用可调支架安装施工工艺流程图

（2）发车指示器支架制作

① 支架横梁和伸缩吊杆的计算

考虑到地下段与高架段侧墙装修面不同（地下段侧墙装修面为水泥面，高架段装修面板距侧墙200mm），为保障发车指示器背面与侧墙装修完成面满足距离要求，地下段横梁长度为300mm，高架段横梁长度为500mm。考虑现场安装情况，外管长度为250mm，内管长度为250mm，吊杆伸缩范围为300～450mm。

② 可调支架由连接板、横梁、伸缩吊杆、旋转板等组成

连接板采用150mm×150mm的不锈钢钢板、壁厚6mm；横梁采用80mm×

40mm 方钢、壁厚 2.5mm；伸缩吊杆主要由两根无缝钢管组成，内管套入外管，外管采用 DN50 钢管，内管采用 DN40 钢管。内管每隔 5cm 设有调整孔，外管底部设有插销，起到调节长度的作用。外管与横梁焊接固定，内管与圆形连接板焊接固定。旋转板是由 4mm 厚的钢板，冲 4 个 M6 的孔与内管套接制作而成。保护管采用 ϕ30mm 的钢管加工成 50mm 长，焊接到横梁上方。支架加工完毕后，进行热镀锌处理，锌层厚度不小于 65μm。如图 3-50 所示。

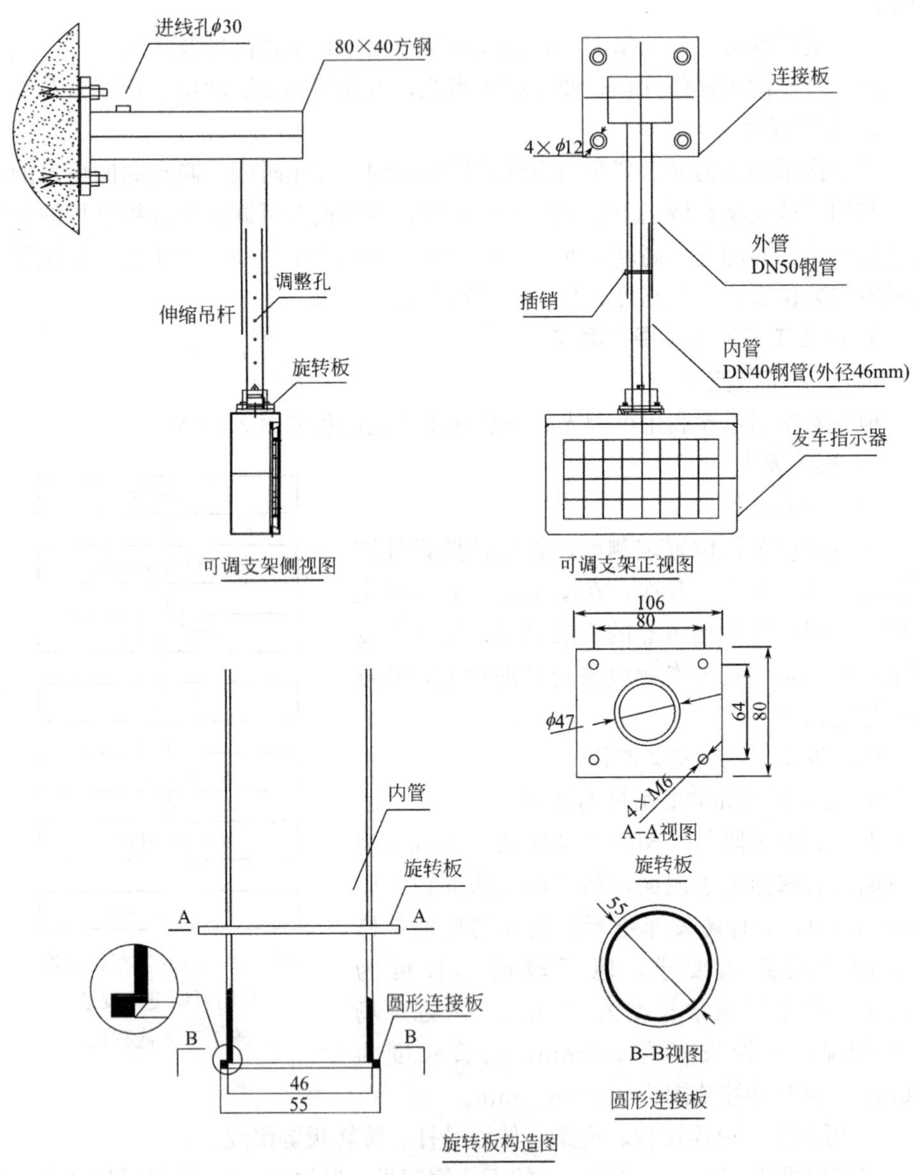

图 3-50　发车指示器可调支架图（单位：mm）

(3) 安装位置定测

① 定测的内容主要包括：

a. 是否具备发车指示器安装的空间；

b. 查看其他专业图纸及现场标记，是否存在遮挡显示现象；

c. 查看侧墙内安装位置是否预埋线管；

d. 支架横梁长度的统计。

② 定测中发现的问题：

定测中充分考虑司机室位置、立岗位置、观测方式、实际安装条件（站台门、站台监视器、消火栓箱等）及整体美观度。发车指示器安装位置示意图如图3-51所示。对各站发现的不同情况及时汇总，以联系单形式上报监理、业主。由监理组织设计、业主、施工单位、集成商现场勘察，给出相应的调整方案，并以设计交底或者会议纪要的形式，分发给信号专业各参与方，施工方保存好以备验收使用。

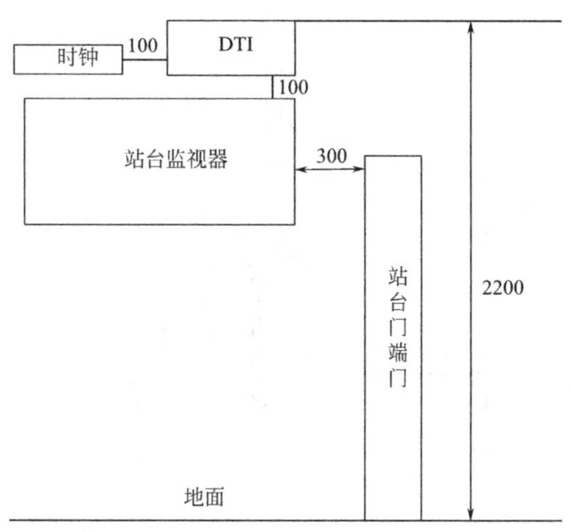

图3-51 发车指示器安装位置示意图（单位：mm）

(4) 支架安装

① 表3-1为青岛地铁11号线发车指示器安装精度要求。

青岛地铁11号线发车指示器安装精度要求 **表3-1**

序号	特性	要求
1	发车指示器设备上表面距站台装修完成面垂直高度	2200±100mm
2	发车指示器设备到站台门端门水平距离	200±50mm
3	发车指示器设备背面距侧墙装修完成面水平距离	300±50mm
4	发车指示器显示面角度	面向司机所在位置，与装修面呈15°夹角为宜

② 根据现场侧墙情况，用米尺垂直测量地面与支架最下端旋转板的垂直距离为2200mm，确定连接板纵向位置；测量发车指示器侧面与端门装修面的距离，保障200mm，确定横向位置；标记连接板上开孔位置；如与其他设备安装位置冲突，现场调整支架位置。

③ 确定发车指示器支架连接板在墙面的安装位置后，将连接板紧贴侧墙，水平尺平行放在横梁上，确保支架垂直安装。采用4个M12×100mm不锈钢膨胀螺栓将发车指示器支架连接板固定在侧墙上。发车指示器支架安装效果图如图3-52所示。

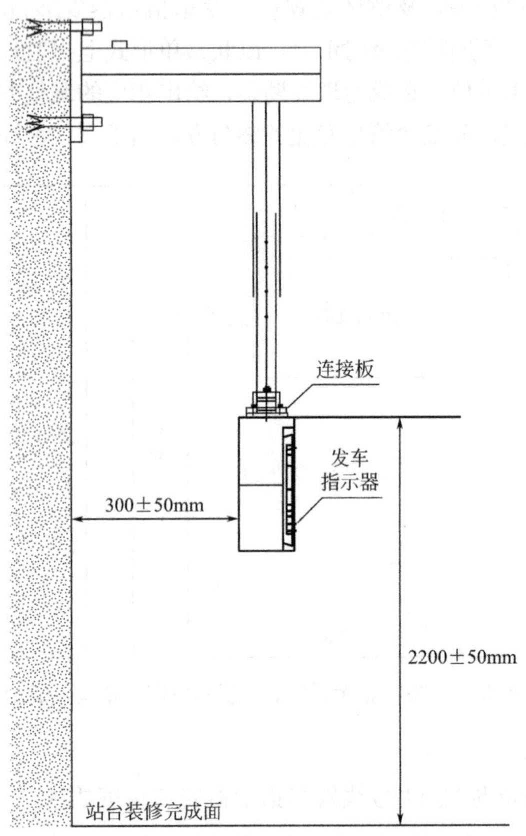

图3-52　发车指示器支架安装效果图

（5）发车指示器安装

① 用4个M6×30mm的不锈钢螺栓将发车指示器固定到旋转板上，LED显示屏面向轨道侧。

② 利用伸缩吊杆对发车指示器高度进行调节，伸缩吊杆通过外管、内管进行伸缩。内管间隔5cm设有调整孔，通过插销对伸缩后的两个钢管进行固定，

该结构简单、应用灵活。

③ 通过旋转板可以调节发车指示器角度，旋转板与发车指示器连接，并通过旋转板上 4 个螺栓固定。

（6）发车指示器配线

发车指示器采用 WDZC-PTYL23 型 4×2.5mm² 的电源线、WDZR-RYYP 型 4×1.0mm² 的数据线，将开剥好的电缆芯线经横梁进线口、伸缩吊杆引入发车指示器箱体内，在箱体内进行芯线预留，完成配线，并对箱体外壳进行接地，如图 3-53 所示。

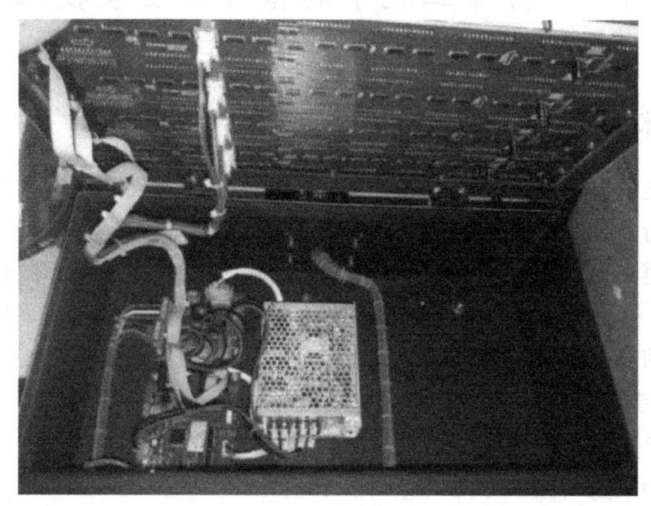

图 3-53　发车指示器内部配线图

（7）发车指示器调试

发车指示器配线完成后，从室内进行送电，核对室内外一致性，确认电路和配线无误。通过 ATS 对显示信息进行核对，确保显示正常。显示角度上，通过调整旋转板上的螺栓，可以让发车指示器进行角度的水平旋转，以适宜驾驶员观察为准。

3.5.2　技术指标

《地铁设计规范》GB 50157—2013；

《地下铁道工程施工质量验收标准》GB/T 50299—2018；

《城市轨道交通信号系统通用技术条件》GB/T 12758—2004；

《建筑工程施工质量验收统一标准》GB 50300—2013；

《城市轨道交通信号工程施工质量验收标准》GB/T 50578—2018；

《铁路信号设计规范》TB 10007—2017。

3.5.3 适用范围

适用于城市轨道交通工程中高架站、地下站侧墙上发车指示器的安装。

3.5.4 应用工程

青岛地铁 11 号线全线。

3.6 特殊工况下的信号机安装技术

3.6.1 技术内容

信号机是对城市轨道交通行车有关人员指示运行条件而规定的特征符号。为指示列车运行及调车作业的命令，必须根据需要设置各种信号机。

城市轨道交通信号机安装方式分为壁挂和立柱。根据现场不同情况选择不同的安装方式，一般情况下圆形隧道采用壁挂，马蹄形和矩形隧道采用立柱，个别限界不满足的情况下采用壁挂。

1. 技术特点

（1）材料简易，安装方便，提高施工效率；

（2）现场测量，测试方便，有利于施工组织；

（3）适用性强，安装精度高，能针对不同安装部位进行匹配；

（4）节省空间，满足限界需求，便于维护。

2. 工艺原理

信号机作为城市轨道交通列车进路的重要设备，利用壁挂和立柱方式进行安装，采用壁挂支架和立柱进行信号机安装，保证限界需求，确保信号机安装位置、高度、显示符合设计要求。

3. 施工工艺流程及操作要点

1）施工工艺流程

信号机安装施工工艺流程如图 3-54 所示。

2）操作要点

（1）施工准备

① 图纸审核，熟悉信号机规格、安装坐标、限界要求、信号机电缆敷设路由及配线、接地要求等信息。

② 确认信号机所处位置隧道类型，便于制作信号机支架。

③ 现场调查铺轨专业地坪浇筑情况，确认立柱现场安装条件。

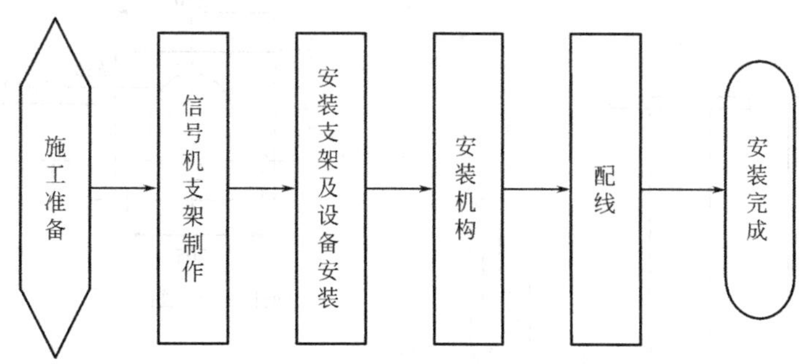

图 3-54 信号机安装施工工艺流程图

④ 信号机定测时特别注意与安装信号机相冲突的环境因素：消防水管；站内在线路上方预留消防管孔洞；火灾报警系统、环境监控（FAS、BAS）、隧道照明预留过轨钢管和相关专业敷设、固定电缆是否会对安装信号机有影响。

⑤ 信号机的安装要满足两个条件：一个是满足限界要求；另一个是满足司机瞭望。首先根据定测数据加工信号机基础支架，一般圆形、马蹄形隧道为壁挂式支架，矩形隧道为立柱式支架。

正线圆形隧道、矩形隧道限界不满足或者立柱安装条件不足的情况下采用壁挂式支架安装。

（2）信号机支架制作

① 立柱式支架：安装支架将根据设计提供的图纸进行加工，参考类似施工经验，安装架采用直径 120mm 热镀锌钢管和热镀锌钢板制作。制作完成后，检查焊缝牢固、支架方正、各部位尺寸符合要求（图 3-55、图 3-56）。

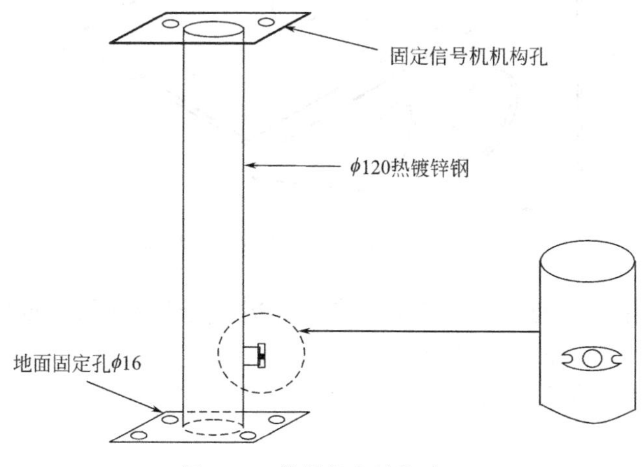

图 3-55 信号机立柱构造一

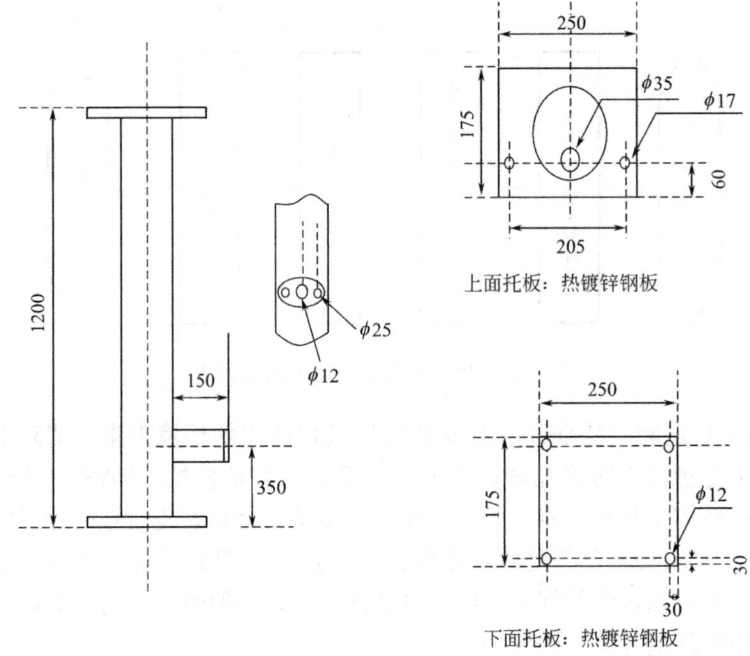

图 3-56　信号机立柱构造二（单位：mm）

② 壁挂式支架：采用 50mm 厚钢板弯折，尺寸如图 3-57～图 3-59 所示。

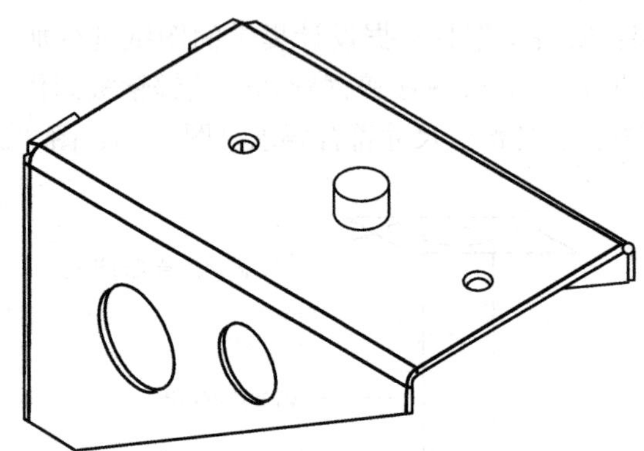

图 3-57　信号机壁挂式支架构造一

③ 圆形壁挂式支架：采用 50mm 角钢焊接，支架整体尺寸匹配哈芬槽 1.2m 的间距，如图 3-60、图 3-61 所示。

(3) 信号机支架及设备安装

① 立柱安装

将立柱摆放到安装部位进行号眼，用 ϕ18mm 的冲击钻头进行打孔，打孔完成后用 ϕ16mm 的不锈钢膨胀螺栓固定在立柱地板上。

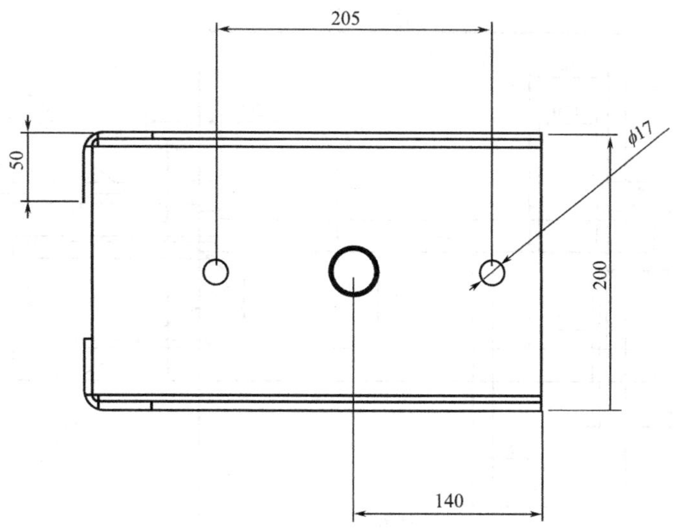

图 3-58　信号机壁挂式支架构造二（单位：mm）

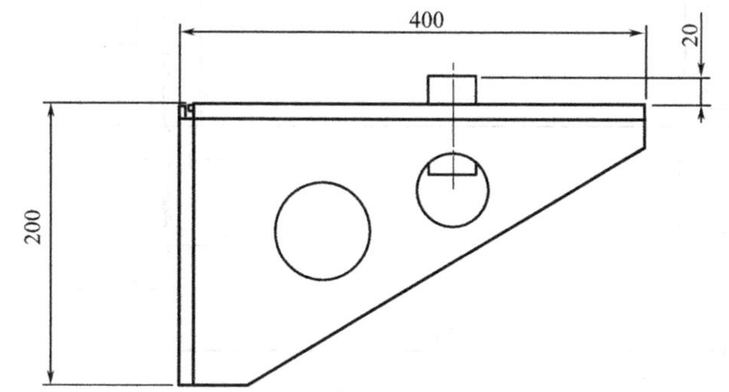

图 3-59　信号机壁挂式支架构造三（单位：mm）

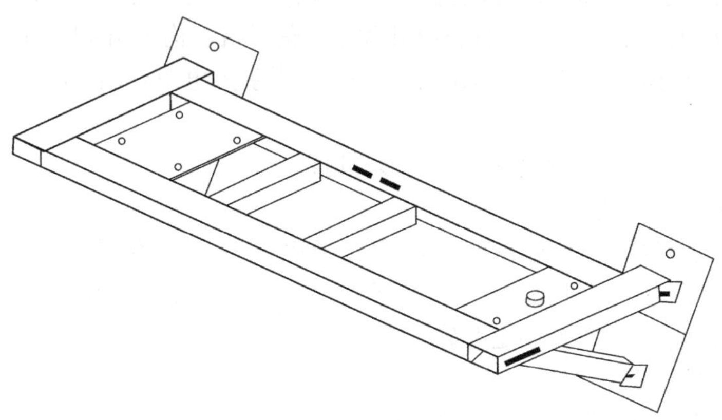

图 3-60　圆形壁挂支架一

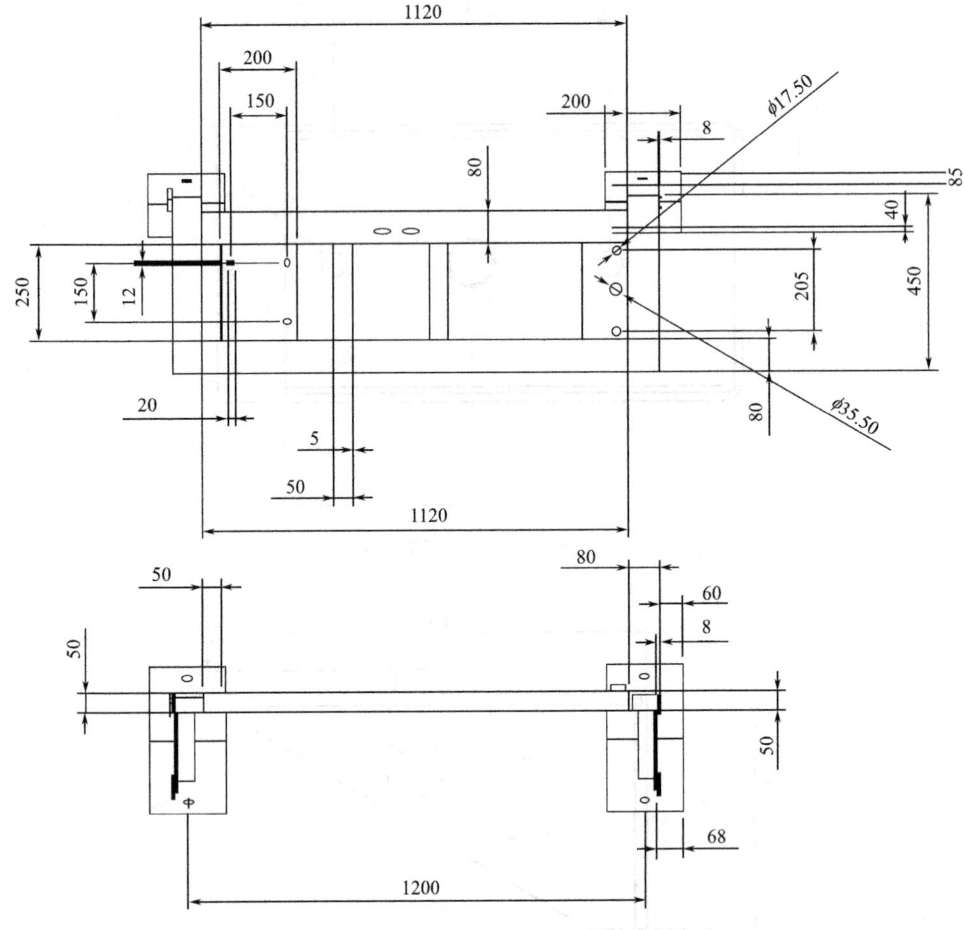

图 3-61 圆形壁挂支架二（单位：mm）

立柱固定好后，将电缆终端盒与立柱连接，终端盒和终端盒底座连接，终端盒底座采用 ϕ12mm 冲击钻头进行打孔固定，信号机机构采用 ϕ16mm×60mm 不锈钢连接螺栓固定，同时将机构内部的预配线缆引入电缆终端盒内。

② 壁挂安装

壁挂安装分为矩形隧道壁挂和圆形隧道壁挂。

a. 矩形隧道壁挂

矩形隧道壁挂支架安装前，先将支架摆放在安装位置进行号眼，采用 ϕ16mm 冲击钻头进行打孔，4 个孔打好后，将 4 套 ϕ12mm×100mm 不锈钢膨胀螺栓安装在支架上，进行固定并确认水平。

b. 圆形隧道壁挂

圆形隧道壁挂支架一般采用哈芬槽式壁挂支架，将支架进行组装后采用 4 套 ϕ12mm×60mmT 型螺栓将支架固定在盾构哈芬槽上，安装牢固。

（4）安装机构

所有支架采用 M16mm×60mm 不锈钢连接螺栓固定，螺栓紧固。

（5）配线

① 软线和电缆芯线都要满足 2～3 次成端预留量，黑色线为监测线；

② 配线平顺，绑扎均匀；

③ 引线口使用棉纱进行封堵；

④ 箱盒电缆进线孔采用灌胶封堵，灌胶饱满、平滑（图 3-62）。

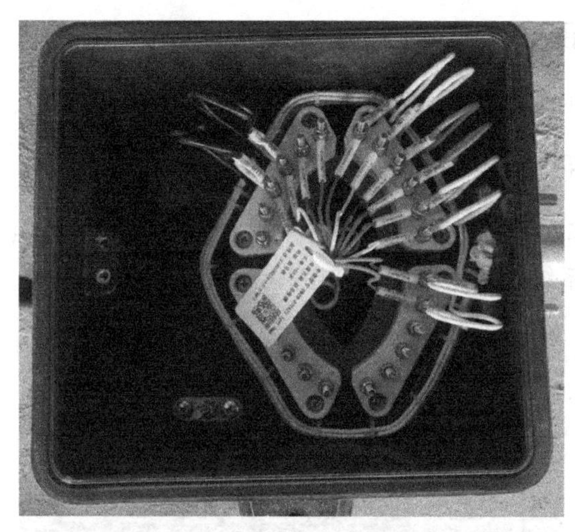

图 3-62　信号机箱盒配线

4. 通用技术要求

（1）信号机设置地点，符合设计规定，满足限界要求。

（2）信号机安装，按设计施工图中的要求进行安装。

（3）信号机各部件齐全，无破损、裂纹现象，紧固件平衡上紧。

（4）信号机配线符合设计文件要求，配线美观、整齐、正确，满足下列要求：

① 信号机配线按要求采用铜芯多股塑料软线；

② 信号机配线截面积不得小于 1.5mm^2（7×0.52 线）；

③ 信号机配线颜色与灯光颜色一致；

④ 绝缘软线不得有破损、老化、中间接头；

⑤ 绝缘软线在箱盒、机构内部布线合理、绑扎整齐；

⑥ 绝缘软线在信号机及电线引入管进、出口处用塑料缠绕管防护；

⑦ 对地下线路上的信号机穿配线时，线把引入箱盒部分，采用高强度橡胶管防护。

（5）信号机构至支架间的电线把采用缠绕管防护，避免信号机配线受损。机构不渗（漏）水，已做防潮密封处理。

（6）信号机内设备安装牢固。

（7）信号机接地满足设计要求。

3.6.2 技术指标

《地铁设计规范》GB 50157—2013；

《地下铁道工程施工质量验收标准》GB/T 50299—2018；

《城市轨道交通信号工程施工质量验收标准》GB/T 50578—2018。

3.6.3 适用范围

适用于城市轨道交通信号系统所有信号机安装在建、改造工程。

3.6.4 应用工程

上海轨道交通17号线工程通信系统、信号系统安装工程；上海市轨道交通14号线工程通信系统、信号系统安装工程（图3-63、图3-64）。

图3-63 立柱式信号机安装

图3-64 水泥基础信号机安装

第 4 章　供配电及照明系统

4.1　供配电线缆敷设技术

4.1.1　技术内容

地铁供配电及控制系统有线缆多且长、施工空间狭小、工期紧的特点，采用长距离多根电线同步敷设技术、轨道交通站台下狭小空间矿物电缆敷设施工技术、动力电缆敷设技术、城市轨道交通工程变电所二次电缆接线施工技术，可以有效地提高施工效率，减少轨行区施工风险，降低劳动成本。

1. 长距离多根电线同步敷设技术

该技术利用电线敷设装置，实现了区间多根电线同时快速敷设，有效地节省了人工、提高了劳动效率、降低了劳动强度，该放线装置拆装方便，可以重复使用，便于移动，降低了放线过程中电线的机械损伤，提高了施工质量。

实施过程如下：

(1) 结合施工图纸设计要求及国家标准选择敷设所需电线。

(2) 将布条的两端牢固地绑扎在带线上，两人来回拉动带线将管内杂物清净，用砂纸或锉刀将管口的毛刺、尖锐凸起处理光滑。

(3) 将 ϕ1.2mm 的铁丝穿入钢管内。穿带线时，将铁丝的一端弯成不封口的圆圈，再利用穿线器将带线穿入管路内，在管路的两端均应留有 10～15cm 的余量。

(4) 放线装置组装，将支架组合均匀排列，用螺栓固定在临时轨道车上，支撑柱钢管朝向出线端方向，将合线圈通过连接杆固定在出线方向的横向槽钢上，制作好的转轴依次插入支架组合的支撑柱内，将制作好的托盘依次套入转轴上（图 4-1）。

(5) 根据穿线回路选择相应导线，根据相序将不同规格、不同颜色的电线放置于机构上。选择导线穿过合线圈。推动轨道车或将轨道车刹车后拽动需要同时敷设的电线，通过多个转轴及转盘组合同时敷设多盘导线，可分单回路或者多回路的所有导线（图 4-2）。

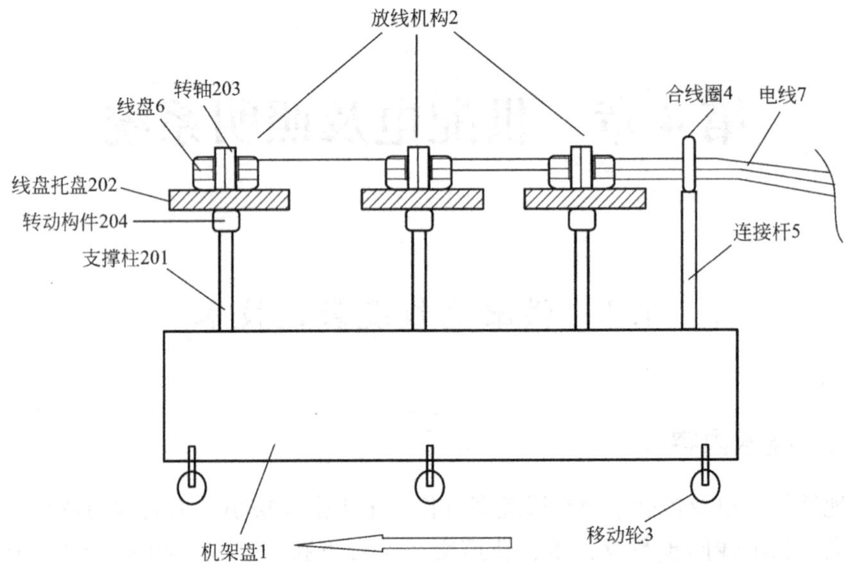

图 4-1　电线敷设装置示意图

图 4-2　电线敷设装置效果图

（6）剪断导线时，导线的预留长度在接线盒处预留 15cm。导线在分支处，不剪断导线而直接穿过。

2. 轨道交通站台下狭小空间矿物电缆敷设施工技术

电缆敷设机械施工技术是根据电缆牵引机的自身特点，根据牵引电缆载荷及现场具体情况，计算最大牵引拉力，选择相匹配的牵引机及牵引绳，采用一台牵引机带动牵引绳循环运行，实现电缆敷设。电缆敷设时，根据电缆敷设长度及施工区或环境布置若干个电缆敷设专用滑轮，在转弯处适当位置增加设置弧形转向器支撑滑轮，减少电缆与地面、桥架间的摩擦，减少牵引机的负荷，确保电缆绝缘保护外层无损。牵引机要固定牢固，牵引机总控箱与分控箱应连接牢固，并连接好保护接地线，电缆端部使用专用电缆牵引钢丝网套防止牵引时损坏电缆绝缘，在牵引机进行牵引时，牵引机通过总控箱与分控箱进行两地控制，使运行设备达到启、停、正、反转一致。

实施过程如下：

（1）针对站台下狭小空间电缆通道内敷设电缆，只能在站台预留 700mm×700mm 人孔位置进入站台下通道进行敷设，由变电所人孔位置到另一端配电间人孔位置至受电设备电缆全长仅 200m 以上，要敷设矿物电缆截面规格多，有 WDZB-RTTYZ-3×25+2×16～WDZB-RTTYZ-3×240+2×120。对人不能站立的狭小空间电缆通道只能采用牵引机械敷设，为了确保矿物电缆完整无损，在狭小电缆通道桥架外侧边制作了电缆牵引专用滑轮装置，如图 4-3、图 4-4 所示。

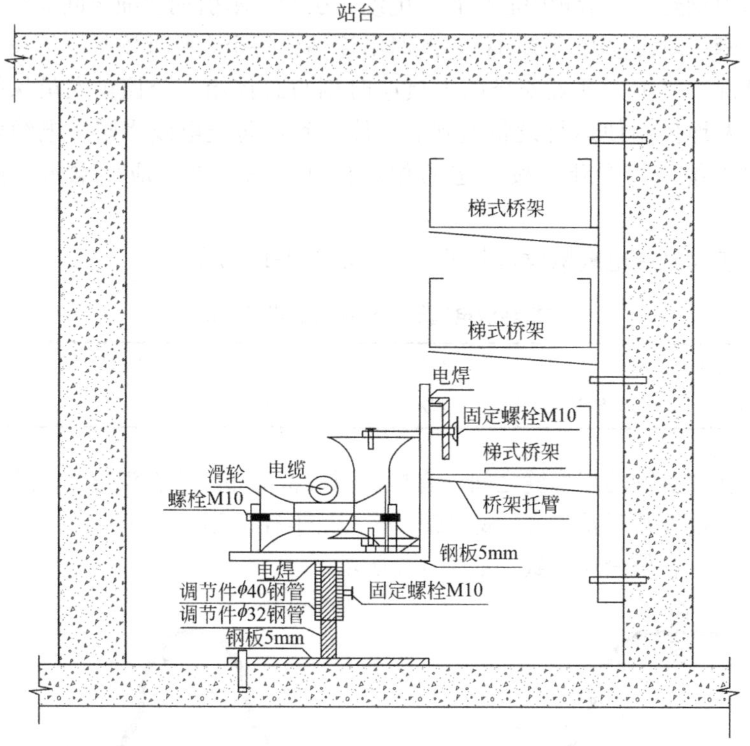

图 4-3　狭小通道电缆敷设滑轮支架图

（2）沿电缆敷设路径在桥架外侧装设专用电缆牵引滑轮，装置与桥架之间固

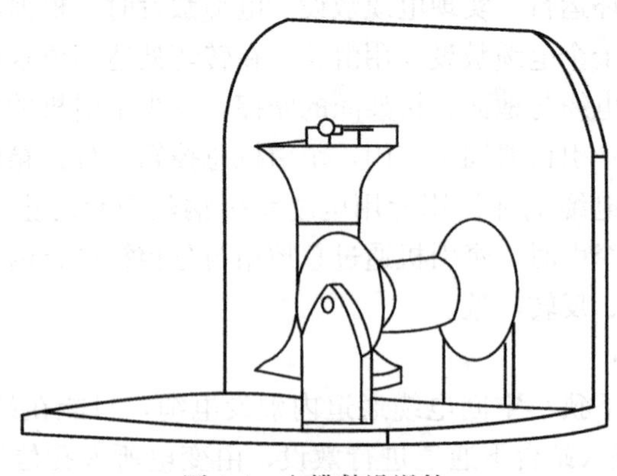

图 4-4　电缆敷设滑轮

定采用两个 M10 螺栓进行紧固，牵引电缆时为了确保滑轮的稳定性，在底部设置一个能调节高低的支撑件，与混凝土地板之间采用金属外膨胀螺栓固定。电缆牵引滑轮装置安装间距一般为 3～4m 设一个，有拐弯处装设弧形转向器支撑滑轮确保牵引钢丝绳在滑轮中心位置。电缆牵引套与牵引钢丝绳之间安装一套旋转连接器，牵引时慢慢开启牵引机，此时沿途站台每个人孔处安排一人密切注意电缆前进情况，每个人孔处安排的人员应时刻与总控箱、分控箱人员保持密切联系，进行两地控制使运行设备达到启、停一致，防止电缆受阻。电缆敷设到位后，应对电缆进行分组，按一定的相序排列，每组电缆应用铜带、铜线进行绑扎。

（3）矿物绝缘电缆敷设弯曲半径应满足表 4-1 的规定。

矿物绝缘电缆最小允许弯曲半径（mm）　　　**表 4-1**

电缆外径 D	$D<7$	$7\leqslant D<12$	$12\leqslant D<15$	$D\geqslant 15$
电缆内侧最小弯曲半径 R	$2D$	$3D$	$4D$	$6D$

（4）在建筑物的变形缝之间、有振动源设备的布线或在温度变化大的场合敷设时，应将电缆敷设成“S”或“Ω”形，其半径应不小于电缆外径的 6 倍，但过变形缝时，补偿量应一致。如图 4-5 所示。

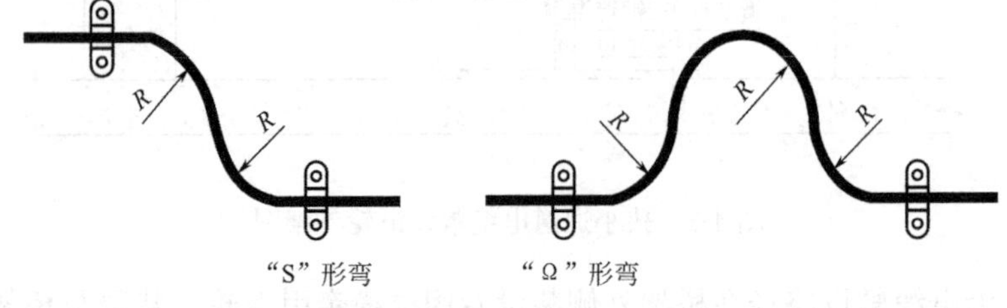

图 4-5　电缆膨胀环示意图

（5）单芯电缆敷设时，应符合按表4-2的排列规定，且每组电缆之间留有不小于电缆外径2倍的间隙。

电缆排列方法　　**表 4-2**

敷设形式	三相三线	三相四线
单路电缆	L_1 L_2 L_3 L_1 L_2 L_3	L_1 N L_2 L_3 L_1 L_2 L_3 N
两路平行电缆	d　2d　d L_1　　L_1 L_2 L_3　　L_2 L_3 d　2d　d L_1 L_2 L_3　　L_1 L_2 L_3	d　2d　d L_1 N　　L_1 N L_2 L_3　　L_2 L_3 d　2d　d L_1 L_2 L_3 N N L_3 L_2 L_1
三路或多路平行电缆	d　2d　d　2d　d L_1　　L_1　　L_1 L_2 L_3　　L_2 L_3　　L_2 L_3 d　2d　d　2d　d L_1 L_2 L_3　　L_1 L_2 L_3　　L_1 L_2 L_3	d　2d　d　2d　d L_1 N　　L_1 N　　L_1 N L_2 L_3　　L_2 L_3　　L_2 L_3 d　2d　d　2d　d L_1 L_2 L_3 N　　L_1 L_2 L_3 N　　L_1 L_2 L_3 N

（6）对电缆敷设中可能遭受到机械损伤的部位，应采取适当的保护措施。

（7）当电缆敷设在对铜护套有腐蚀作用的环境中（室外），或在部分埋地或穿管敷设时，应采用有聚乙烯外套的矿物绝缘电缆。

（8）防火电缆的铜护套应单端可靠接地。

（9）大截面单芯电缆通以交流电时应有涡流消除措施。当敷设两组以上的电缆时，应按图4-6所示a或b的形式排列固定。电缆进入配电箱、柜时，应按图4-7所示的方式开孔，并用专用固定封套固定，固定电缆的支架应采用非磁性材料。

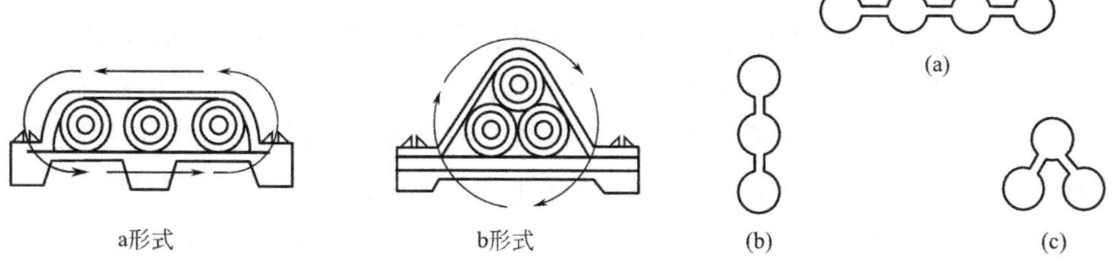

图4-6　涡流的产生及其消除措施示意图　　图4-7　配电箱、柜进线孔示意图

（10）当桥架内矿物绝缘电缆与其他电缆共设时，应采取防火、阻火及物理隔离措施。

（11）当电缆隧道或电缆沟内矿物绝缘电缆与其他电缆共设时，矿物绝缘电缆应单独分层敷设。

（12）沿支架敷设时，支架处应有电缆卡子固定。

（13）整直每根电缆，并按规定的间距进行固定。单芯电缆在整直后应按回路绑扎。整理时应从上到下、从前到后、从始到末逐段进行。转弯处电缆间距应一致。

（14）电缆固定应采用铜卡或铜扎带绑扎固定，每个回路的电缆应单独绑扎，宜用角钢支架或桥架本身横担固定电缆。

（15）整理结束后，应在每路电缆的两端、拐弯处、交叉、电缆竖井等处分别挂上电缆标牌，直线段应适当增设标志牌。铭牌上应标有电缆型号、规格、长度、电压等级以及起始端、终点端以及电缆回路编号，单芯电缆宜每隔 5m 对电缆做相序标记。

3. 动力电缆敷设技术

随着地铁施工技术的不断成熟完善，动力电缆的敷设要求越来越高，除了满足基本的系统功能要求外，布局合理、工艺美观成为施工的重要目标。在区间电缆敷设时，使用线缆托架，既能满足各专业线缆敷设的要求，又可以提升工艺质量。另外，在线缆敷设时采用机械与人工结合的方式，可以大幅度降低施工强度，提升施工效率。

实施过程如下：

（1）区间支架安装时，每间隔 20m 利用激光水平仪配合米尺，确定支架高度（固定螺栓高度），使用墨斗在两处螺栓位置弹线。先将 T 型螺栓固定在隧道壁的卡槽上，然后将支架安装，再利用水平尺确定水平后，将螺栓拧紧。将接地扁钢通过专用连接件固定在支架上，两节扁钢搭接长度不小于扁钢宽度的 2 倍，用两个螺栓紧密连接。

（2）人工布放室外线缆时，敷设人员佩戴头灯等照明工具，间距 5～7m 站立，肩扛电缆匀速前进，每隔 200m 设一现场指挥员，达到指挥协调一致。线缆不得在地上拖拉，确保线缆外护套完好无损、无挤压和变形现象。电缆敷设完毕后应及时放置在电缆支架上，用扎线十字绑扎牢靠。如有线缆需要横跨排水槽，应加钢管或角防护。线缆敷设前，再次确认线缆型号及敷设位置，严格按照 BIM 规划和图纸施工。线缆两端应贴有标签标注线缆用途、长度、起始位置。

（3）采用轨道车布放室外线缆时，应在吊装缆盘至轨道车平板前，检查轨道车车辆状态。吊装至轨道车后确保缆盘固定稳定，没有摇晃及倾斜产生。放缆支架确保坚固耐用、转动正常。车头及车尾除施工人员外，要配备专职安全员，观察轨道车行进路线的路况。安全员及现场施工负责人必须配备足够的安全防护用品和通信工具（如：安全帽、反光背心、对讲机、安全警示灯、信号旗、扩音器、口哨等）。

（4）在机房具备设备安装条件后，人员进场进行机房卫生清理，避免设备、线缆在施工过程中被污染损坏。按照图纸，现场实际定测，对机柜安装位置、地槽安装位置进行定位，利用激光水平仪、钢卷尺、墨斗、记号笔确定安装位置及打孔位置。将设备底座、线槽按照图纸要求安装到位，再次确认相关设备安装位置合理后进行固定。机柜安装时需注意地面可能出现不平整现象，应准备垫片若干，利用水平尺调整机架前后和左右倾斜偏差，偏差值应小于机身全长的1‰。地槽安装应根据机柜作用不同，线缆进出机柜按照BIM规划进行缆线排列布置，防止电缆交叉。

（5）线缆绑扎时采用扎带十字绑扎法，扎带绑扎方向一致，绑扎完毕后在扎带根部余留3～5mm并减去多余扎带。标牌悬挂应排列整齐，绑扎方向应一致，如出现标牌过于紧密情况应分列2行或3行保证标牌内容一目了然。

4. 城市轨道交通工程变电所二次电缆接线施工技术

轨道交通工程变电所工程施工时，二次电缆布线、接线工艺直接影响工程美观度，通过精心规划电缆排列布置、布线工艺及芯线标识，达到工艺精湛、内实外美的整体效果。

实施过程如下：

（1）检查核对盘柜或配电装置的端子排是否符合设计要求，不符合要求的应提前联系设计。以原理接线图和端子排接线图为依据，以制造厂提供的背面接线图或原理图作参照，分回路对配电装置或盘柜的内部配线进行一次全面核对，在校线中发现的问题应即时记录及修改，同时在背面接线图中把改正的部分标注清楚。确定核对电缆的排列顺序，提前准备好相应的电缆标识牌绑扎在电缆上（电缆牌建议采用32mm×68mm电缆挂牌PVC塑料，双孔）。用校线仪校线，确定该芯线编号后，套上号码管。

（2）电缆开剥及电缆头制作：

① 将同层出入孔的电缆临时绑扎整齐，用记号笔在所有电缆距进柜10mm处标出开剥位置。沿记号边沿剥除电缆的铠装、内护套以及填充物。

② 在电缆开剥位置下方30mm处剥开电缆外护套，用砂纸在露出钢铠处打磨一个$5mm^2$左右的焊接区域，制作接地线卡子进行固定，依据标准规范选用合适的接地线。铠装、屏蔽接地线采用单端接地，地线一般焊接在盘柜侧。

③ 用绝缘胶布从外护套开口下20mm处逐层包扎至进柜10mm处，包扎平整美观，包扎采用的绝缘包带颜色与线芯颜色保持一致。

④ 剪切与电缆外径相匹配的、长度为50～70mm的热缩管穿至已包扎好的

电缆头处，用热风枪从最下端均匀烤至最上端。

(3) 电缆进柜排列规划、非标支架安装：

① 统计电缆根数，确定电缆排列层数，根据各开关柜进线电缆孔尺寸及二次电缆骨架（由厂家提供格栅）确定电缆绑扎点。

② 按配线顺序把所有电缆头排列整齐，在电缆头以下100mm处用细绑线把所有电缆进行固定（具体排列根据柜内电缆根数确定），确认电缆无遗漏后用30mm×30mm的铝排并穿黑色热熔管制作固定卡子。用电缆固定卡子把电缆束固定在盘柜下方加工的支架上；将铠装、屏蔽接地线分别固定、压接接线端子，连接在盘柜内的接地母排上（每个固定点不能超过两根地线）。

③ 把同一束电缆头绑扎好后，按芯线的自然排列顺序在距电缆头上沿30～50mm的位置处进行第一道绑扎。将芯线理顺后分别固定，每间距150mm用尼龙扎带做一次绑扎，各束线把绑扎一定要一致。自下而上将电缆芯线按编号镶入与端子排相对应的端子排处，芯线预留长度为在柜顶向下方100mm处。

(4) 电缆挂牌：

依照每根电缆所贴标签纸的电缆编号、起始点及电缆规格型号及电缆回路编号，选取与之内容一致的电缆铭牌用扎带绑扎牢，绑扎完后再次确认标签和电缆铭牌上的内容是否一致，电缆牌应排列整齐。

(5) 校线及走线：

① 确定校对电缆的顺序，提前打印好相应芯线的号码管。号码管打印内容要清楚标识回路编号、起点设备的端子号和终点设备的端子号，其中备用芯线号管应标明起点、终端设备及备用数量。

② 用剥线钳剥除待校电缆两端芯线端头的绝缘层。

③ 选择芯线把中的一根芯线作为共用线后，依靠共用线校对出电缆两端另一根芯线，并套上回路编号号码管，依次校对出其他芯线。

④ 每根电缆所有芯线都确定之后，再将所有芯线重新校对一遍，防止发生混淆。

(6) 各线芯敷设至接线位置后，参照施工图纸接入相应端子，此时需核对线号管是否与实际位置一致。在无线槽的设备内接线，线芯需预留U形弯后接入相应端子，且各线芯弧度应保持上下一致。

(7) 备用芯敷设至最远端子处，应带号码管标识并安装备用芯帽，备用芯帽颜色应统一，预留长度应一致。

(8) 所有接线完成后，经检查无误，所有试验完成，确认无遗漏电缆后再进行防火封堵，封堵厚度应与防火封堵盒平齐。

4.1.2 技术指标

《建筑电气工程施工质量验收规范》GB 50303—2015；

《电气装置安装工程 电缆线路施工及验收标准》GB 50168—2018；

《电气装置安装工程 接地装置施工及验收规范》GB 50169—2016；

《电气装置安装工程 盘、柜及二次回路接线施工及验收规范》GB 50171—2012。

4.1.3 适用范围

适用于地铁机电安装工程供配电及照明系统的动力电缆敷设，地铁区间、公路隧道内长距离大批量电线敷设施工，站台下各类电力电缆在狭小空间电缆通道内敷设施工，地铁工程变电所二次接线。

4.1.4 应用工程

上海市轨道交通13、15号线供电工程；青岛地铁2、3号线机电安装工程；苏州市轨道交通3、4号线；南昌至赣州客专；连云港至徐州客专；安庆至九江客专；南昌地铁3号线。

4.2 均回流电缆低温钎焊施工技术

4.2.1 技术内容

1. 技术背景

杂散电流又称“迷流”，是在轨道交通直流牵引供电回流中产生的，其会对轨道交通回流设备以外的金属设备和管线造成不良影响和危害，特别是道床钢筋、结构钢筋、走行钢轨、金属管线及其他金属结构会产生电流腐蚀作用，降低设备使用寿命。

在城市轨道交通直流供电系统中，杂散电流腐蚀防护的原则为抑制杂散电流产生，并减少杂散电流向轨道交通外部扩散。杂散防护系统体现防护、排流、监测三个方面。在排流方面，钢轨作为必经的导流物，其与回流电缆间的连接方式直接影响回流电路的阻抗。

低温钎焊施工技术良好的高导通、低电阻性能，解决了地铁杂散电流防护系统均回流电缆部分与钢轨的连接电阻大的问题。

2. 实施过程

（1）钢轨汇流线排选择：线排基本型号有250mm、320mm、350mm三种，其型号、尺寸与接线、选用的对应关系见表4-3。

（2）定位：在钢轨上确定安装位置，并做好标记（图4-8）。

钢轨汇流线排型号、尺寸与接线、选用的对应关系表　　表 4-3

线排型号	长度（mm）	孔数	孔径（mm）	可接线根数	防护方式	单根导线截面积（mm^2）
250	250	3、4	16.5	6、8	双胀钉紧固	95、120、185、240
320	320	5	16.5	10		
350	350	6	16.5	12		

图 4-8　定位

（3）打磨：将需要焊接的钢轨部位打磨去氧化层，露出材料本体（图 4-9）。

图 4-9　打磨

（4）定位夹具：根据焊接线排长度，确定焊接夹具侧板位置并紧固（图 4-10）。

（5）清理线排：去除线排上的预搪焊锡表面的氧化层（图 4-11）。

（6）安装密封条：根据汇流线排密封槽长度，裁剪比其长 20mm 的导电密封条，压入密封槽中，并用手锤轻轻敲击平整，使其紧贴密封槽。密封槽两端各预留 10mm 密封条（图 4-12）。

（7）涂覆助焊剂：根据汇流线排长度，用排刷为线排焊接面及钢轨焊接面均匀涂覆助焊剂（图 4-13）。

图 4-10 定位夹具

图 4-11 清理线排

图 4-12 安装密封条

(8) 安装线排：线排放置于夹具侧板中，由两块侧板底部托板支撑，将顶板装上推进丝杆放置于两夹具侧板沟槽内，用推进丝杆推进铝压板，通过铝压板压紧线排，使线排与钢轨贴合。并检查线排焊接中心是否在钢轨中和轴上（图 4-14）。

(9) 安装焊枪：从钎焊仪出气端接出气管，并与焊枪连接。在固定丝杆上

图 4-13　涂覆助焊剂

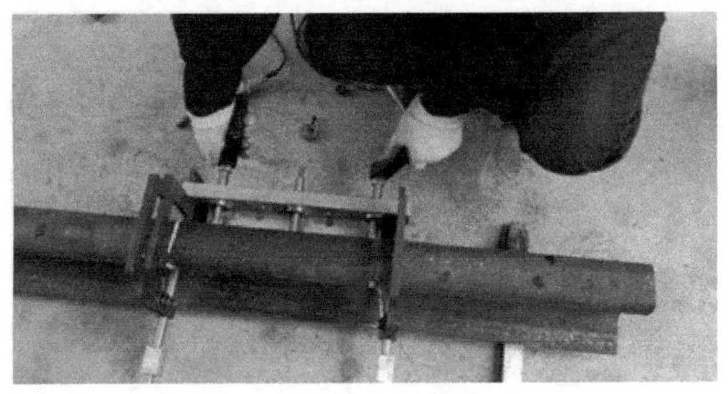

图 4-14　安装线排

安装焊枪固定头，焊枪固定于固定头上，保持焊枪距离钢轨 50mm，拧紧固定（图 4-15）。

图 4-15　安装焊枪

（10）加热：在确认连接无误后，点火加热，加热时保证火焰正对着中和轴，并均匀加热钢轨及线排，线排搪焊受热熔化，钎焊温度不大于 400℃（图 4-16）。

图 4-16　加热

（11）补锡：根据焊接情况，适当补充焊锡，使线排焊接区域焊液饱满（图 4-17）。

图 4-17　补锡

（12）压紧：当加热的线排顶部有熔化流动的钎料时，收紧推进丝杆，使线排焊接区域多余的焊液、杂质及空气排出（图 4-18）。

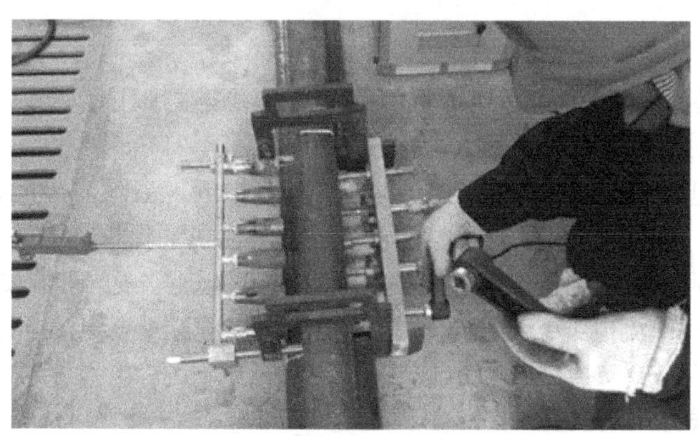

图 4-18　压紧

（13）拆卸焊枪及夹具：关闭焊枪，自然冷却，温度降到 40℃时，即可拆卸焊枪及夹具。拆卸步骤与安装相反，先拆卸焊枪，后拆卸夹具（图 4-19）。

图 4-19　拆卸焊枪及夹具

（14）钻孔：使用钢轨专用电钻进行钢轨钻孔，钻孔直径为 ϕ19mm。钻孔后钢轨侧研磨倒角，倒角应满足 1～2mm×45°要求（图 4-20）。

图 4-20　钻孔

（15）安装胀钉：将胀钉从钢轨侧穿入，在线排侧张拉，拉紧后安装胀钉防松螺母，防松螺母旋紧力矩为 100N·m/M16（图 4-21）。

（16）清理防腐：清理、清洗线排周围多余焊剂，去除露出的密封条，擦干净焊缝周围，并涂防锈油漆封闭。钢轨加热部分涂机油保护（图 4-22）。

（17）电阻测量：测量的单点接触电阻为 30$\mu\Omega$ 以下，符合验收要求（图 4-23）。

（18）连接回流电缆：使用防松螺栓将回流电缆端头栓接在回流线排上，旋紧力矩为 80N·m/M14（图 4-24）。

3. 汇流线排安装位置

汇流线排安装于钢轨腹部，如图 4-25 所示。

图 4-21　安装胀钉

图 4-22　清理防腐

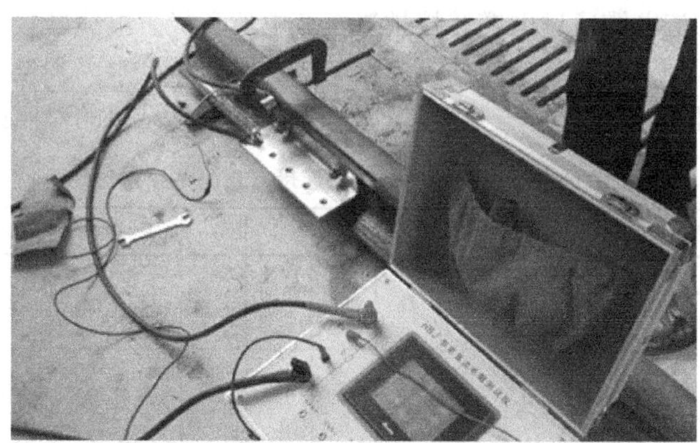

图 4-23　电阻测量

图 4-24　连接回流电缆

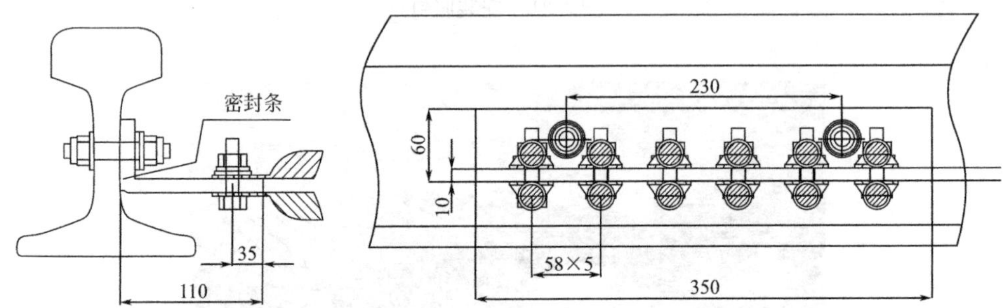

图 4-25　汇流线排安装示意图（单位：mm）

4.2.2　技术指标

1. 低温钎焊技术

低温钎焊技术，将电缆转接排与钢轨高效连接，有效降低了连接电阻（≤30μΩ），回流电缆通过电缆转接排连至变电所负极。电缆转接排与钢轨间先进行低温焊接后，再用胀钉进行栓接固定，增加了连接牢固程度（抗拉强度约60～90kN）。低温钎焊与传统双塞钉钢轨连接方式测试结果的对比见表 4-4。

低温钎焊与传统双塞钉钢轨连接方式测试结果对比　　表 4-4

钢轨连接取样测试	1	2	3	4	5	6	7	8	9	10	平均电阻(μΩ)
低温钎焊连接方式实测电阻(μΩ)	11	14	15	18	11	12	11	18	11	12	13.3
传统双塞钉连接方式实测电阻(μΩ)	450	390	500	400	550	600	430	380	520	410	463

2. 低温钎焊技术有关标准

《铁路应用 机车车辆电气设备 第 1 部分：一般使用条件和通用规则》GB/T

21413.1—2008；

《电工电子产品环境试验 第2部分：试验方法 试验Ka：盐雾》GB/T 2423.17—2008。

4.2.3　适用范围

适用于供电、信号专业，需将电缆（导线）与钢轨间低电阻连接的新建工程、改造工程。

4.2.4　应用工程

上海地铁12、17、18号线；苏州地铁1、2号线；南京地铁3、10号线等。

4.3　电缆静态检测技术

4.3.1　技术内容

城市轨道交通电力电缆关乎车辆运行安全，对导体质量要求高，电缆受外护套及铠装影响，视觉和普通检查无法判定线缆内部结构。电缆检测技术主要针对电缆使用再生或杂质含量较高的橡胶或塑料，使用劣质铜、再生铜，对电缆芯线“缩水瘦身”减少电缆的导体截面，合金电缆的导体比例不达标或者密度不均，电缆长度“跳米”等质量的检测，检测方法简单、快捷，为所使用材料提供第一手真实数据。本技术利用图像分析实现对电缆端面有效截面积的准确测量，应用精密电阻测试模块测量导体直流电阻，结合标称的长度计算单位长度电阻。通过长导体的阻值与截取的导体的阻值比较计算出导体的实际长度，能够准确判定电缆导体的长度合规性。

1. 技术特点

本技术基于电缆导体综合测试仪（图4-26），采用精密测量仪器、自动判定和可视化读取的方法，具备以下特点：

(1) 通过利用成像法测量导体截面积的方法，完成电缆导体截面积的精准测量；

(2) 通过模块化设置，准确测定不同规格型号电缆导体的电阻、电流，完成单位长度电缆导体电流、电阻准确测量；

(3) 利用可视化自动判定系统，完成电缆参数的自动存储、计算，判定电缆导体的合规性；

(4) 通过数字化精准测量，提升电缆导体合规性检测效率。采用无损检测，

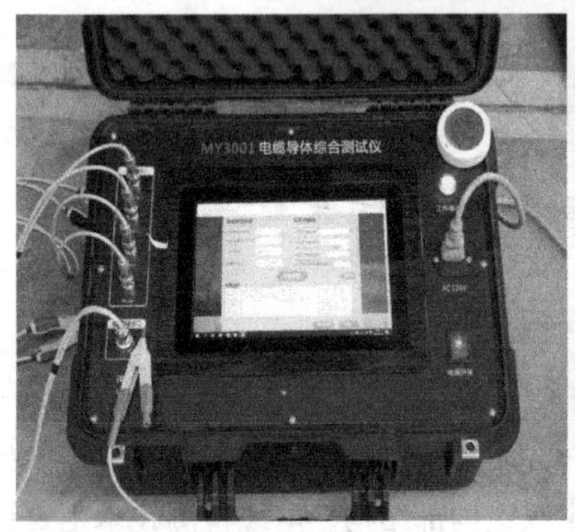

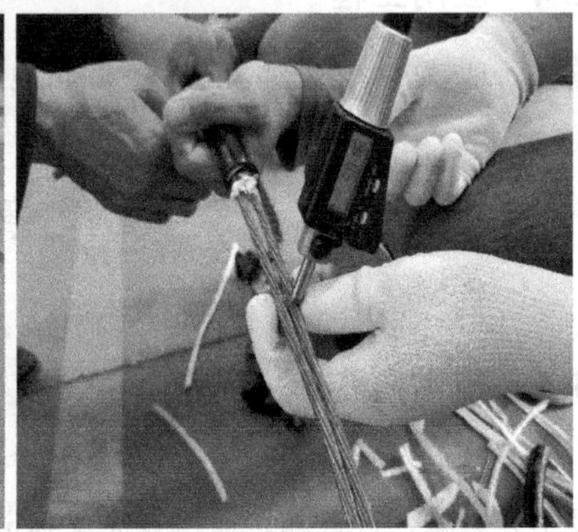

图 4-26 电缆导体综合测试仪应用示意图

降低电缆损耗，提升工程品质。

2. 技术原理

1）电缆导体综合检测技术

针对电缆使用劣质铜、再生铜；对电缆芯线“缩水瘦身”造成“两头粗、中间细”和橡胶层厚、线芯细等，减少了电缆的导体截面；合金电缆的导体比例不达标或者密度不均；电缆长度“跳米”，小于其铭牌长度等问题，提出精确测量电缆物理参数的方法，判定电缆合规性。

2）电缆数据自动判别技术

以成像法测量导体截面积为原理，研究导体截面积精确测量技术，将有效截面积准确度提升至3%；利用恒定电流测量导体电阻、电流，开展单位长度电缆导体电流、电阻精确测量，判定电缆实际长度是否合规；电缆参数测量数据自动存储，可视化判定系统。电缆导体合规性判定系统能够实现精确测量、准确判定电缆合规性，确保了电缆品质，有效保证了项目工程质量。

3. 施工工艺流程及操作要点

1）施工工艺流程

电缆静态检测施工工艺流程如图 4-27 所示。

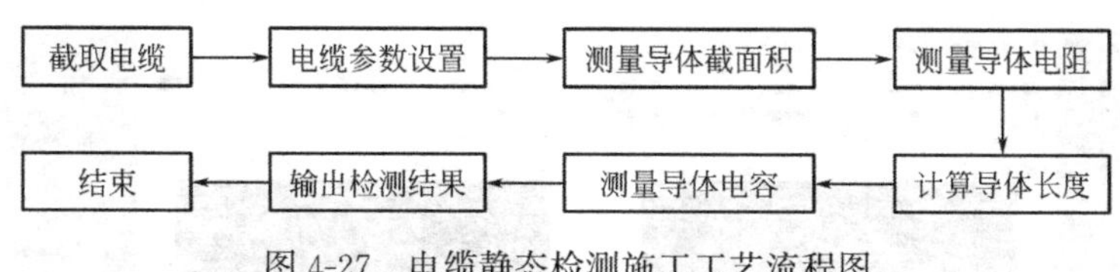

图 4-27　电缆静态检测施工工艺流程图

2）操作要点

（1）截取电缆

选取需要测量的电缆，使用专用切割机截取长度 100mm 的电缆。切割过程中，要保证切割面与电缆轴线垂直，且截面光亮、平整，并使用毛刷去除掉明显的铜屑。

将截取的电缆固定在专用成像夹具上。切割面朝内，并紧贴定位板，以保证要拍照的截面在固定位置。将连接成像夹具的数据线连接至电缆导体综合测试仪主机，就可进行测量和计算。

（2）电缆参数设置

设置测量电缆类型，选择标称截面积、电缆电压等级，获得电缆标称截面积、电阻、电容边界修正参数等数据。

（3）测量导体截面积

根据测量要求，使用铝切割机截取一定长度的电缆导体，保证截面与电缆轴垂直，切割面表面应光洁，无明显贯穿性的划痕。切割有金属铠装的电缆，注意将铠装去除后切割，以避免导致锯片损耗过快。将电缆固定在专用的成像夹具上拍照时，可以旋转夹具可旋动部分，使整个测量部分全部清晰成像，测得导体实际截面积，比较导体实际面积和标称截面积，判定电缆是否满足设计及规范标准要求（图 4-28）。

（4）测量导体电阻

根据实测电阻值判断电缆电阻的合规性。取一定长度的电缆，完成测试样缆两端头的制作。将测量导体芯线剥出，保证表面无裂纹和污迹，用测试夹稳定夹持。剥出的绞合导体电缆需要紧固，可采用铜丝将芯线扎紧，测试夹夹在导体芯线上，准确测量导体电阻（图 4-29）。

利用电缆的标称长度和实际测量导体的单位长度电阻率，计算出标称长度下的电阻和实际测量的电阻，并进行比较。

（5）测量导体长度

根据实测截面积和实测电阻值判断电缆长度的合规性。根据电缆类型，选择导体材料、导体类型、导体的标称截面积，输入测试温度、长导体实测电阻、截取电缆的长度、截取电缆的电阻，计算出该长导体实际测量长度与导体标称长度，并进行比较，判断电缆的合规性。

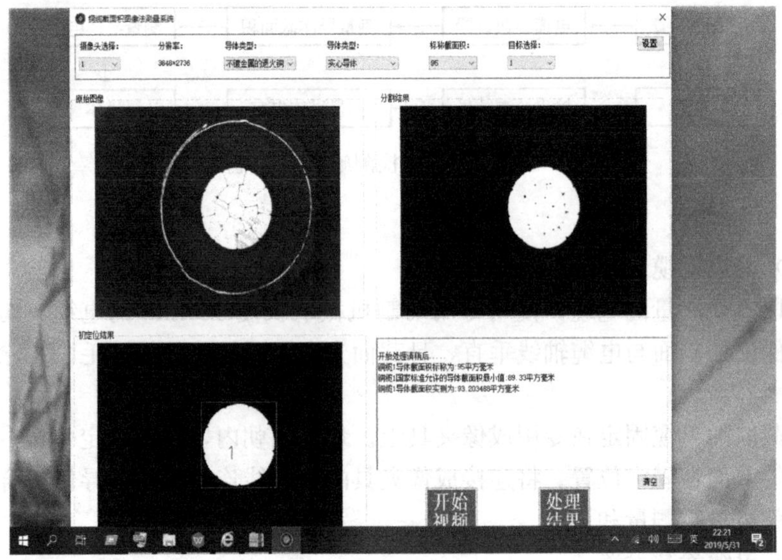

图 4-28　截面积测量模块

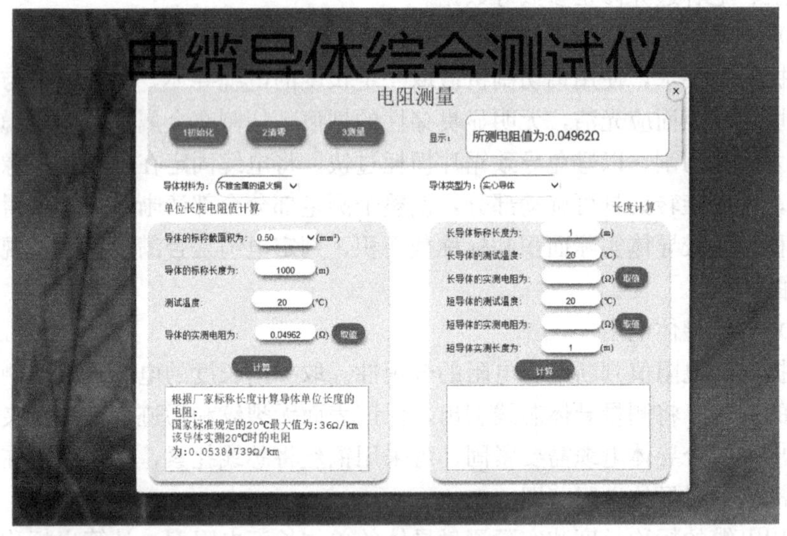

图 4-29　电阻测量模块

（6）测量导体电容

实测截取部分电缆的电容和剩余电缆的电容，进行电缆长度合规性判定。对于高压电缆，采用电阻法判定电缆长度，电缆导体测试仪清零后，将黑色测试夹夹在导体上，红色夹夹在屏蔽层上，测量截取部分电缆的电容和剩余电缆的电容，计算出电缆的测量长度和标称长度，并进行比较，判断电缆的合规性（图 4-30）。

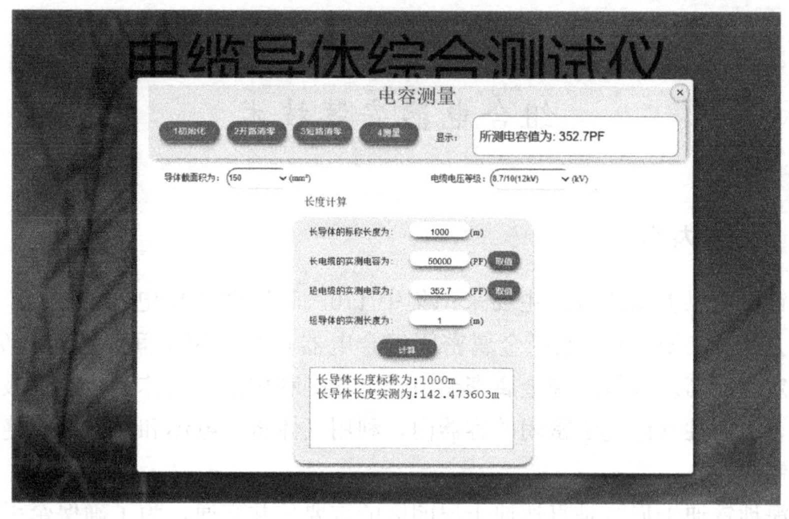

图 4-30　电容计算模块

（7）输出检测结果

电阻、电容测量完毕后，点击计算。各项参数测量完毕后，点击“×”，退出相应模块，回到主界面，并对最近测试和输入的值进行存储。通过比较电缆电阻、电缆长度、电缆电容，直观判定出电缆的合规性。

（8）结束

大截面电缆敷设结束后，电缆输送机、电缆滑车需要拆除，桥架内杂物应清除干净；电缆敷设结束后，电缆输送机油漆脱落的金属部位应及时刷漆做防腐处理；检查机械旋转轴润滑脂情况，需要添加或更换的，应及时添加或更换，不同型号的润滑脂不能混合使用；电缆输送机存放时应做好防雨、防晒防护。

4.3.2　技术指标

《建筑电气工程施工质量验收规范》GB 50303—2015；

《电缆的导体》GB/T 3956—2008；

《电缆和光缆绝缘和护套材料通用试验方法》GB/T 2951—2008 系列标准；

《阻燃和耐火电线电缆或光缆通则》GB/T 19666—2019。

4.3.3　适用范围

适用于地铁电缆质量检查。

4.3.4　应用工程

新建武汉至十堰铁路孝感至十堰段站后“四电”系统集成及相关工程。

4.4 地铁供电系统35kV气体绝缘金属密闭组合电器安装技术

4.4.1 技术内容

地铁牵引供电系统目前主要采用集中110/35kV两级供电，由35kV组成环网供电方式。35kV气体绝缘金属密闭组合电器自身占用空间小、运行免维护、安全稳定性能高。气体绝缘金属密闭组合电器是利用惰性气体的绝缘等级高于常规空气，将惰性气体充于密闭的容器内，利用气体将带电体和设备外壳绝缘分割的原理制成。

上海地铁迪士尼线是直达迪士尼园区的重要公共交通，为了确保牵引供电系统的稳定运行，35kV环网系统由西门子提供的35kV气体绝缘金属密闭组合电器组成环网电源系统，给列车提供动力电源和车站各设备的动力照明电源。

本公司通过对上海地铁迪士尼线的牵引供电系统施工中35kV气体绝缘密闭组合电器安装技术进行分析研究，总结出35kV气体绝缘金属密闭组合电器安装技术要点，通过控制施工过程中对绝缘气体纯度、含水（灰尘）量及设备密封性的影响因素，解决了因施工影响产生的惰性绝缘气体纯度低、含水（灰尘）量高及设备密封性问题，实现了35kV气体绝缘密闭组合电器试验通过率100%，提高了工作效率、减少了材料消耗、缩短了施工周期、降低了工程成本，为今后在地铁牵引供电系统中35kV气体绝缘密闭组合电器安装施工提供了指导。

1. 技术特点

(1) 通过施工组织设计，将地铁牵引供电系统“35kV气体绝缘金属密闭组合电器安装”施工规范化、标准化，提高了施工效率，缩短了施工周期，降低了工程成本。

(2) 通过控制施工过程中对绝缘气体纯度、含水（灰尘）量及设备密封性的影响因素，解决了因施工影响产生的惰性绝缘气体纯度低、含水（灰尘）量高及设备密封性问题，从而设备整体试验通过率达到100%。

2. 工艺原理

惰性气体绝缘金属密闭组合电器是利用惰性气体的绝缘等级高于常规空气，将惰性气体充于密闭的容器内，利用气体将带电体和设备外壳绝缘分割，一次性安装完成，投运后可长期免维护安全稳定运行。

由于利用惰性气体进行绝缘，惰性气体的纯度、含水量以及设备安装时外界环境情况都是影响设备安全投运和后期稳定运行的因素，同时气体绝缘金属密闭组合电器一次安装完成后长期免维护，设备基础预埋平整情况对气室的气密程度影响很大，关系到设备能否长久稳定运行，通过对上述影响因素进行控制，同时与各项试验检测共同配合，将整体设备试验通过率提高到100%。

3. 施工工艺流程及操作要点

1）施工工艺流程

35kV气体绝缘金属密闭组合电器安装施工工艺流程如图4-31所示。

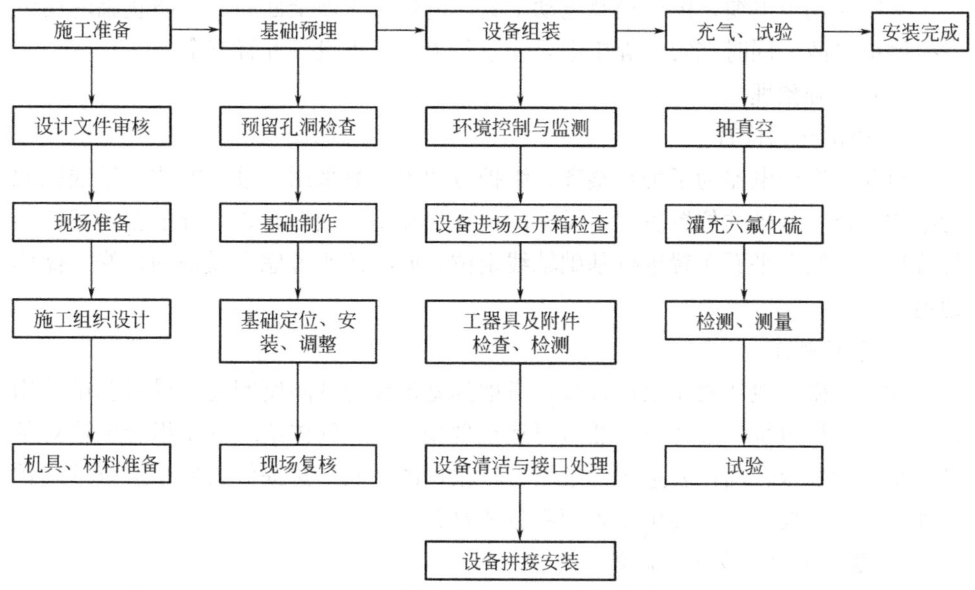

图4-31　35kV气体绝缘金属密闭组合电器安装施工工艺流程图

2）操作要点

（1）施工准备

① 设计文件审核

设计文件是施工依据的重要组成部分，设计文件审核是施工中重要的一步，全面熟悉并核对设计文件，充分了解设计原则框架和设计意图，掌握施工内容和所以依据的现行标准规范。

② 现场准备

在施工前必须比照设计图纸对施工现场进行实际确认，结合设计文件，对现场空间位置进行核对，确保设备安装后的安全距离符合设计及规范要求。同时对现场临时用水、用电及工器具材料堆放进行规划。

③ 施工组织设计

根据变电所基础预埋件安装通用图、设备基础预埋件布置及安装图、变电所设备安装通用图、设备安装图及规范要求编制施工组织计划，在编制过程中要合理布置每个工序的先后顺序及时间安排，对所有参加放线的施工人员进行施工安全和技术交底，让所有参加施工的作业人员清楚自己的工作内容。

④ 机具、材料准备

严格按照施工组织设计中对机具及材料的要求进行准备，满足工程施工需求，机具、材料运抵施工现场时进行全面的检查，确保机具的机械性能、电气性能及材料的质量符合使用需求及设计要求。

对临时用电电缆、配电箱及电动工具、电焊机等做全面检测，防止临时用电发生触电事故，同时在实施焊接中要注意防火，灭火设备配置齐全。

（2）基础预埋

① 预留孔洞检查

目前，组合电器为了美观整齐、维护方便等多数采用下进线方式，进线孔洞为结构预留，基础的位置决定了设备的位置，在基础预埋时要充分根据预留孔的位置尺寸，结合平面布置进行基础轴线定位，同时还要考虑到设备的检修、操作通道。

② 基础制作

设备基础一般使用年限比较久，考虑到基础预埋件防腐问题，设备基础采用先整体预制后再统一镀锌防腐然后再运至现场安装。气体绝缘密闭组合电器对基础的平整度要求较高，要选用标准型材，根据图纸及厂家提供的尺寸进行基础预制加工，焊缝要饱满，高出基础面部分要打磨。

③ 基础定位、安装、调整

基础定位是根据土建结构单位移交的水平基准线和装修单位的装修完成面确定基础安装的高度，一般基础面比装修完成面高1～2mm为最佳，这样可以保证所有设备的重量完全作用在基础上；根据图纸同时参考预留孔洞位置、高低压电缆引入及设备检修操作通道的便利进行轴线定位。定位完成后用水准仪进行水平面调整，保证1mm/m、2mm/m整体的水平度误差。

④ 现场复核

现阶段基础一般采用预埋基础，基础制作安装完成后浇筑垫层进行装修面层施工，为了避免返工，在装修层浇筑前对现场孔洞位置、轴向定位、水平度、设备检修操作通道等进行复核。

（3）设备组装

① 环境控制与检测

施工现场环境较为复杂时在设备进场前要对组合电器室进行清扫，在设备进场后要对场地进行封闭，避免交叉施工。在设备进行组装时，最佳环境温度为20℃、空气中不能有明显扬尘、湿度不宜过高。

② 设备进场及开箱检查

设备进场前首先是确定运输路线及运输车型选择，根据现场场地及道路情况选择，地面车站一般采用叉车直接将设备运输至设备房然后用液压车转运即可；高架站采用吊车或电动葫芦吊装后用液压车转运；地下站则采用轨道车转运或风口吊装后转运。吊装时应按设备规定的悬挂点位置进行吊装（图 4-32）。

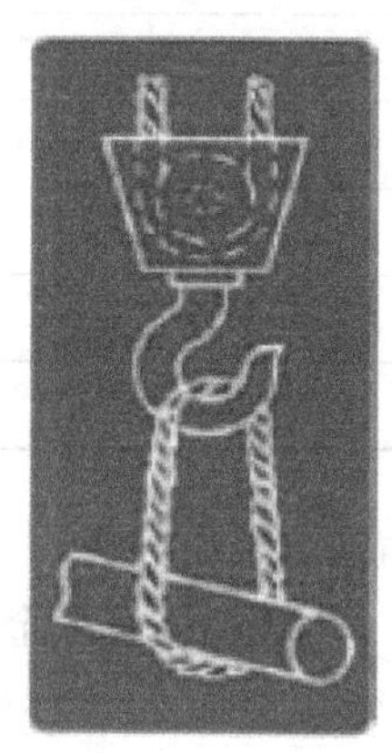

图 4-32　设备现场安装图

设备进场后根据到货清单清点设备及附件的数量、型号、规格，同时还要进行开箱检查。除了常规的检查外，对于 35kV 气体绝缘金属密闭组合电器还要注意部分气室在出厂时已完成充气的，还要检查气压表是否正常（图 4-33）。

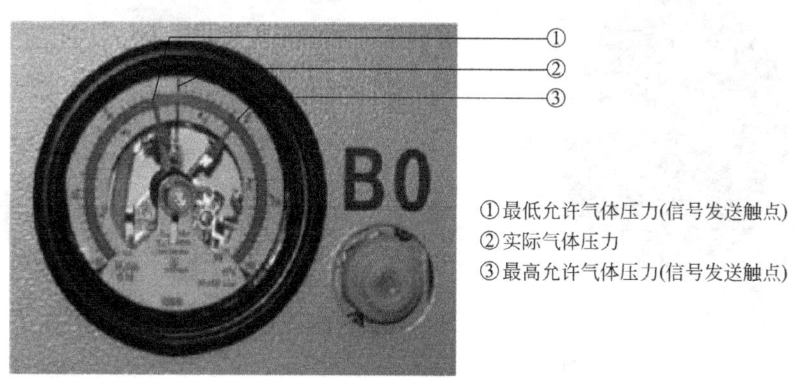

图 4-33　气体绝缘金属密闭组合电器气压表

③ 工器具及附件检查、检测

在施工过程中对成本和工期影响较大的因素之一就是返工，为了避免返工，在随车附件及专用工器具到达现场后要进行检测。在 35kV 气体绝缘金属密闭组合电器的附件中，六氟化硫为必检项目。六氟化硫技术条件应满足表 4-5 的要求。

六氟化硫技术条件表 **表 4-5**

名称	指标
空气(N_2+O_2)	≤0.05%
四氟化碳	≤0.05%
水分	≤8ppm
酸度(以 HF 计)	≤0.3ppm
可水解氟化物(以 HF 计)	≤1.0ppm
矿物油	≤10ppm
纯度	≥99.8%
生物毒性试验	无毒

④ 设备清洁与接口处理

本工程中 35kV 气体绝缘金属密闭组合电器气室的连接方式采用法兰连接，法兰之间加装密封胶及密封圈（图 4-34），设备在运输过程中气室处于密闭状态，一般气室内不会被污染。在设备落到基础上未固定之前将临时密封盖打开，检查气室内的清洁度，重点检查绝缘子（图 4-35），确认无误后采用工业无水酒精清洁法兰口，然后涂上准用密封胶加上密封圈，全过程要关注环境情况。

图 4-34　密封圈示意图

图 4-35　绝缘子示意图

⑤ 设备拼接安装

a. 设备平移

在设备清洁和接口处理完成后，设备尽量避免大规模晃动和移动，以免引起扬尘，影响设备整体安装质量。施工现场采用紧线器将设备缓缓平移拼接（图 4-36）。

图4-36 设备平移示意图

b. 气室连接

设备移至连接位置后根据表4-6的规定进行微调，符合要求后进行气室螺栓连接，螺栓紧固严格按照安装说明的力矩要求进行紧固。

盘柜安装允许偏差表 **表4-6**

序号	项目		允许偏差(mm)
1	垂直度		<1.5
2	水平度	相邻两盘、柜顶板	<2
3		成列盘、柜顶部	<5
4		相邻两盘、柜面	<1
5		成列盘、柜面	<5
6	盘、柜间接缝		<2

c. 母线连接

气室连接完成后，通过气室上方预留孔对母线进行连接，母线连接螺栓紧固力矩应符合设计要求。

d. 气室吸附

待气室内部所有工序完成后，最后的工序就是对气室内的空气进行吸附、除尘和干燥，附件所配的吸附包打开后不宜在空气中暴露时间过长，应立即放入气室内。在本工程中三相气室是相对独立的，每相气室都要放置吸附包，气室放置吸附包后应保持密闭。根据吸附包上的水分指示剂颜色（蓝色为失效）判断是否需要继续吸附。吸附完成后将盖板紧固、气室密闭，拼装完成。

（4）充气、试验

① 抽真空

a. 卸下完全密封母线单元的维护阀的固定帽；

b. 将真空泵与母线单元的维护阀相连；

c. 开启真空泵将气室内抽到小于 2kPa 的压力，压力计指示为－100kPa，本工程单相气室抽真空时间为 30～40min；

d. 卸下真空泵管，维护阀将自动关闭。

② 灌充六氟化硫

a. 将检查合格的六氟化硫气体运送至现场；

b. 将六氟化硫气体钢瓶连接到已抽真空的母线单元的维护阀门；

c. 将六氟化硫气体灌充到母线单元中，直到达到所需压力，在母线单元和钢瓶的压力指示器上检查灌冲压力；

d. 从维护阀门上卸下气体钢瓶连接管；

e. 在母线单元压力指示器上标注压力指针位置，并记录当前压力。

③ 检查、测量

a. 组合电器安装应牢靠，外表应清洁完整，动作性能符合产品的技术规定；电器连接应可靠，且接触良好；组合电器及其传动机构的联动应正常，无卡阻现象；分、合闸指示正确；辅助开关及电气闭锁应动作正确可靠；支架及接地引线应无锈蚀和损伤，接地应良好；密度继电器的报警、闭锁定值应符合规定。

六氟化硫气体漏气率和含水量应符合规定。在 35kV 气体绝缘金属密闭组合电器经真空检漏并静止六氟化硫气体 5h 后，用塑料薄膜在法兰接口等处包扎，再过 24h 后进行检测，如果有一处薄膜内六氟化硫气体的浓度大于 30ppm，则该气室漏气率不合格。如果所有包扎薄膜内六氟化硫气体的浓度均小于 30ppm，则认为该气室漏气率合格。检测六氟化硫气体中水分含量时，断路器气室水分含量不大于 150ppm，其他气室不大于 250ppm。

b. 检查断路器、隔离开关及接地开关分、合闸指示器的指示是否正确；面板上各种信号指示、控制开关的位置是否正确；检查所有接地是否可靠。

c. 检漏：长期观察，通过记录比较每相气室单元不同时间内的气压值，判断每相气室单元密闭性是否完好。

d. 绝缘电阻测量：

测试一次、二次回路绝缘电阻，应符合以下要求：

a）一次回路测量选用 2500V 兆欧表，绝缘电阻应符合产品的技术文件规定；

b）二次回路测量选用 500V 兆欧表，绝缘电阻不小于 1MΩ，比较潮湿的地方不小于 0.5MΩ。

④ 试验

a. 试验准备

气体绝缘密闭组合电器装好充入六氟化硫气体至额定气压（20℃，kPa），电压互感器主回路与 GIS 断开，避雷器断开，电流互感器次级线圈短接并接地，应接地的地方或不试验的极均可靠接地，被试验母线的接地开关分闸。

b. 试验电压

施加出厂试验工频电压 80%到每极导体与外壳之间，历时 1min。

c. 试验步骤及判断

分段耐压，如无闪络、击穿则认为合格。如出现放电现象，则应当停止试验，故障处理后允许重试一次。

4.4.2　技术指标

《电气装置安装工程 接地装置施工及验收规范》GB 50169—2016；

《电气装置安装工程 电气设备交接试验标准》GB 50150—2016；

《电气装置安装工程 盘、柜及二次回路接线施工及验收规范》GB 50171—2012；

《电气装置安装工程 高压电器施工及验收规范》GB 50147—2010。

4.4.3　适用范围

适用于城市轨道交通领域安装 35kV 气体绝缘金属密闭组合电器的供配电工程。

4.4.4　应用工程

上海轨道交通 11 号线（罗山路至迪士尼乐园）施工总承包项目。

4.5　地铁区间环网电缆自动化敷设装备技术及敷设方法

4.5.1　技术内容

国内传统的城市轨道交通工程电缆敷设均为人工操作，没有专业的施工设备，不仅施工速度慢、人员投入量大，且耗时费力和浪费资源。本技术最大程度实现电缆敷设施工中的机械化，减少施工人员投入，降低施工人员工作强度；施工操作方便，施工工艺简单、易掌握，生产效率高，可加快施工进度、缩短施工工期，有较好的适用性；采用机械化电缆敷设，电缆敷设施工中能够准确掌握电缆的弯曲半径，能够较好地控制电缆的敷设平整度，减少因拖拽电缆造成的电缆擦伤，确保工程质量；由于采用标准化机械设备，摒弃了传统的自制人工放缆平板车，能够有效地降低施工风险，为安全生产创造有利条件。

实施过程如下：

（1）电缆盘安装

① 首先将电缆放线架上的电缆固定轴从电缆放线架上拆除，将电缆固定轴穿入需敷设的电缆轴盘中心。

② 同时操作 4 台支承手动液压泵站，将电缆升降平台抬升至站台同高，抬升完成后需观察 4 根支承油缸是否同高，保证电缆升降平台水平。

③ 在站台与电缆升降平台接缝处用平台拼接板搭接，然后人工推动电缆盘，将电缆盘从站台上推送至电缆升降平台处，并做临时固定。

④ 同时操作 4 台支承手动液压泵站，将电缆升降平台及电缆缓缓抬升，抬升至电缆固定轴高于电缆放线架两侧的立式支架。

⑤ 操作司机点动电缆放线架电动机，调整电缆放线架电动机接口垂直，人工调整电缆固定轴接口垂直并保证在电缆放线架电动机接口正上方，为便于观察接口连接状况且保证安全作业，抬升高度应大于 20mm、小于 50mm，高度到达后，支承手动液压泵站缓缓解压降低电缆升降平台高度，使电缆固定轴接口与电缆放线架电动机接口重合，插入连接销钉并锁紧，然后将电缆升降平台降至最低位。

⑥ 将电缆固定轴两侧的活动塞钉塞入电缆轴盘中孔，压紧一侧一字形螺帽，调整电缆固定轴圆盘侧 4 组固定抓手，保证电缆轴盘与固定轴连接紧密。

（2）电缆穿引

① 拆除电缆轴盘外包装，拆除电缆头端部固定螺栓。

② 操作司机点动电缆放线架电动机，使电缆轴盘顺时针转动，将电缆端头越过电缆导向滚轮至电缆牵引输送履带前。

③ 调节电缆牵引输送履带卡槽的宽度，使卡槽宽度大于所展放的电缆直径宽度 10～25mm，便于电缆穿引。

④ 将电缆端头穿入电缆牵引输送履带卡槽后，调整履带卡槽宽度夹紧电缆，操作司机点动电缆放线架电动机，将电缆传入电缆导向系统。

⑤ 根据电缆需敷设位置调整电缆导向系统长度，使电缆一次能够展放到电缆支架合适位置。

⑥ 单车电缆穿引完毕后，按照上述操作流程，将 3 台放缆车依次安装电缆，三车联机作业时，可同时放三盘电缆。

（3）电缆敷设

① 根据电缆敷设走向选取车辆行走方向，动力车操作人员推动模拟量按钮开关，使车辆行驶，操作转向按钮的力度大小可以控制转向的速度，放缆时车速应保持在 1～2.8km/h。

② 动力车操作人员主要负责车辆行驶及观察电缆导向系统出线口线缆的

尺度。

③ 从动车司机密切观察从动车电缆敷设线缆的尺度，在车组启动、加速、减速时可通过手动微调的功能，实现各自速度的微调加减。从而保证放线的牵引速度和小车的行走速度一致，达到同步放线的目的。

④ 电缆经过区间联络通道时，将车组最后 1 列车尾部越过联络通道 10m 左右停车，各车操作司机启动点动放线模式，电缆整理人员人工将电缆跨越联络通道摆放，联络通道摆放完毕后，车组继续运行敷设电缆。

⑤ 电缆穿越人防门时，作业车组可停至人防门一侧，选取距离人防门较近一侧电缆头，各车操作司机启动点动放线模式，将电缆集中敷设至人防门一侧，人工穿越人防门孔洞。

（4）电缆绑扎

① 电缆敷设后应及时整理，应在支架或桥架上排列整齐、工艺统一，无交叉重叠。

② 电缆在支架或桥架上，应码放整齐且绑扎牢固。

③ 35kV 电缆按“品”形进行绑扎，绑扎方式应穿孔绑扎，每组支架绑扎一次，扎带头应朝向隧道壁，外露 5mm。

④ 电缆支架上敷设的 35kV 电缆每隔 8m 用电缆卡子在电缆支架上固定一次。

⑤ 电缆进出支架、桥架及转弯处需用非磁性卡子或金属刚性卡子固定；在电缆支架上敷设的 35kV 电缆每隔 8m 用电缆卡子在电缆支架上固定一次。

⑥ 35kV 环网电缆预留方式采用蛇形预留方式，电缆在站台两端与隧道连接处应采用绝缘胶垫进行可靠防护。

4.5.2　技术指标

《城市轨道交通直流牵引供电系统》GB/T 10411—2005；

《电气装置安装工程 电缆线路施工及验收标准》GB 50168—2018；

《地下铁道工程施工质量验收标准》GB/T 50299—2018；

《城市轨道交通工程安全控制技术规范》GB/T 50839—2013。

4.5.3　适用范围

适用于城市轨道交通（地铁）施工建设期临近轨道侧电缆敷设施工。

4.5.4　应用工程

洛阳地铁 1 号线。

4.6 基于BIM技术的电缆支架预制安装技术

随着中国城市化进程的加快，城市人口的增加给城市交通带来的压力日渐明显，因而与我们传统的地上交通相对应的地下交通——地铁就成为缓解城市交通压力的新渠道。

其中，地铁施工中的隧道电缆支架施工部分成为一个非常重要的环节，传统的施工方法是直接根据图纸订材料，继而进行比较粗糙的安装，它的缺点就在于没有参考实际的施工环境，会造成安装不合适、返工、材料浪费等一系列问题，从而会大大延长施工周期、降低项目效益。但是如果引入BIM模型预制技术，会提前发现施工中存在的问题，能降低施工风险、优化施工方案，并得到一种最佳的施工组织方式，为项目管理层提供科学、合理的决策依据，同时会极大地减少工期，提高效益，也避免了因返工所造成的材料浪费和环境污染，对后期的运维管理提供了不少的方便。

4.6.1 技术内容

地铁隧道形状多式多样，方向四通八达，不同的区域其弯曲半径、各项参数也会随之变化。从结构上分析它包含盾构区间、矩形区间、马蹄形区间三种类型；按区间断面形式可分为矩形、拱形、圆形、椭圆形，矩形断面可分为单跨、双跨及多跨，拱形断面可分为单拱、双拱及多拱，圆形断面可分为单圆、多圆。针对这么复杂的施工环境，若是仅仅依据图纸去订电缆支架，不可避免地会遇到安装不上、不规范、不合适等问题。

在施工的过程中，经现场技术人员多次测量、分析与反馈，我们通过其与BIM技术的相结合，形成了一套BIM模拟预制的技术、方案，在后期的电缆支架的制造与安装过程中，经检验它极大地缩短了电缆支架的加工和订货周期，提高了项目收益。

其主要内容是首先通过BIM绘制三维立体模型，在模型中测量电缆支架底部距离轨中心水平面的高度，确定电缆支架的安装位置，在模型中模拟电缆支架安装，并通过模型确定支架的立柱长度和弯曲度、托臂与立柱之间的角度，从而形成电缆托架加工图。

1. 技术特点

该技术应用了先进的BIM技术，通过BIM模型，快速确定支架安装位置、电缆托架立柱的弯曲度以及支架托臂和立柱之间的角度，从而形成电缆支架加工图，确保电缆支架和隧道壁契合紧密，缩短支架制作工期。

该技术将现场测量与BIM模型相结合，根据现场测量的土建结构关键点的参数进行模型调整，缩小模型尺寸和现场的误差，提高了该工艺在实践应用中的安全性和可靠性，实现了同类施工的模式化，便于后期推广。

2. 工艺原理

该技术应用先进的BIM技术，建立地铁隧道模型，并根据现场测量数据进行模型调整。在调整后的隧道模型中，量取轨中心水平面垂直距离隧道侧壁2.1m的位置，定位电缆支架底部的安装位置，在隧道内壁绘制电缆支架模型。绘制完成后，依次测量、记录模型支架尺寸、托臂和立柱之间的角度，对测量结果进行分类整理，形成电缆支架加工图，交付现场制作。制作完成按照既有工序流程进行支架安装。在支架制作准备阶段，节省了现场测量时间、减少了现场测量人员、缩短了支架制作工期。

3. 施工工艺流程及操作要点

1）施工工艺流程

基于BIM技术的电缆支架预制安装施工工艺流程如图4-37所示。

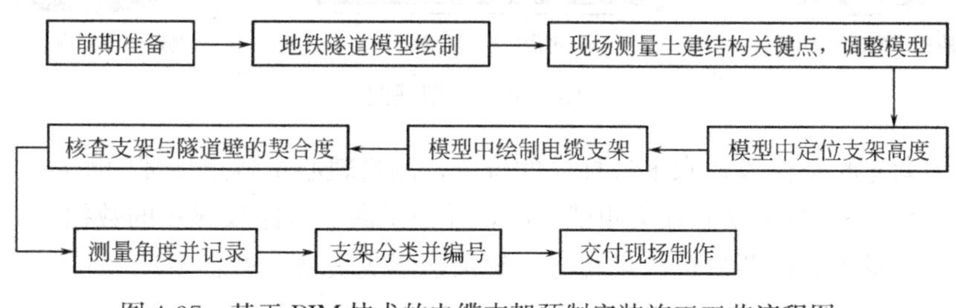

图4-37 基于BIM技术的电缆支架预制安装施工工艺流程图

2）操作要点

（1）前期准备

建模所需设备：硬件：台式电脑（8G内存，64位系统，i7CPU，高速硬盘）；软件：建模软件Autodesk Revit，应用软件Autodesk Navisworks。

按要求配备电脑，安装建模应用软件，并安排人员熟悉使用软件。

（2）地铁隧道模型绘制

小中区间结构由盾构、矩形和马蹄形隧道组成，根据设计院提供的图纸，在软件中输入参数，绘制隧道模型，如图4-38、图4-39所示。

（3）现场测量土建结构关键点，调整模型

用激光测量仪测量钢轨中心距离区间顶部的高度，每10m测量一次并记录，与模型对应点进行比对，调整校准模型，缩小模型尺寸和现场的误差。具体操作步骤如下：

① 水平尺平行放置在轨面上，用记号笔在水平尺上标出轨道中心点。

② 调整水平尺两侧高度，确保水平尺内显示气泡在标尺中间。

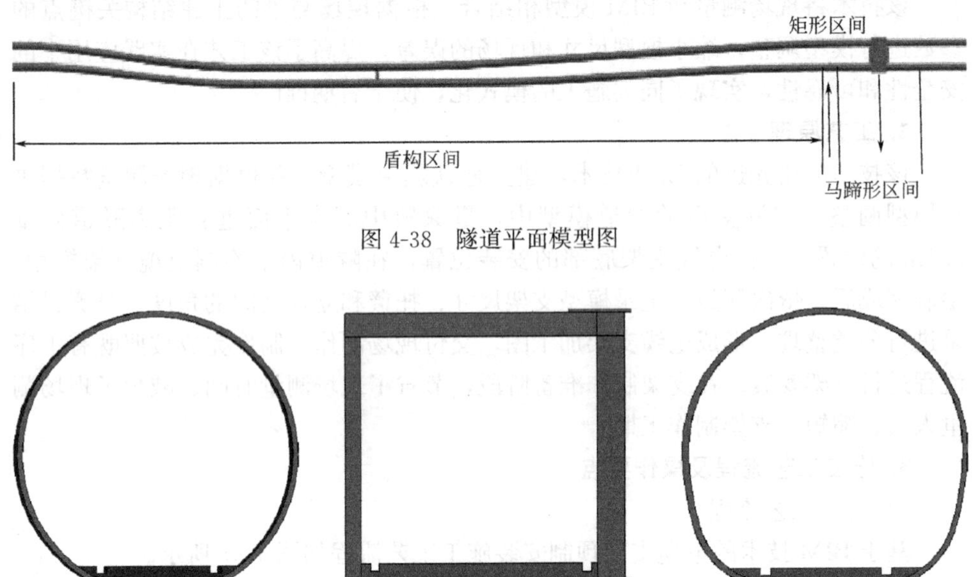

图 4-38 隧道平面模型图

图 4-39 模型截图

③ 激光测距仪放在水平尺标注的位置，测量轨心至隧道顶部的距离。

④ 每 10m 按照以上方法测试一次，并记录激光测距仪显示的数据。

⑤ 测量距离按照隧道内里程标，记录绘制成表格，见表 4-7。

注意：轨心平面至隧道顶部的距离＝水平尺厚度＋测量距离。

⑥ 根据已记录表格中的高差是否为 0 来判定是否需要调整模型。

⑦ 调整隧道模型。

钢轨中心距离区间顶部的高度测量记录表 **表 4-7**

序号	测量点里程	区间类型	设计距离	实际距离	高差	是否需要调整

(4) 模型中定位支架高度

根据“表 4-7 钢轨中心距离区间顶部的高度测量记录表”调整隧道模型后，在模型中，选取轨面，标注线段 AB，测量定位轨面的中心点为 C，然后标注轨面中心点 C 所在的水平面，由中心点 C 做所在水平面的垂线，量取距离轨面中心点 2.1m 的位置，标注为 D 点，由 D 点向隧道壁做 C 点水平面的平行面，与隧道侧壁相交与 E 点（电缆支架安装位置为隧道左线左侧、右线右侧），则 E 点为电缆支架底部所在的位置，如图 4-40 所示。

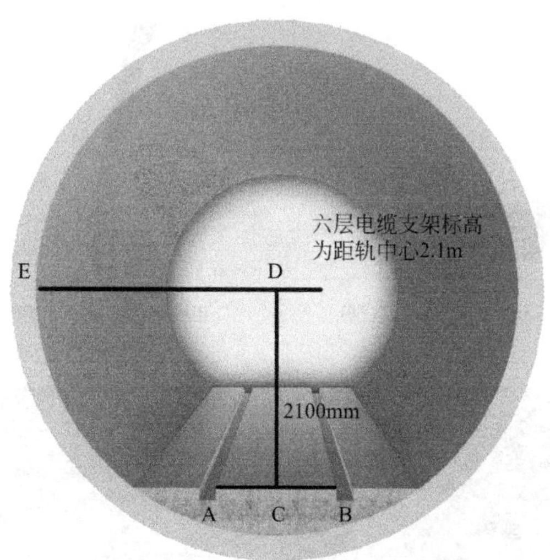

图 4-40　标注电缆支架安装高度

电缆支架安装间距均为 1m 1 个。根据间距要求，在隧道模型的纵向每隔 1m 做一个标记来确定电缆支架安装位置，如图 4-41 所示。

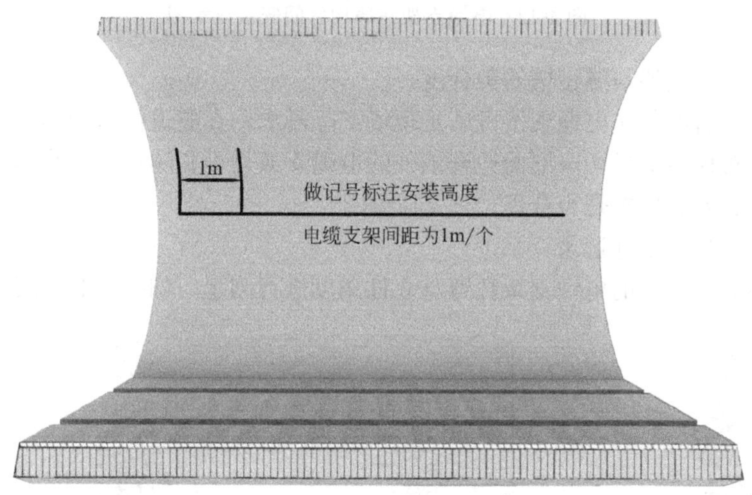

图 4-41　标注电缆支架安装位置

(5) 模型中绘制电缆支架

电缆支架由托臂和立柱两部分组成，托臂和立柱都以族的形式与实际大小 1∶1 建立。并载入到隧道项目中，在模型中的位置及高度如图 4-40、图 4-41 所示。根据隧道的弯曲程度调整立柱的弯曲程度。托臂保持水平，同时在绘制模型的过程中在信息框中标明电缆支架所用材质，如图 4-42 所示。

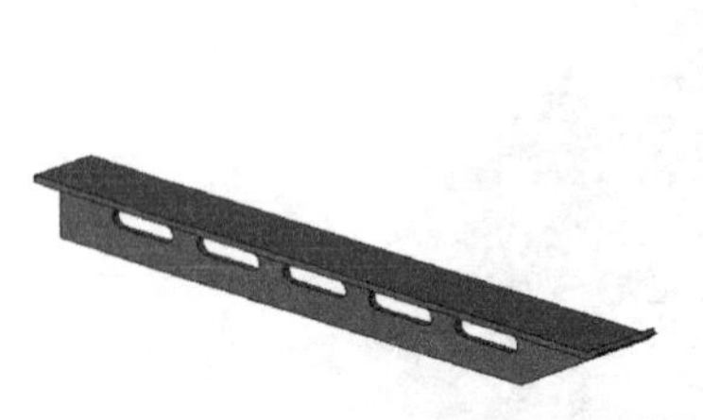
电缆支架托臂(35mm×35mm×3.5mm T型钢)

电缆支架立柱(5号槽钢)

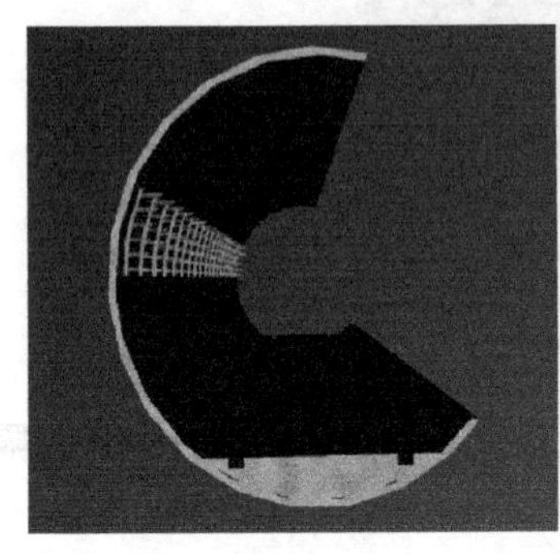
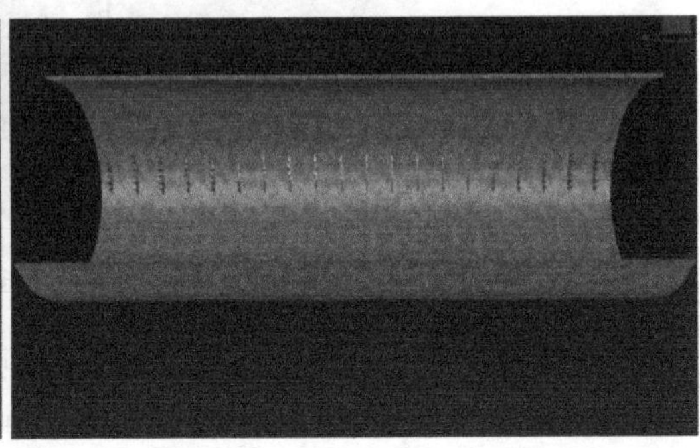

图 4-42　电缆支架在盾构区间安装显示图

(6) 检查支架与隧道壁的契合度

为保证后期制作电缆支架可满足现场实际需求，在隧道模型中布置完成电缆支架后，对模型随机切取剖面检查该处的电缆支架是否和隧道壁契合紧密、托臂是否水平、安装位置是否合理。

(7) 测量角度并记录

对不同结构面的电缆支架托臂与立柱角度进行测量，如图 4-43 所示。

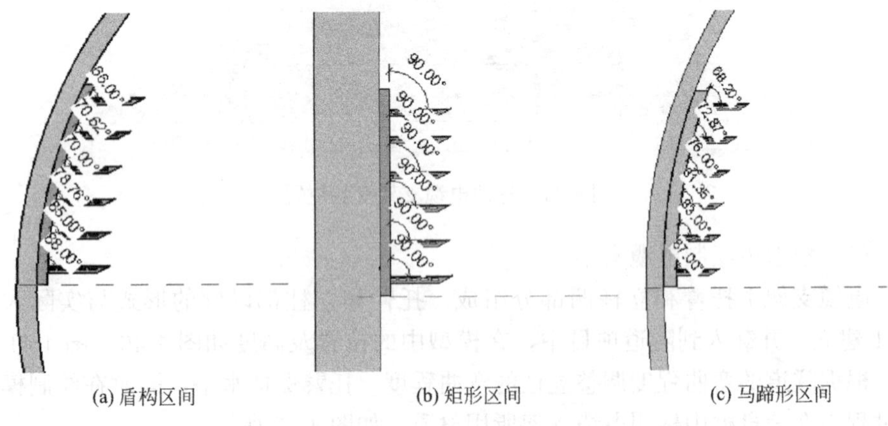

(a) 盾构区间　(b) 矩形区间　(c) 马蹄形区间

图 4-43　电缆支架角度测量图

盾构区间的电缆支架因区间弯曲半径变化，轨面不在同一平面，导致轨中心水平面与区间盾构顶部之间的距离不一致，出现同一结构区间电缆支架立柱与托臂角度发生变化，根据 BIM 模型，测量盾构区间间隔 10m 段电缆支架角度并记录，表格格式见表 4-8。

隧道各区段电缆支架立柱与托臂角度　　**表 4-8**

托臂/角度/序号	测量点里程	区间类型	托臂 1 (°)	托臂 2 (°)	托臂 3 (°)	托臂 4 (°)	托臂 5 (°)	托臂 6 (°)

(8) 支架分类并编号

地铁隧道区间不同的曲面，电缆支架立柱和托臂角度也各不同，为便于记录角度和后期对支架制作进行管理，根据表 4-8 中记录的角度对其进行分类，为不同的电缆支架进行编号并在“表 4-9 区间电缆支架托臂和立柱角度归类表”记录。经归类，地铁中区间盾构段电缆支架型号为 ZJ-DG-001（66/70/72/79/85/88）、ZJ-DG-002（65/72/76/80/82/87）、ZJ-DG-003（65/69/71/78/82/85）；矩形段电缆支架型号为 ZJ-JX-001（90/90/90/90/90/90）；马蹄形段电缆支架型号为 ZJ-MTX-001（70/73/76/81/83/87）。根据现场施工经验，允许在整数附近有1°的误差，所以对于带有小数的角度采用四舍五入法归类。角度依次为从上往下托臂 1、托臂 2、托臂 3、托臂 4、托臂 5、托臂 6。

区间电缆支架托臂和立柱角度归类表　　**表 4-9**

托臂/角度/序号	所在区间范围	区间类型	托臂 1 (°)	托臂 2 (°)	托臂 3 (°)	托臂 4 (°)	托臂 5 (°)	托臂 6 (°)	电缆支架型号

电缆支架加工图如图 4-44 所示。

(9) 交付现场制作

在区间隧道模型中，在电缆支架敷设均测量角度并记录的情况下，出具电缆支架托臂与立柱角度一览表，经专业技术人员核对，将电缆支架现场制作交付表（表 4-10）交付现场进行制作。经统计，洛阳地铁 1 号线供电项目区间左线电缆

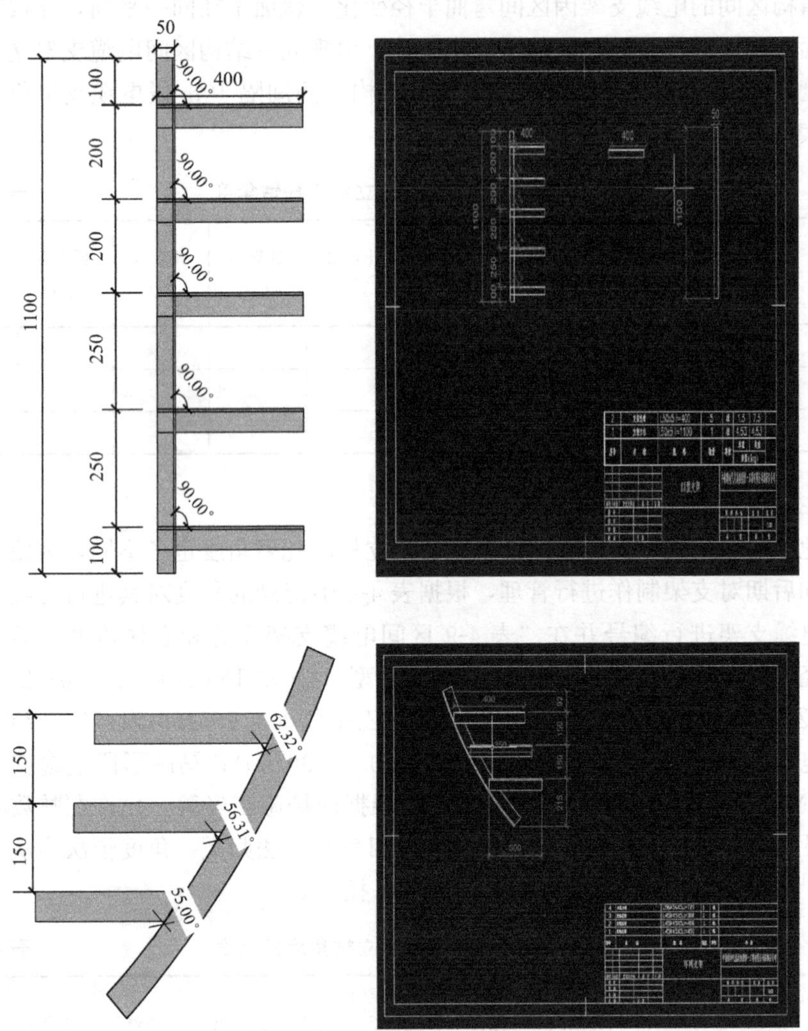

图 4-44　电缆支架加工图（单位：mm）

电缆支架现场制作交付表　　　　表 4-10

托臂/角度/序号	所在区间范围	托臂 1（°）	托臂 2（°）	托臂 3（°）	托臂 4（°）	托臂 5（°）	托臂 6（°）	电缆支架型号	数量（套）

支架不同型号数量分别为 ZJ-DG-001 共计 388 个、ZJ-DG-002 共计 200 个、ZJ-DG-003 共计 210 个；矩形段电缆支架型号为 ZJ-JX-001 共计 16 个；马蹄形段电缆支架型号为 ZJ-MTX-001 共计 122 个。

4.6.2 技术指标

《电气装置安装工程 电缆线路施工及验收标准》GB 50168—2018；

《地下铁道工程施工质量验收标准》GB/T 50299—2018；

《城市轨道交通工程测量规范》GB/T 50308—2017；

《地铁限界标准》CJJ/T 96—2018。

4.6.3 适用范围

适用于应用 BIM 技术进行地铁隧道电缆支架制作、安装及调整施工。

4.6.4 应用工程

洛阳地铁 1 号线供电项目。

第5章　通风与空气调节系统

5.1　轨道交通事故风机安装调试技术

5.1.1　技术内容

轨道交通系统由于站台、站厅及隧道的建筑面积大、人流车流量多，因此送排风及防排烟系统均会用到大型的通风机。地下空间大型轴流风机体积大、重量大，调试要求高。在运输时，大型风机的吊装作业往往会受到站内建筑结构、预留孔洞尺寸的影响，同时施工环境和空间的约束也常使得大型的运输机具无法使用，因此风机的直接吊装运输通常相对困难。本技术内容旨在解决大型事故风机在无吊装预留孔（或利用活塞风井）等特殊情况下的吊装、室内狭小空间下大型风机二次转运及水平运输的问题，以及指导大型事故风机调试工作。

1. 技术特点

（1）对于轨道交通站台内无大型设备预留吊装口（或无法利用活塞风井）进行大型风机（设备）的吊装工艺。

（2）利用针对性的水平运输装置，使大型风机（设备）能迅速安全地在狭小空间内完成水平二次转运，提高安装运输效率。

（3）大型事故风机调试工作的关键是安全性检查和振动检测。

2. 工艺原理

利用汽车吊、手拉（电动）葫芦、道木、卷扬机等设备工具相结合的方式，在无吊装预留孔（或无法利用活塞风井）的特殊情况下，根据现场实际情况选择就近有条件的站厅出入口进行设备首次吊装工作，利用特制的水平运输装置，使设备能够在地下室狭小空间内安全迅速地转运至安装机房，进行设备安装工作，保证施工的质量、进度与安全。风机安装完成后根据设计要求进行调试。

3. 施工工艺流程及操作要点

1）施工工艺流程

轨道交通事故风机安装调试施工工艺流程如图5-1所示。

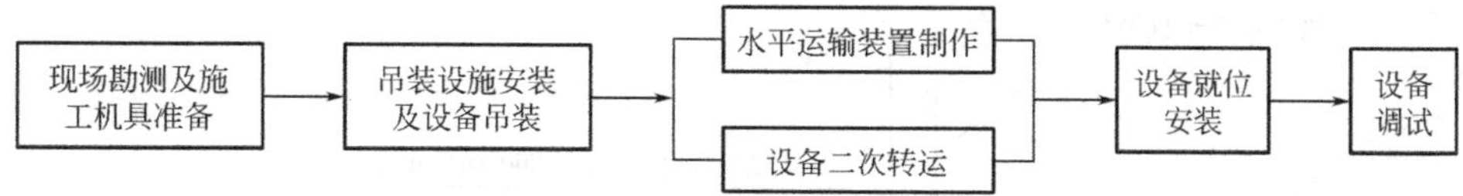

图 5-1 轨道交通事故风机安装调试施工工艺流程图

2）操作要点

（1）现场勘测及施工机具准备

① 熟悉图纸及施工现场，掌握风机的重量及外形尺寸，选择有利于风机吊装的站厅层出入口进行设备吊装准备工作，确认设备的吊装搬运路线，设备经过的通道及门洞尺寸均能满足通过要求。

② 确认吊机的各项参数能满足吊装要求，吊装所用的卷扬机、滑轮、千斤钢丝绳、卸扣、手拉葫芦辅助设备等均应完好并能正常使用，且有检测报告，并在有效期内。

③ 与设备供应商确认设备的到货时间与吊装时间无误。

（2）吊装设施安装及设备吊装

① 根据出入口台阶情况，在楼梯顶板处设置合适的吊耳，吊耳的底板、吊环、固定方式以及手拉葫芦、钢丝绳等需根据设备的尺寸、重量结合现场实际情况计算后确认。

② 吊装设备前，汽车吊在指定位置停好后，施工人员要仔细检查，支腿位置是否停在可靠的受力点。在吊装前，所有吊装相关承重设施（汽车吊、手拉葫芦等）应先做试吊工作，确保吊装工作安全可靠。

③ 吊装作业的具体实施：本技术案例以天津地铁 3 号线张兴庄站出口处吊装施工为例：该项目拟用 1 号出口进行吊装工作。1 号出入口台阶较长，共设三个休息平台，吊机可以直接将设备吊到第二个休息平台，然后再用手拉葫芦拉至站厅地面。因此，在第二、第三级休息平台及最后一级台阶的扶梯顶板上各安装一组吊耳，吊耳安装好后，穿好钢丝绳并挂好 5t 手拉葫芦，同时在台阶上铺好道木。布置情况如图 5-2 所示。

④ 设备同样用汽车吊机进行卸货及首次垂直吊装，起吊后缓慢垂直下降到 1 号出入口的第二级休息平台上，这时吊钩不放松，用扶梯顶板上第一组和第二组吊耳上的手拉葫芦栓挂好设备，指挥吊机与第一个手拉葫芦同时缓慢上升，待设备离地 100mm 后停止上升，放松吊机的吊钩，使设备保持垂直，并收回吊机的吊钩。此时，缓慢放松第一个葫芦直至设备放到事先已铺好的道木上，第二个葫芦开始往上拉，第一个葫芦配合同步放松，这样一拉一松使设备慢慢地顺着道木滑到第三级休息平台上。设备从第三级休息平台吊到站厅的方法同前面描述的相同，不再重复。

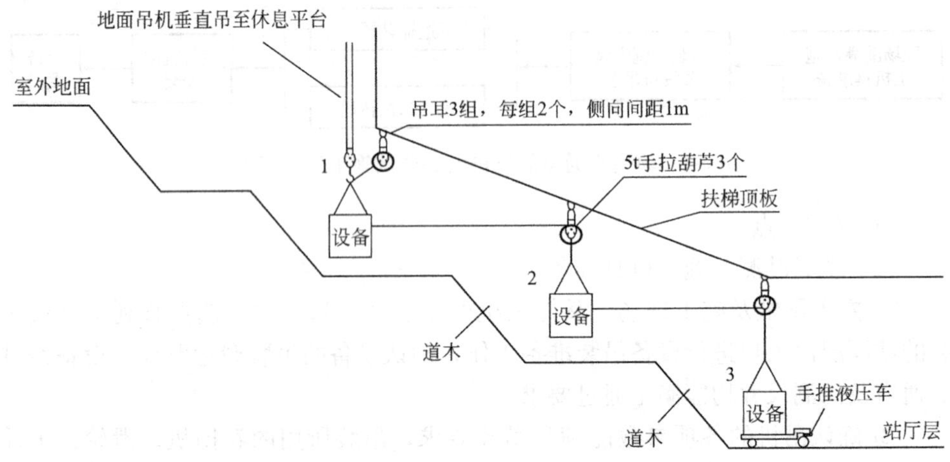

图 5-2　地铁出入口垂直吊装布置立面图

⑤ 设备吊到站厅后，运至安装点，以保证吊运作业的连续性。

(3) 水平运输装置制作与设备二次转运

目前，针对大型风机设备的水平运输一般采用托排、滚杠的施工方法。但这样的运输方法缺乏灵活性，不适用于狭小空间的设备驳运，不容易对大型设备的方向进行调整。本技术为了便于在轨道站台狭小空间内的运输过程中对大型设备的方向进行调整，设计了一种设备运输装置及其使用方法。

① 水平运输装置的制作

本设备运输装置，包括底框架、固定于底框架下部的转盘、用于移动底框架的搬运小车以及用于抬起底框架的提升装置。具体制作示意图如图 5-3、图 5-4 所示。

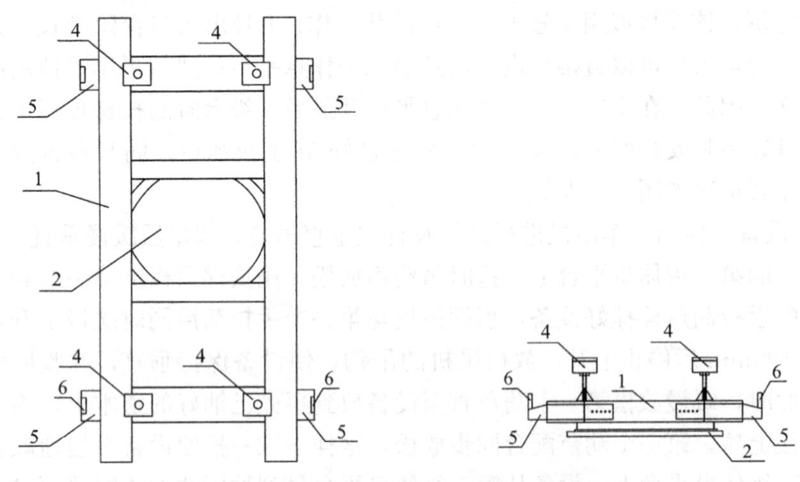

图 5-3　水平运输装置俯视图、正视图

1—底框架；2—底部转盘；4—设备顶升托架；5—固定支架；6—吊耳

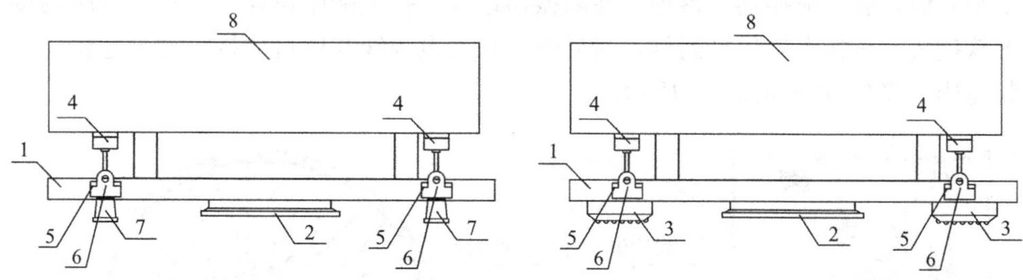

图 5-4　水平运输装置侧视图

1—底框架；2—底部转盘；3—搬运小车；4—设备顶升托架；5—固定支架；6—吊耳；7—底框提升装置；8—运输设备

② 设备水平二次转运工艺

第一步：将大型风机搁置于设备运输装置上。

第二步：调整顶升托架 4 高度，使顶升托架 4 与待运输设备相接触，保持待运输设备的平衡。

第三步：当要进行大型风机水平运输时，使用提升装置 7 将底框架 1 抬起，将若干搬运小车 3 置于底框架 1 下部，再放下提升装置 7，使底框架 1 置于搬运小车 3 上，施加外力于设备运输装置，实现设备运输装置的移动。

第四步：当待运输设备 8 需要转向时，使用提升装置 7 将底框架 1 抬起，将若干搬运小车 3 移除，再放下提升装置 7，使底部转盘 2 与地面接触，施加外力于设备运输装置，实现设备运输装置的转向。该方法可以大大减少传统走杆方式设备转向的转弯半径，满足地铁狭小空间内设备转向要求。减少可能造成的结构破坏，提高施工效率、保证施工安全。

第五步：根据设备实际拖运路线可重复步骤三、步骤四，将设备迅速运送至安装机房。

第六步：运至设备基础后，调整设备顶升托架 4，使设备底座与基础处于适合的高度后，进行风机设备的就位安装。

另外，该水平运输装置的底框架下部设置了吊耳，当待运输设备需要二次垂直吊装时，可以利用吊耳对风机设备及运输框架进行整体吊装，吊装完成后可以直接进行水平运输，大大提高了设备的二次运输效率。

（4）设备就位安装

① 安装方法

轴流风机安装须按通风系统图规定的位置、尺寸和安装方式进行安装。

② 风机卧式安装

未装减振器前，先将风机就位，在风机安装孔附近位置各用一个千斤顶（或其他垫块），将风机顶起（或垫高）并调整水平后，测量风机底座与地面的距离，垫平差值，装上减振器，落地，在减振器地脚孔打上膨胀螺栓，风机法兰两端接上软接头，再接上管道密封好，最后引入动力电源线与风机的接线端子连接，安装完毕。安装方法如图 5-5 所示。

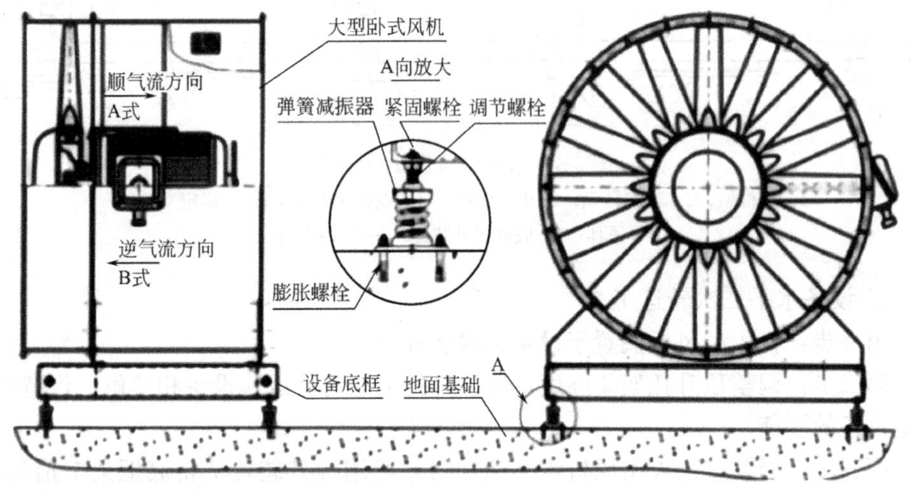

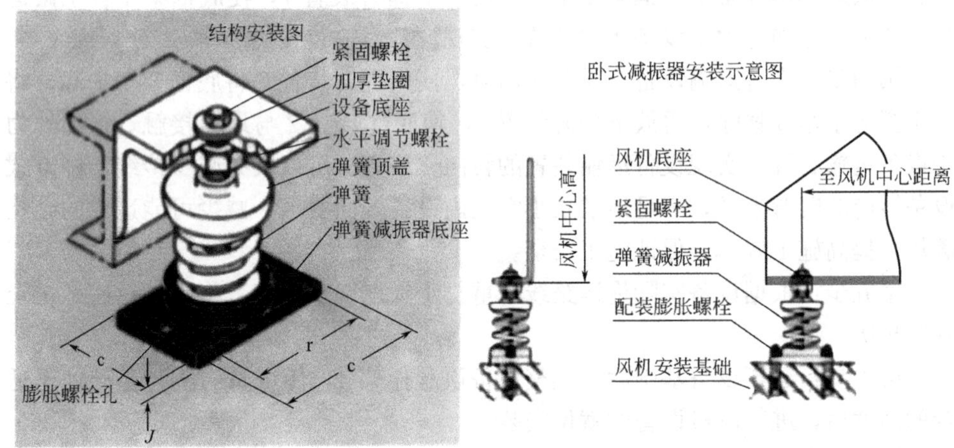

图 5-5　卧式风机安装示意图

（5）设备调试

① 调试前的检测准备工作

a. 检查确认风机电力系统及接地系统安装质量验收合格，用兆欧表测量电动机的绝缘电阻。其值不应低于 0.5MΩ，电压在正常范围内（一般为 380V，允差±6%），三相电流基本平衡。

b. 风机叶轮与机壳间的间隙正常，手动盘转叶轮无卡住和摩擦现象；风机本体连接件安装牢固；风机与风管连接自然吻合，连接紧密，无扭曲，无外力作用；叶轮旋转方向与风机的旋向标志相符。

c. 检查确认自动化仪表控制系统安装质量验收合格，取源部件（如温度、压力、振动等）经校验合格，仪表管路、线路经模拟试验其动作正常、可靠。

d. 人员全部撤离，并派人在风道、机房出入口处值守，禁止任何人员进入。

② 调试运行中检查

a. 风机启动时先启动风阀再开启风机，停止时先停风机再停风阀。

b. 启动后要时时检测风机的振动情况（正常振动值小于 7.1mm/s），发现剧烈振动等异常情况应立即断电停车进行检查。风机稳定运行后，需测量风机的径向振幅，振幅值需满足表 5-1 的规定。

地铁大型轴流风机径向振幅允许值　　　　表 5-1

转速(r/min)	375～650	650～750	750～1000	1000～1450	1450～3000	＞6000
振幅≤(mm)	0.15	0.12	0.10	0.08	0.06	0.04

c. 启动后要时时检测风机的电流（正常电流应小于额定电流）和温度（轴温 80°报警、绕温 130°报警），发现电流和温度异常，应立即断电停车进行检查。

d. 为避免频繁的启动、制动所带来的电动机过热问题，调试期间启动次数不超过 6 次/h。

e. 若情况一切正常，在启动运转 8min 后停车，复查各连接件螺栓有无松动，一切正常后，才可正式启动，投入正常运行。

③ 注意事项

a. 为确保人身安全，风机的检修维护必须停机后切断电源进行（手操箱按钮也要转换为就地），环控电控室设置人员监控，挂牌警示避免误上电操作。

b. 大型风机在运行中，严禁任何人进入风道、风机房内，必须对风道、风机房的出入口进行值守。

c. 派专业技术人员监视电动机的电流，做好风机负荷的监测和故障预警；由专业技术人员检查风机的振动是否正常及有无摩擦、碰撞的异常声响。

d. 在运行中，如遇下列情况应立即停车检查或修理：电流突然上升，超过规定值；发生强烈的振动或碰擦声；电动机温度急剧上升；人员擅自闯入。

④ 调试所需仪器、仪表

调试所需仪器、仪表名称及数量见表 5-2。

调试所需仪器、仪表　　　　表 5-2

序号	名称	单位	数量	备注
1	叶轮风速仪	台	2	已检
2	温度计	个	5	已检

续表

序号	名称	单位	数量	备注
3	钳型电流表	块	1	已检
4	对讲机	个	6	已检
5	温度计	个	5	已检
6	声压计	个	1	已检
7	数字万用表 0.02 级	块	1	已检
8	转速仪	个	1	已检
9	振动测试仪	个	1	已检

以上计量仪表均应经权威部门鉴定合格，且在鉴定有效期内。

5.1.2 技术指标

《机械设备安装工程施工及验收通用规范》GB 50231—2009；
《起重机安全规程 第 1 部分：总则》GB 6067.1—2010；
《建筑施工起重吊装工程安全技术规范》JGJ 276—2012；
《通风与空调工程施工质量验收规范》GB 50243—2016；
《风机、压缩机、泵安装工程施工及验收规范》GB 50275—2010。

5.1.3 适用范围

适用于轨道交通建设工程中大型风机或类似设备的吊装、二次运输就位安装施工以及地铁、隧道内离心风机、轴流风机的调试、检测。

5.1.4 应用工程

苏州市轨道交通 3 号线、4 号线；上海市轨道交通 15 号线；天津地铁 3 号线。

5.2 轨道交通站台超大型组合式风阀安装技术

5.2.1 技术内容

组合风阀主要用于地铁、隧道工程中间活塞通风和机械通气系统中，通过组合风阀的启闭来完成机械风和活塞风的转换，即正常工况时，活塞风阀打开，机械风阀关闭，区间利用列车运行活塞风进行通气换气，为列车正常运营提供所需的环境条件；当区间发生阻塞或火灾工况时，活塞风阀关闭，TVF 风机启动，与其相连的机械风阀联动开启，对区间进行机械通气，使阻塞区间温度达标，保障列车空调正常工作，或火灾工况时迅速排除烟气，诱导乘客安全撤退。安装于车站隧道通气系统的组合风阀与PRF风机联动，通过连接至风井的通气系统对车站轨顶、轨底进行排热。

组合式风阀应针对卧式和立式风阀，通过正确的选材、拼装、密封、安装，以此确保顺利通过调试和正常运行，而这其中每一个步骤都很关键。

1. 技术特点

(1) 针对风阀散件进场后组装的特点，结合风阀密封性的要求，提出了风阀现场组装并加配安装底框时的控制要点。

(2) 能够有效提高轨道交通项目带底框超大型组合式风阀在水平安装及卧式安装时的精度控制。

2. 工艺原理

超大型风阀的选型依据现场实际安装部位情况来确定，本工艺在常规组合风阀的安装基础上，增加风阀底框，大大提高了阀门以散件组装时阀门的密封性以及组合风阀安装后的安装强度。同时在阀门卧式安装及立式安装时，借助于工具来整体组合风阀及底框，确保了安装的精确定位及安全性。

3. 施工工艺流程及操作要点

1) 施工工艺流程

超大型组合式风阀安装施工工艺流程如图5-6所示。

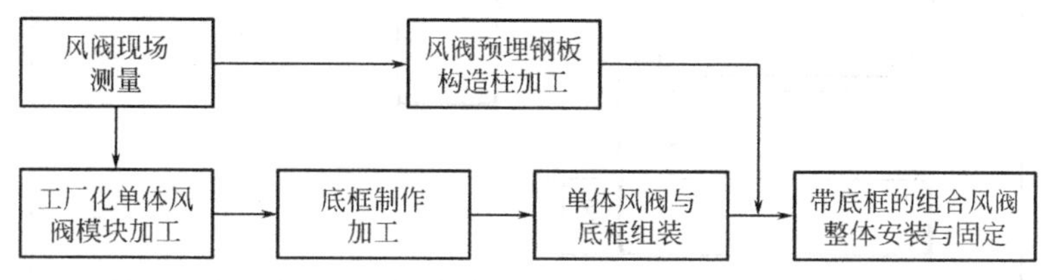

图5-6 超大型组合式风阀安装施工工艺流程图

2) 操作要点

(1) 风阀现场测量与加工

组合风阀采购前需进行现场勘测。根据地铁环控系统设计资料，对每组组合风阀的规格、安装方式、电动执行机构安装位置等依据现场状况进行深化设计，并绘制车站组合风阀规格、深化设计图和车站组合风阀安装基础示意图，提供电动执行机构规格扭矩、堵转电流等参数。

(2) 风阀预埋钢板构造柱加工

根据现场设计确定的风阀加工图，确定卧式风阀的凸台预埋钢板位置和尺寸，确定风阀的构造柱位置。在预埋钢板和构造柱的施工过程中必须跟踪复核相关尺寸的准确性。卧式风阀底框与结构托台的预埋钢板可采用固定件作为固定的过渡件，一边与预埋钢板焊接，一边与风阀底框用螺栓连接固定。立式风阀与结构或构造柱可采用膨胀螺栓固定。

（3）底框制作加工

为保证单体风阀各单体组合的整体性和解决单体风阀与结构的连接固定问题，根据每台风阀的组合情况加工风阀底框。为保证组合风阀具有足够的刚性，承受运行条件下的最大压差，考虑其自重的影响和确保安全、可靠，对水平安装和立式安装的组合风阀底框，选用不同规格的槽钢。风阀底框作为组合风阀单体与结构连接的过渡体，其形式应满足结构的方便连接和提供单体风阀的附着要求。一般框架采用槽钢焊接，并做整体热镀锌处理，应具有良好的防腐性能以满足在地下潮湿环境下的工作要求。

槽钢组焊成“口”字形、“日”字形或“目”字形单元底框，现场用标准螺栓组合紧固成需要的组合风阀底框。“日”字形单元底框结构示意图如图 5-7 所示。

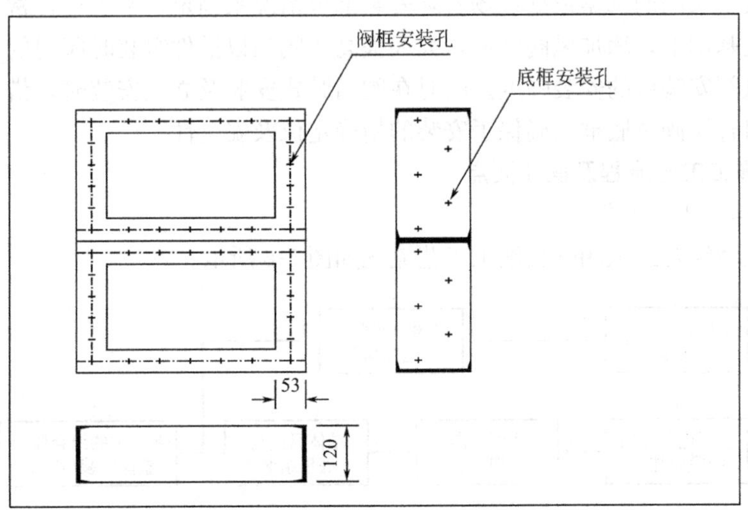

图 5-7 “日”字形单元底框结构示意图（单位：mm）

（4）单体风阀与底框组装

组合风阀以散件经搬、装、吊、运至现场就地拼装。组合风阀是由阀框、多个单体多叶风阀、传动机构、角行程电动执行机构和限位器等部件采用标准紧固而成的风阀（图 5-8）。阀框的横条和直条一般采用优质冷轧钢板制作。组合风阀的风阀叶片部件由单层叶片、叶片轴、钢柱封口、硅橡胶封口和可卸叶片组成。

组合风阀的密封结构措施主要体现在单体风阀叶片间的密封、叶片与框架间的密封、叶片顶端与框架间的密封和风阀其他密封四个环节，在组装环节主要需注意框架间密封。为防止风阀底框之间的间隙，底框组合安装时必须紧固安装螺栓并填补硅胶，从而确保组合风阀气流密封的完整性。

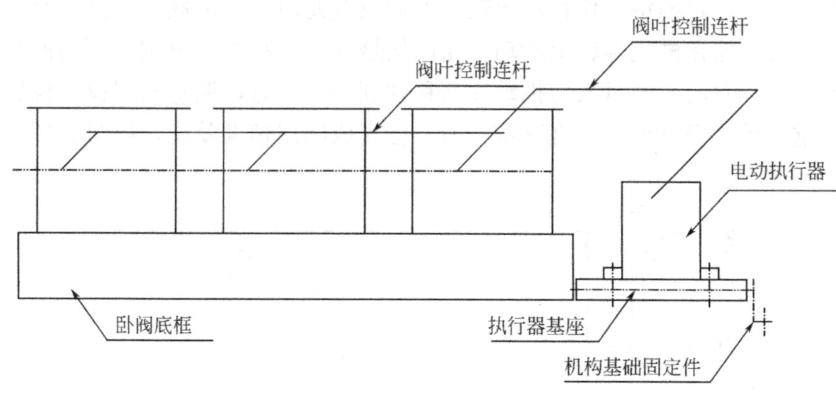

图 5-8　组合式风阀结构简图

（5）带底框的组合风阀整体安装与固定

区别于一般组合风阀的安装，采用带底框形式的整体组合风阀的安装既能保证组合风阀安装的刚度，又能大大降低组合风阀与结构间的缝隙，从而降低系统的漏风量。相对于以往组合风阀的安装，其最大的问题在于这种带底框整体组合风阀安装时组合风阀整体的重量较重，不利于安装进度的调整及施工安全，因此我们考虑了配置专用安装工具解决此项问题。

① 组合风阀卧式安装：

当通风口与地面水平时，组合风阀采用卧式安装（图 5-9）。在卧式安装时，将组合风阀水平置于通风凸台上，这里通风口凸台位于通风口边缘，由钢筋混凝土浇筑而成，其凸台宽度约 300mm，高度约 150～200mm，为保证风阀正常工作，凸台平面应基本水平。

图 5-9　组合风阀卧式安装展示图

与常规风阀通过人工搬运就位不同，超大型组合风阀因体积与重量大，无法采用人工方式吊运就位，需要结合工具来实现。考虑到就位时防止阀门发生变形碰撞等情况，同时确保风阀能够精确就位，故采用以下方式来实现。

在凸台边设置槽钢用作移动导轨，上面设置龙门架作为阀门起吊平台，龙门架底部设置滑轮在槽钢导轨上滑动。龙门架悬挂手拉葫芦，分别与阀门四角形连接。起吊后，龙门架通过人力推动逐渐移动到凸台上方，调整阀门投影位置与凸台四周重合后缓慢下放、精准落位，与凸台完成阀门精准就位，如图 5-10 所示。

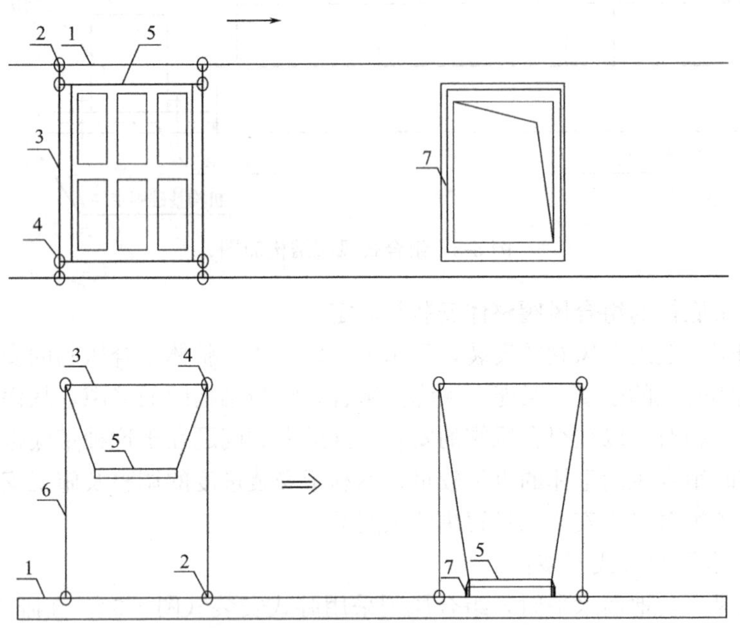

图 5-10　组合式风阀卧式安装示意图

1—槽钢轨道；2—滑轮小车；3—可调连接杆（横向）；4—手拉葫芦；
5—组合风阀（带底框）；6—竖向立杆；7—凸台基础

在组合风阀精准就位后，再进行整体固定，如图 5-11 所示。

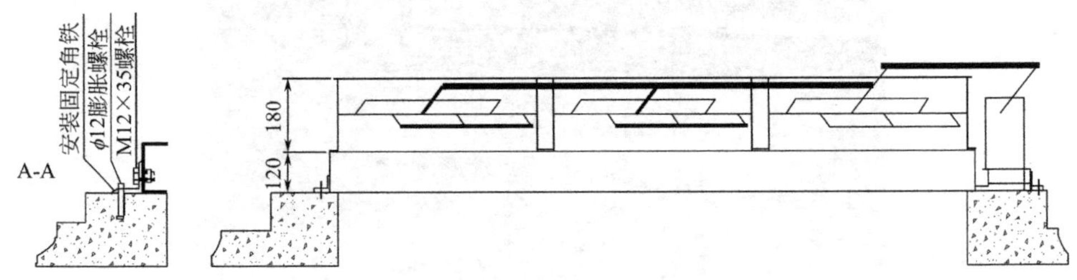

图 5-11　水平安装固定节点图（单位：mm）

② 组合风阀立式安装：

当风口与地面垂直时，风阀通常采用立式安装。在立式安装时，将组合风阀垂直安装在结构洞口内。考虑到风阀体积及重量，采用以下方式进行安装以确保精确度。

首先，根据预留洞位置，借助上述卧式安装工具将组合风阀整体运送并放置于预留结构洞口相应位置。风阀底部应适当根据底框宽度与结构预埋限位件流出合适的间隙。然后，在洞口顶面适当位置设置手拉葫芦，将风阀缓缓拉起至竖直状态。在达到极限角度后，结合人力将组合风阀推至安装洞口，并与预埋限位件压紧，如图5-12所示。

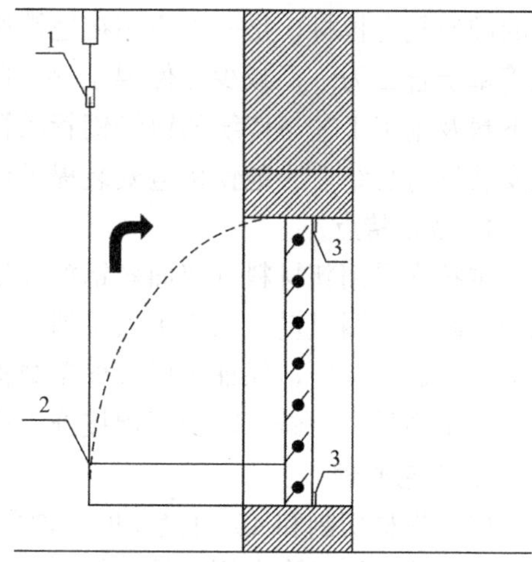

图5-12 组合风阀卧式固定示意图

1—手拉葫芦；2—组合风阀；3—预埋限位件

在组合风阀精准就位后，再进行整体固定。

③ 为防止底框与风阀安装墙面（或地面）基础之间的间隙，应事先检查土建基础是否平整，如再有间隙，可采用防火泥填补，从而确保组合风阀气流密封的完整性。

5.2.2 技术指标

《排烟系统组合风阀应用技术规程》CECS 435—2016；
《地铁设计规范》GB 50157—2013；
《消防联动控制系统》GB 16806—2006；
《建筑通风和排烟系统用防火阀门》GB 15930—2007；
《通风与空调工程施工质量验收规范》GB 50243—2016。

5.2.3 适用范围

适用于轨道交通建设工程中列车经过的隧道区域以及地下列车停靠的车库或车站上方的组合式风阀的施工。

5.2.4 应用工程

苏州市轨道交通3、4号线；上海市轨道交通15号线。

5.3 双面彩钢复合风管施工技术

5.3.1 技术内容

双面彩钢板是双面采用彩钢板、中间层为酚醛泡沫板或离心玻璃棉板保温材料的硬质复合板材，是一种应用在地铁通风空调系统的新材料，因其将保温层与风管基层合二为一，减少了保温工序，降低了交叉施工过程中对保温层的损坏。其下料及施工工艺与传统的镀锌钢管风管不同，该项技术针对该种新材料的下料及安装进行总结，为地铁机电安装提供借鉴参考。

1. 技术特点

本技术采用新材料（双面彩钢酚醛复合板）制作风管，解决了风管结构强度问题，减小了漏风量；减少了人工消耗，加快了施工进度，解决了风管保温层的交叉施工保护问题，保证了风管保温结构的保温效果；改进了风管制作工艺，消除了施工中噪声污染，减少了焊接施工作业，有效地降低了能源消耗。

2. 工艺原理

（1）板材切割和45°角缝及坡口均采用专用工具单刀刨、直刀刨加工；

（2）接缝坡口涂专用胶粘剂粘合；

（3）闭合缝翻边后拉铆钉铆接，密封胶密封；

（4）风管法兰为专用插条，安装便捷。

3. 施工工艺流程及操作要点

1）风管放样

（1）风管矩形直风管放样

一般彩钢复合板材供货板宽为1200mm，长度为3m或4m，根据风管边长尺寸及板材宽度，矩形直风管的放样采用如下面不同情况所示的组合方法。按风管大小计算放样尺寸，按计算的放样尺寸用钢直尺或钢卷尺在板材上丈量，用方铝合金靠尺和画笔在板材上画出板材切断、V形槽线、45°斜坡线。

风管的四边内边长之和小于或等于 d_1 时，可用一块板材制成。一端的彩钢板面与保温层齐平，另一端彩钢板比保温层多预留板厚加25mm的搭边，其中 b 为板厚、$a=2b$（图5-13）。

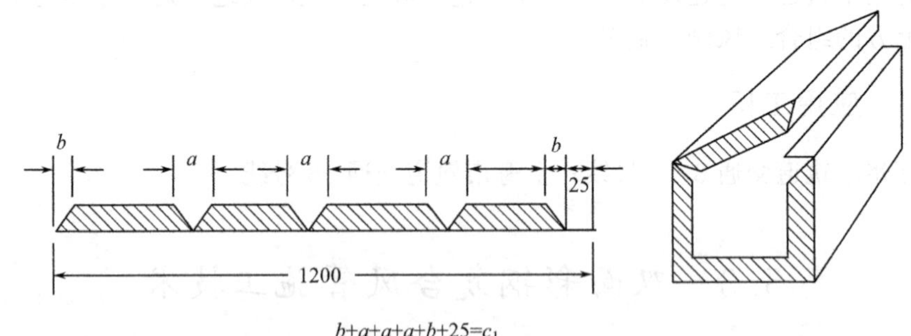

图5-13　一片法加工图示（单位：mm）

风管三边内边长之和小于或等于 d_2 时，可用一块板制成三面，另加一块封板，封板两端彩钢板比保温层多预留板厚加 25mm 长的搭边，其中 b 为板厚、$a=2b$（图 5-14）。

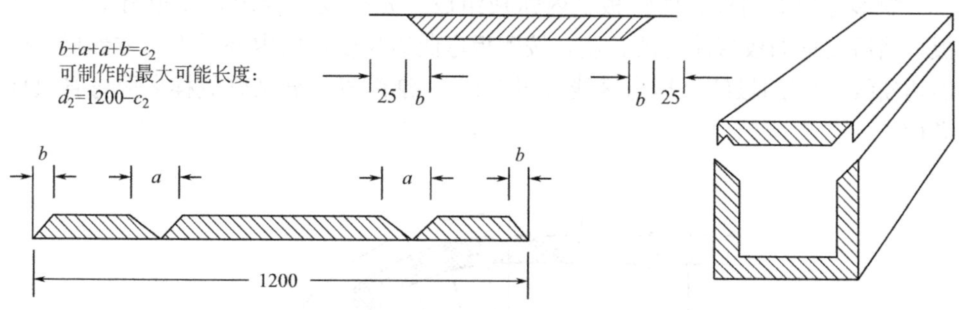

图 5-14　两片法加工图示 1（单位：mm）

风管两边内边长之和小于或等于 d_3 时，可用两块板制成。每块板的一端多预留板厚加 25mm 的搭边，其中 b 为板厚、$a=2b$（图 5-15）。

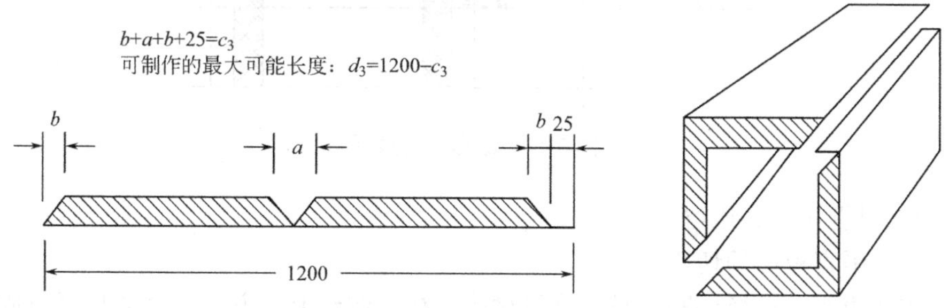

图 5-15　两片法加工图示 2（单位：mm）

风管两边内边长之和大于 d_3 且小于 d_4 时，可用一块板制成一面。彩钢板搭边可以在相对两块板两端上预留（图 5-16）。

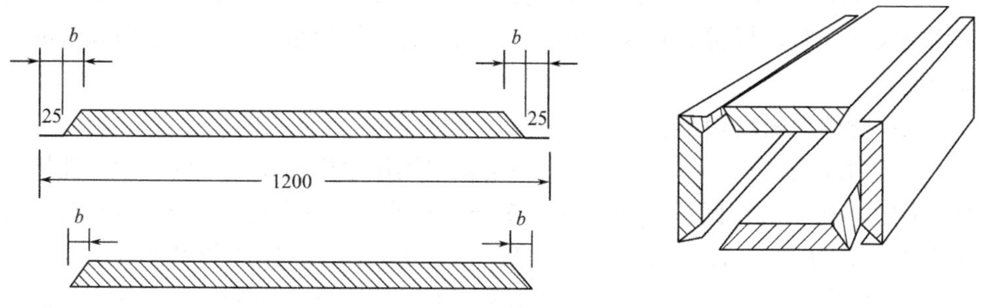

图 5-16　四片法加工图示（单位：mm）

单面宽度大于 d_4 时，用彩钢板的宽度作风管长度，长度可根据风管周长定尺供货。$d_4=1200-2b-50\text{mm}$，其中 b 为板厚。

（2）彩钢复合风管矩形弯管放样

矩形弯管由侧板、外弧板、内弧板组成。先按设计要求，在板材上放出侧板，然后测量侧板弯曲边的长度，按侧板弯曲边长度，放内外弧板长方形样。画出切断线、45°斜坡线、压弯区线（图 5-17）。渐缩管、分叉管放样参照弯管放样进行。

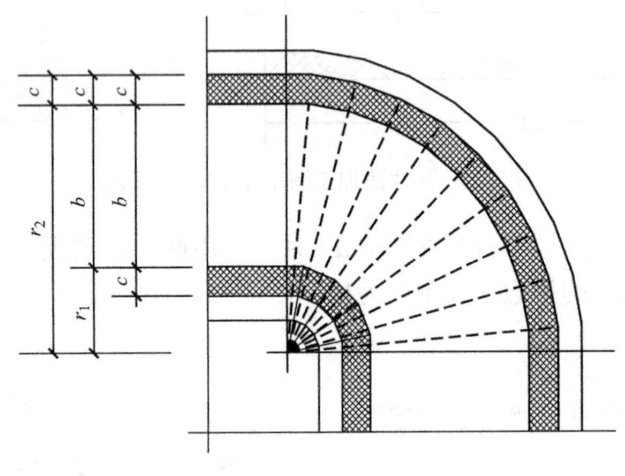

图 5-17　矩形弯管放样

2）风管切割、压弯

（1）平直板面的切割

按切边要求选择切割工具，将板材放置在工作台上，方铝合金靠尺平行固定在恰当位置。手持刀具，将刀具基准边靠紧方铝合金靠尺，刨面压紧板材，刀具基准线对准放样线，向前推或向后拉刀具，直刀刨将板材切断，单刀刨将板材破口切边。角度切割时，要求工具的刀片安装时向左或向右倾斜 45°，以便切出的“V”形槽口成 90°，便于折成直角。切割时刀具要紧贴靠尺以保证切口平直并防止切割尺寸误差。板材切断成单块风管板后，将风管板编号，以防不同风管的风管板搞错。

（2）弯曲面板材切割、折线

对于弯曲面的板材，将切割下料后的板材用压弯机在压弯区内压弯。扎压风管曲面时，扎压折线间距一般在 30～70cm 之间。内弧半径小于 150mm 时，扎压折线间距为 30mm；内弧半径在 150～300mm 时，扎压折线间距为 35～50mm；内弧半径大于 300mm 时，扎压折线间距为 50～70mm。扎压深度不宜超过 5mm。板材压弯利用折弯机在所需的压弯处扎压，使板材出现“V”形凹槽。板材弯曲成型后，它与主板的接缝要尽可能紧密，这样便于风管的粘接成型，且粘接牢固。

3）风管成型

按风管制作任务单检查风管面板是否符合设计要求。清洁板材切割面的粉末，清除油渍、水渍、灰尘。用毛刷在切割面上涂刷胶粘剂。胶粘剂的干燥时间受施工环境温度影响，一般在15～25℃的环境温度下施工，涂刷胶粘剂后的等待时间为3～5min，温度越高，等待时间越短，待涂胶不粘手时，将风管面板按设计要求粘合，并用刮板压平。对难以刮平的部分，可用木锤轻轻锤平。检查板材接缝粘接是否达到质量标准。

在制作成型后，所有彩钢复合风管包边位置必须用拉铆钉铆紧，矩形直风管铆钉间距为不大于150mm，其他不规则的矩形风管铆钉间距为30～80mm，风管连接法兰处用拉铆钉铆紧，连接法兰处铆钉间距按照风管风压及规范要求确定。

清洁待施胶的风管内四角边，用密封胶枪在风管角边均匀施胶，密封胶涂抹后压实，用钢尺和角尺检查粘接成型的风管质量。

4）连接法兰选用

法兰按样式可分为H型、F型、U型。风管连接宜选用U型法兰。当风管边长大于2000mm或中、高压系统应选用H型法兰连接。主管与支管、风管与阀门部件连接、应选用F型法兰。风管与风口连接采用H型或F型法兰，连接方式分为直接连接、短管连接和软连接三种（图5-18、图5-19）。

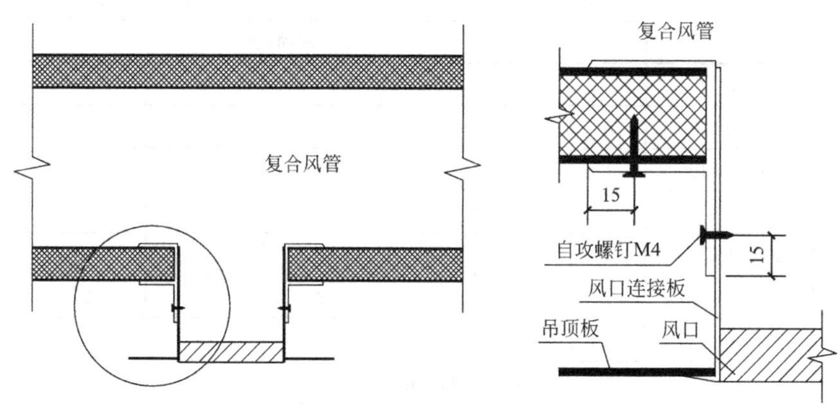

图5-18 风管与风口直接连接示意图（单位：mm）

5）风管加固

（1）平面加固施工方法

彩钢复合风管的加固采用平面加固，风管边长＞400mm时采用平面加固。加固方法：将加固支撑按需加强风管的边长用砂轮切割机下料，切断DN15镀锌管。在镀锌管两端，各放入60mm长圆木条。用夹钳将圆木条固定在镀锌管两

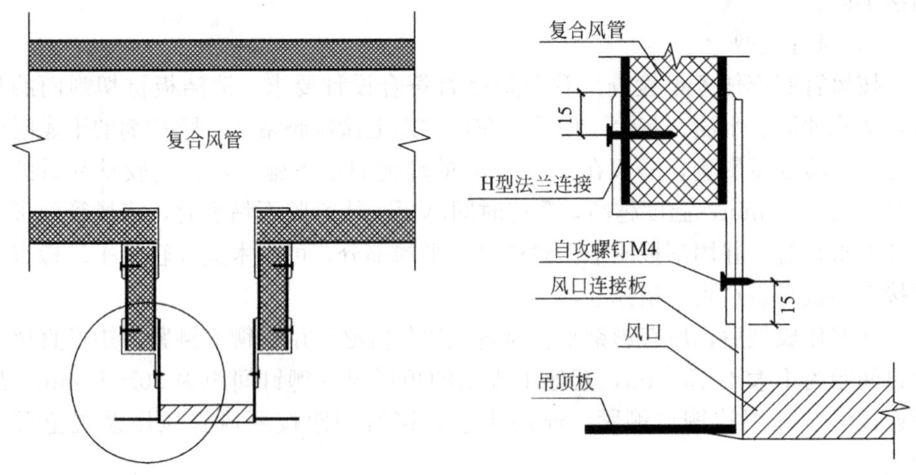

图 5-19　风管与风口短管连接示意图（单位：mm）

端。按设计要求用钢尺在风管面确定加强点。

（2）风管加固间距

风管加固间距见表 5-3。

风管加固间距要求　　　　表 5-3

类别		系统工作压力(Pa)						
		≤300	301～500	501～750	751～1000	1001～1250	1251～1500	≥1501
		横向加固点数						
风管边长 b (mm)	$400<b\leq 600$	0	0	0	1	1	1	1
	$600<b\leq 800$	0	1	1	1	1	1	2
	$800<b\leq 1000$	1	1	1	1	1	2	2
	$1000<b\leq 1200$	1	1	2	2	2	2	2
	$1200<b\leq 1500$	1	1	2	2	2	2	2
	$1500<b\leq 1700$	2	2	2	2	2	2	2
	$1700<b\leq 2000$	2	2	2	2	2	2	2
纵向加固间距(mm)								
复合板风管沿长度方向		≤800	≤600					

6）风管安装

（1）风管连接

彩钢复合风管用法兰连接：利用专用法兰、工字型插条、锌铁补偿角等进行风管的连接，在风管连接处的四角用密封胶和封口胶封堵（图 5-20）。依据风管用途及设计要求，风管法兰密封垫采用 8501 或 9501 胶条。

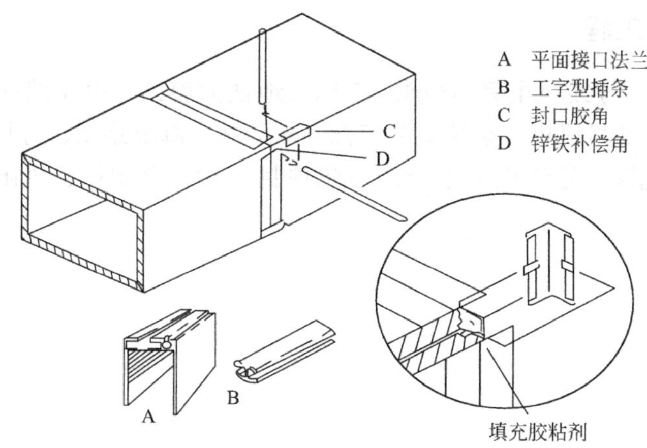

图 5-20　风管连接示意图

（2）风管支吊架选择

矩形风管水平安装时，其承重横担、吊杆直径及吊架的最大间距应符合表 5-4 的规定，多层风管平行安装时，上层风管支架横担可采用槽钢横担，其他区域采用角钢横担，横担长度为风管外边长每边加 50mm。

风管支吊架选型要求　　　　表 5-4

风管类别	彩钢复合风管			
项目	彩钢复合风管横担选用表			
风管边长尺寸(mm)	$B \leqslant 630$	$630 < B \leqslant 1250$	$1250 < B \leqslant 2500$	$B > 2500$
角钢横担规格(mm)	L25×3	L30×3	L40×4	按设计要求
槽钢横担规格	5 号	5 号	5 号	按设计要求
吊杆直径				
风管边长尺寸(mm)	$B \leqslant 630$	$630 < B \leqslant 1250$	$1250 < B \leqslant 2500$	$B > 2500$
吊杆直径	$\phi 8$	$\phi 10$	$\phi 12$	按设计规定

5.3.2　技术指标

《通风与空调工程施工质量验收规范》GB 50243—2016；

《通风与空调工程施工规范》GB 50738—2011。

5.3.3　适用范围

适用于城市轨道交通地铁机电安装通风空调工程。

5.3.4 应用工程

青岛地铁 3 号线机电系统安装 05 标（地铁大厦站、海尔路站、万年泉路站）；青岛地铁 2 号线机电系统安装三标（麦岛站、海游路站、海川路站、海安路站）；合肥地铁 1 号线机电系统总承包项目 1 标（合肥站、凤阳路站、明光路站）。

第 6 章　给水排水及消防水系统

6.1　机电机房模块化装配施工技术

6.1.1　技术内容

轨道交通站台施工工期要求一般较为严格，施工周期短、工作量大、质量要求高。因此在机房区域采用装配式施工方法进行施工，能够有效地缩短施工周期、提升工作效率。

模块化机房装配技术是在以往机房装配施工基础上的一种提升。所谓模块化装配施工技术，是把机房内的机电管线通过深化设计后，合理分割形成管线模块，再分解成模块构件、导出加工图，模块构件预制加工后运至现场组装成模块后，对模块整体提升安装的一种技术。

1. 技术特点

（1）采用模块化装配方式，不同于以往单管单段装配技术，以模块化来实施装配式安装，相较于以往单管单段预制件现场装配，可以加快装配速度、提高效率，更有利于装配精度的控制。

（2）设计发明了专用的装配管道夹具，夹具设计有标尺及吊点，具有承受模块荷载、控制模块组装精度、吊装载具的功能。通过标尺进行大模块精度控制、利用夹具本体承受大模块荷载、起重设备利用夹具吊点进行模块吊装，可实现大模块装配施工。

2. 工艺原理

通过机房深度建模形成精确的三维模型，对三维模型中管线进行合理的分割，形成模块，模块导出加工图进行工厂化预制，预制的构件在现场通过专用夹具组装成模块，再通过模块的整体提升吊装实现机房管线的模块化装配。

3. 施工工艺流程及操作要点

1）施工工艺流程

机房模块化装配施工工艺流程如图 6-1 所示。

2）操作要点

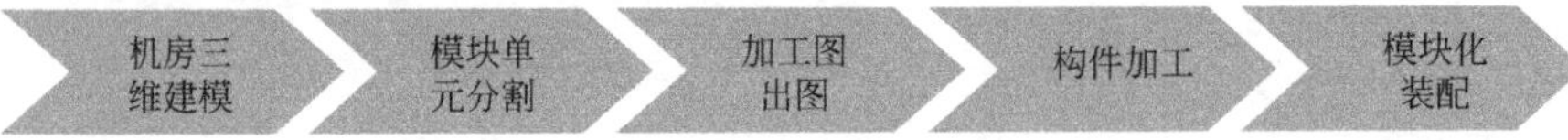

图 6-1　机房模块化装配施工工艺流程图

（1）机房三维建模

① 收集准确的机房内建筑、机电图纸，以及相关的机电设备产品样本。

② 采用 BIM 技术，依据建筑图纸对机房建筑空间进行建模，同时对机电设备、配件等严格依据样本或者式样进行基础建模工作，使得三维模型最大程度复刻产品实际参数（图 6-2）。完成上述模型建立工作的同时必须在现场进行结构尺寸校核（图 6-3）。

图 6-2　建筑建模与机电设备建模

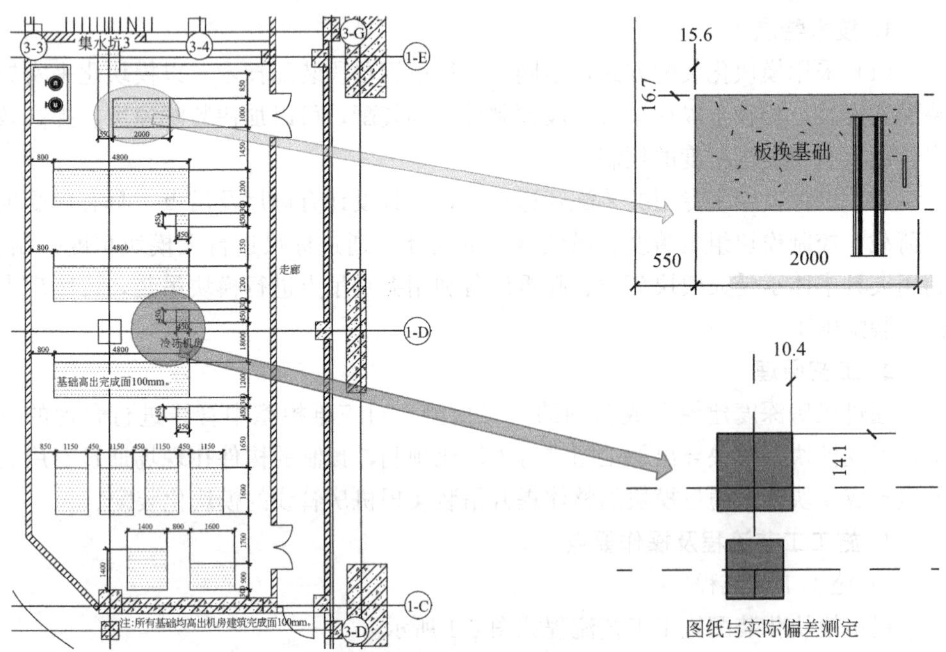

图 6-3　现场结构复测数据（单位：mm）

(2) 模块单元分割

以冷冻机房内空调水系统管道为例，可分为以下几种模块：设备端部模块、总管模块、修正模块，其中设备端部模块和总管模块是模块化划分的主要对象（图 6-4）。

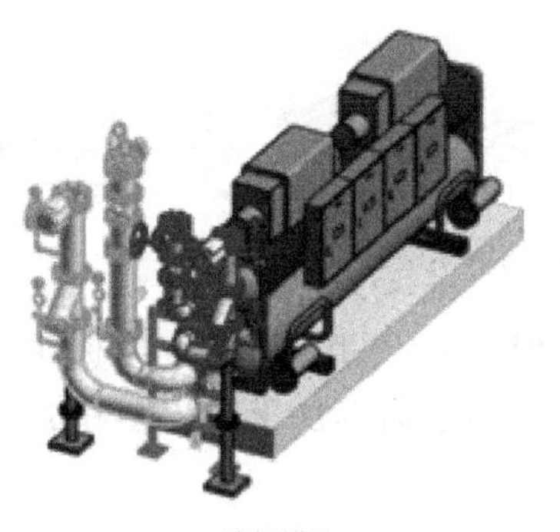

(a) 端部模块

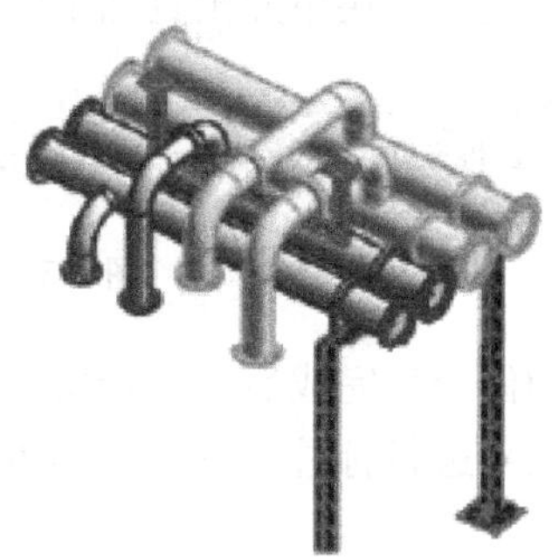

(b) 总管模块

图 6-4 模块单元分割图

设备端部模块：是指大型设备比如冷冻机组、水泵、板交等设备进出口竖向管段，在此管段中通常包含了阀门、Y 型过滤器、水力阀门、软接头及压力表、温度计等管路附件。这些设备端部的管路附件具有较高的共性，且有较多的连接短管。

总管模块：是指位于高位的水平总管，以及由总管上开出的与设备端部相接的管段。此管段主要由钢管及相应弯头、三通组成。

修正模块：是指用于消除多个模块装配后引起的累计误差，根据模块完成后实际尺寸进行测量后加工制作，通常设置在管道变向处管段。

为了便于预制加工及运输装配的管理，需要对模块进行编号，每一种模块都有一个唯一的编号，相同的模块可以共用一个编号（表 6-1）。不同的模块由构件组成，为了便于构件加工及装配的需求，对每一个构件均应进行编号。

模块编号一览表 **表 6-1**

模块类型	模块编号	数量	备注
设备端部模块	H-c-01	3	冷冻机组端部模块
设备端部模块	H-d-01	1	板交端部模块
设备端部模块	H-e-01	4	水泵端部模块
总管模块	H-f-01	1	接板交总管模块
总管模块	H-f-02	3	接冷冻机组总管模块
总管模块	H-f-03	1	接水泵总管模块

（3）加工图出图

模块是模块化装配安装的基本安装单位，机房由各个模块组成，每个模块可以分解成几个构件，构件再由管段、阀门、配件等基础零件组成（图 6-5）。为此，加工图以单个模块作为单元，把其中细分的构件、零件的尺寸进行标注，标注完成后再按照模块单元出具加工图。

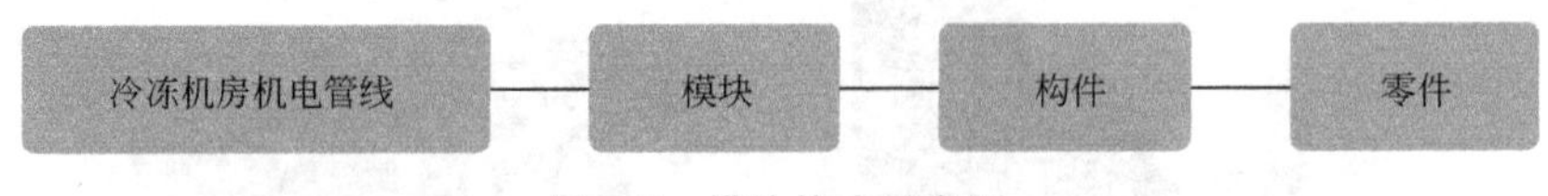

图 6-5 模块构成示意图

三维构件分割完成后，进行构件尺寸标注。采用 Revit 三维标注命令把构件中必要的尺寸进行标注明示，尺寸标注是为了后续加工图出图和加工提供依据（图 6-6）。

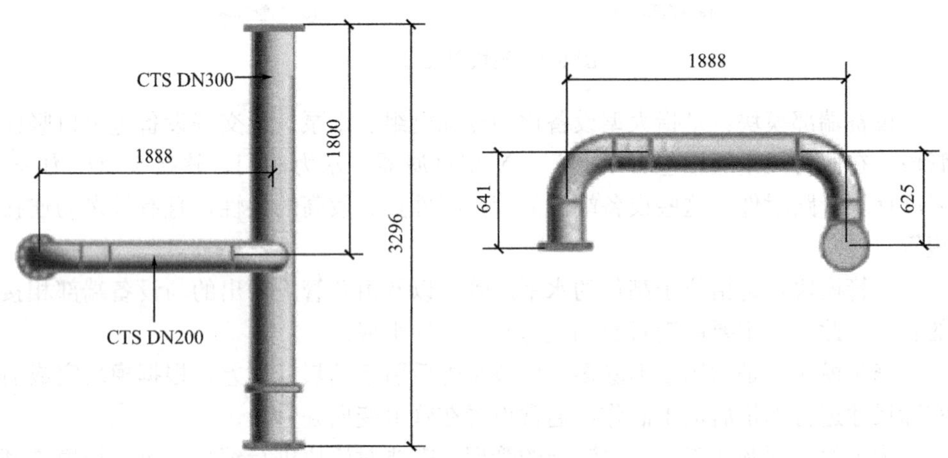

图 6-6 构件标注示意图（单位：mm）

加工图出图按照模块为基本单位进行。每个模块的俯视、正视、三维示意图，组成模块各个构件的俯视、正视图，图中显示所有标注，图面要求清晰。图纸以 A3 打印后装订成册（图 6-7）。

（4）构件加工

根据加工图分别进行构件的加工。加工的精度应满足现行规范的要求，加工过程中注意构件尺寸的复核。构件加工完成后进行水压试验，合格后进行二维码编码。

（5）模块化装配

① 夹具设置

模块装配时采用了专门设计制作的夹具来实现。如图 6-8 所示，“①”为

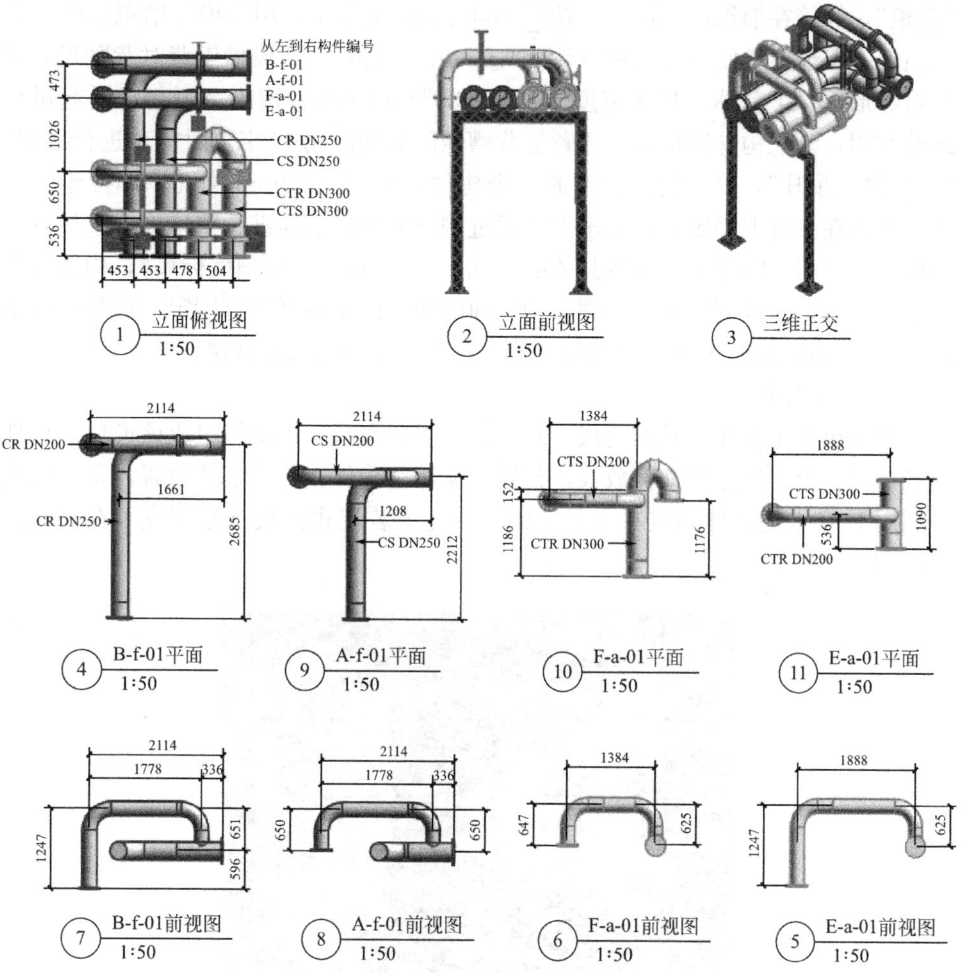

从左到右构件编号
B-f-01
A-f-01
F-a-01
E-a-01
CR DN250
CS DN250
CTR DN300
CTS DN300
473
1026
650
536
453 453 478 504

① 立面俯视图 1:50　② 立面前视图 1:50　③ 三维正交

CR DN200
CR DN250
2114
1661
2685
④ B-f-01平面 1:50

CS DN200
CS DN250
2114
1208
2212
⑨ A-f-01平面 1:50

CTS DN200
CTR DN300
1384
152
1186
1176
⑩ F-a-01平面 1:50

CTS DN300
CTR DN200
1888
1090
536
⑪ E-a-01平面 1:50

2114
1778
336
1247
651
596
⑦ B-f-01前视图 1:50

2114
1778
336
650
650
⑧ A-f-01前视图 1:50

1384
647
625
⑥ F-a-01前视图 1:50

1888
1247
625
⑤ E-a-01前视图 1:50

图 6-7　模块化构件 A3 加工图示意（单位：mm）

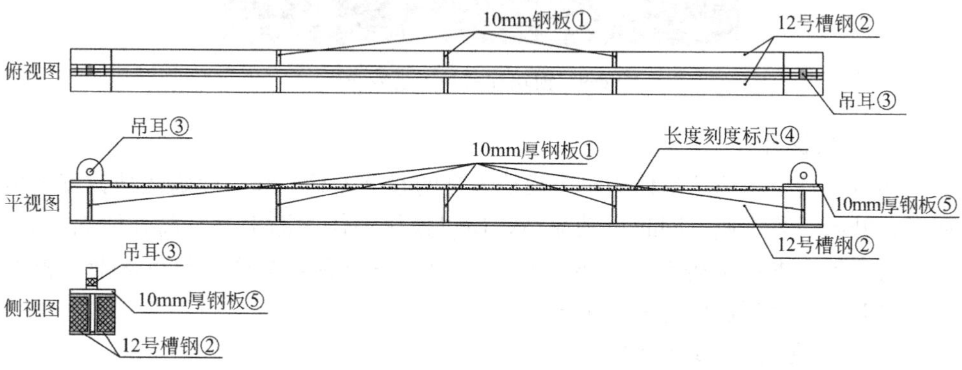

图 6-8　夹具构件示意图

“钢板”，焊接在槽钢内凹部分，按照 500mm 间距分布，用于增加槽钢承受荷载的强度，保证夹具使用时的稳定性。“②”为“槽钢”，两段槽钢背对背贴近，通过点焊形成一个整体，焊接宽度 10mm、间距 500mm。槽钢主要起承受起吊荷载的作用，装配构件还可以利用背靠背槽钢间的间隙用 U 字卡对构建进行固定。“③”是“吊耳”，采用钢板制作的一个构件，中间有 50mm 圆孔，焊接于钢板上。模块在夹具上固定后，起吊设备通过钢丝绳穿过吊耳进行整体提升。吊耳可以根据构件间的间隙灵活设置具体的位置。“④”是“长度刻度标尺”，构件在夹具上组装时，通过刻度标尺来调整构件间的相对位置后再进行固定，提高组装精度。“⑤”为长方形 10mm 厚钢板，用于槽钢与吊耳之间的连接。

② 模块组装

模块组装工作在夹具上完成。在地面上放置夹具，依次把组成该模块的构件放置在夹具上，通过与地面放线进行对照来调整构件在夹具上的位置，定位完成后利用 U 字卡把构件固定在夹具上面，由此该装配式模块已经完成了在夹具上的组装（图 6-9）。

图 6-9　模块在夹具上组装完毕

③ 模块提升

通过 4 具手动葫芦吊作为单个模块提升的起重工具。起吊前确认挂钩安装牢固后，开始吊装作业。同时拉动葫芦，使得模块整体逐渐上升，离开地面 15cm 后进行悬停，查看是否有荷载变形情况。检查完毕后再次拉动葫芦逐渐平稳上升，提升至管道预定位置上方 10cm 处。

④ 支架安装及模块就位

模块提升完成后，把实现预制的管道支架安装在预定位置，安装牢固后在支架上安装垫木，同时拉动葫芦吊逐渐下落直至管道与垫木充分接触、支架承受模块的荷载后撤除夹具（图 6-10）。

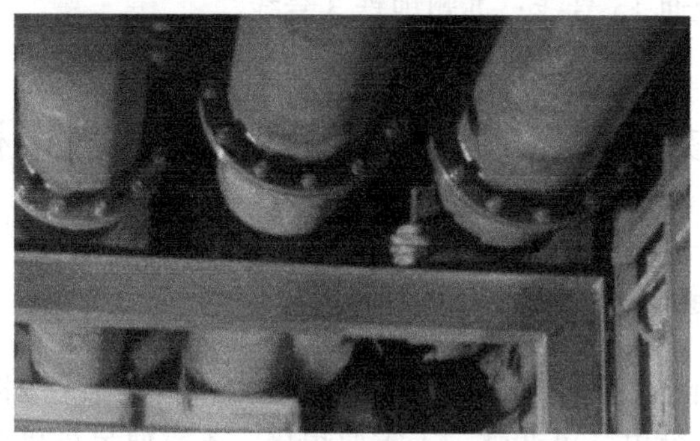

图 6-10　模块就位

⑤ 相邻模块连接

相邻模块间通过相对应的构件通过法兰接口进行连接。依次装配法兰垫片及螺母，按照规范要求逐个对法兰进行紧固（图 6-11）。

图 6-11　法兰螺栓安装

6.1.2　技术指标

《建筑给水排水及采暖工程施工质量验收规范》GB 50242—2002；
《自动喷水灭火系统施工及验收规范》GB 50261—2017；
《建筑电气工程施工质量验收规范》GB 50303—2015；
《通风与空调工程施工质量验收规范》GB 50243—2016。

6.1.3　适用范围

适用于轨道交通站机电机房装配式施工安装工程。

6.1.4 应用工程

上海市轨道交通 15 号线；苏州地铁 3 号线。

6.2 轨道交通工程装配式支吊架的哈芬槽预埋技术

6.2.1 技术内容

哈芬槽由德国哈芬公司于 1929 年创造。与传统的预埋钢板相比，哈芬槽易于预埋、后期施工简单、可调整、不需要焊接、不需要另外做防腐；与后置锚栓相比，哈芬槽定位容易、施工快捷、不存在打断钢筋和毁坏构造的风险。因而哈芬槽面世之后在各个行业得到了广泛应用。

哈芬槽进入中国后，国内把这种截面是 C 型、背部带锚腿的产品统称为“预埋槽道”。目前，哈芬槽在国内主要用于四个方面：高铁隧道接触网的固定、高铁机车制造范畴、核电站混凝土预制构件的装配、高端建筑幕墙。

西安市地下综合管廊作为国内管廊示范工程，首次采用装配式程度更高的“哈芬槽+成品支吊架”入廊管线支架体系，施工操作更加简单、安全环保，施工效率更高，后期管廊工程维护、入廊管线施工更加灵活，发展前景较好（图 6-12）。

图 6-12 地下管廊示意图

哈芬槽是一种建筑用的预埋装置，由 C 型槽钢、T 型螺栓和填充物组成。施工时将 C 型槽钢预埋在混凝土中，填充泡沫或条形填充材料以防止混凝土或杂物进入槽内，待浇筑完成后取出填充物，再将 T 型螺栓的 T 型端扣进 C 型槽，使用相匹配的螺母、垫圈将要安装的构件进行固定。哈芬槽由于其体积小、重量轻、承载能力高、调节方便、安装省时等特点，在装配式支吊架安装中被广泛使用。

1. 技术特点

1）哈芬槽预埋特点、难点

电力、通信管线支架间距为1.5m，哈芬槽预埋数量巨大，预埋质量直接关系支吊架安装质量以及管线支架受力的安全。哈芬槽的垂直度、贴模度都将影响支吊架安装的观感质量，也在一定程度上影响着支吊架使用的安全性。

2）关键技术特点

在哈芬槽固定过程中，要保证哈芬槽与混凝土模板完全贴合，如果哈芬槽埋设过深，后期将影响装配式支吊架的整体受力，甚至无法找到；要保证哈芬槽与结构完成面垂直，如果垂直度偏差较大，会导致装配式支吊架安装后无法正常固定管线。

2. 施工工艺流程及操作要点

1）施工工艺流程

装配式支吊架哈芬槽预埋施工工艺流程如图6-13所示。

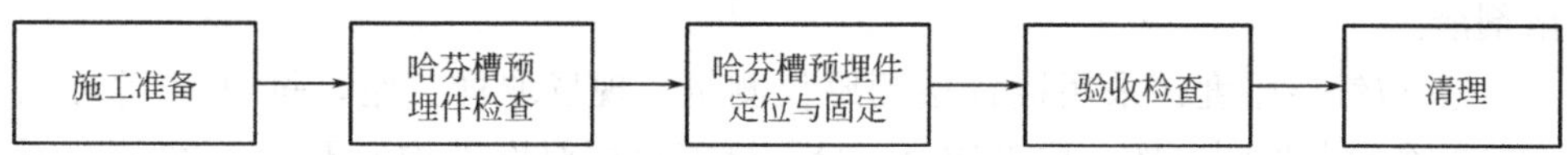

图6-13 装配式支吊架哈芬槽预埋施工工艺流程图

2）操作要点

（1）施工准备

① 施工技术的准备

施工前熟悉施工图纸、掌握深化设计方案，熟悉施工部位各系统支架哈芬槽长度、安装标高。提前编制材料需用计划，组织物资进场。

② 作业人员的准备

根据工程进度计划要求，组织施工人员进场；提前编制装配式支吊架的哈芬槽预埋安装工艺施工技术交底，并对全体施工人员进行交底。

③ 施工机具和计量器具的准备

主要的施工机具、计量器具见表6-2、表6-3。

主要施工机具表 **表6-2**

序号	名称	型号规格	备注
1	直流电焊机	ZX7-400	—
2	手电钻	GSR120-Li	—

主要计量器具表 **表 6-3**

序号	名称	型号规格	备注
1	钢卷尺	2～15m	根据需用配备
2	水准仪	J2	根据需用配备
3	水平尺	8″～12″	根据需用配备
4	坡度仪	JZC-B2	根据需用配备
5	游标卡尺		根据需用配备

（2）哈芬槽预埋件检查

材料进场时检查钢材材质证明单、镀锌质量检测报告、埋件出厂合格证、抗拉试验报告、焊缝质量（焊缝高度、焊角咬边情况等）、加工尺寸、哈芬槽槽口及端部填充、封口措施。

质量要求：

① 外观：表面应平滑，无滴瘤、粗糙和锌刺，无起皮，无漏镀，无残留的溶剂渣。

② 镀锌层厚度：采用镀锌层测厚仪测量，现场取样三组，每组 10 个哈芬槽，每个哈芬槽测三次，取平均值，哈芬槽镀锌层厚度平均值不小于 70μm，单个哈芬槽的最小值不得低于 60μm。

③ 哈芬槽封堵：哈芬槽内部填充条应密实，外表面封堵严密，外表面封堵胶带无损坏；外表面封堵损坏的应及时封堵后再进行安装，以防混凝土砂浆进入哈芬槽内部。安装过程中严禁对哈芬槽本体进行焊接作业，因焊接产生高温会熔化哈芬槽内部的填充条。

④ 壁厚测量：现场取样三组，每组 6 个哈芬槽，采用游标卡尺测量。

⑤ 敲击检查：现场取样三组，每组 2 个哈芬槽相互进行撞击试验，观察镀锌层有无裂纹、皱纹、脱落情况。

（3）哈芬槽预埋件定位与固定

① 预埋件埋设之前，首先进行技术交底，特别要说明转角位置哈芬槽的埋设方法。

② 按照预埋点位布置图及标高尺寸，进行现场测量定位，确保哈芬槽标高以及间距满足深化设计及设计规范要求。

③ 哈芬槽道初定位：绑扎网片钢筋时，依照规划方位，测量出哈芬槽道方位，并将槽道就位；在槽道后部铆钉处，垂直槽道方向绑扎几根短筋，将其挂在钢筋网上（图 6-14）。

④ 哈芬槽道准确定位及固定：将螺栓穿过模板上预留长孔，找到并调整槽道方位，锁紧螺栓，使槽道紧贴模板进行准确定位（图 6-15）。

图 6-14 哈芬槽道初定位

图 6-15 哈芬槽道准确定位及固定

(4) 验收检查

预制段或预制块拼装时核对组对编号，避免施工错误；保证哈芬槽的贴模度、垂直度等符合质量验收要求。

验收标准：

① 安装间距、高度：哈芬槽安装高度及间距符合图纸要求，不得随意更改。伸缩缝处哈芬槽可根据现场情况进行调整，但间距不得大于图纸要求。高度不得影响最底层或最顶层托臂安装，两处伸缩缝之间所有哈芬槽的高度偏差不大于±2cm。

② 垂直度：立向哈芬槽在安装过程中应采用水平仪进行测量，确保立向哈芬槽垂直安装后再进行固定。立向哈芬槽垂直度偏差不得大于 2°。

③ 贴模度：哈芬槽贴模度是哈芬槽施工最重要的指标，既关系到支架托臂的安装质量，又关系到哈芬槽的清槽难度，原则上哈芬槽必须紧贴模板。在土建合模板前，必须对哈芬槽进行逐一检查并调整。

(5) 清理

完成混凝土浇筑及拆除模板后，清理粘附在埋件外表面上的混凝土，露出其表面，将槽内部的填充物取出，清槽前还需要将用来固定的自攻螺丝或者扎丝清除，哈芬槽内不得灌入砂浆，槽体内部齿槽应清晰。

6.2.2 技术指标

《室内管道支架及吊架》03S402；
《金属、非金属风管支吊架》19K112；
《电缆桥架安装》04D701-3；
《装配式室内管道支吊架的选用与安装》16CK208；
《管道支吊架》GB/T 17116—2018 系列标准；
《建筑机电工程抗震设计规范》GB 50981—2014。

6.2.3 适用范围

适用于地铁隧道、地下综合管廊工程。也适用于工业与民用建筑工程中各类管线预埋型装配式支吊架安装。

6.2.4 应用工程

西安市地下综合管廊建设项目。

第 7 章　综合布局

7.1　区间支托架安装技术

7.1.1　技术内容

城市轨道交通区间光电缆一般敷设在隧道壁上的电缆支架托臂上，光电缆敷设前电缆支架必须安装完成。电缆支架安装高度是本项工程的重难点，在现场我们使用激光标线仪进行托架的标高定位，以此提高施工效率。

1. 电缆托架安装

通过激光标线仪、水准仪、钢卷尺等测量工具，确定托架的安装位置并进行标识，根据轨道线路提供的基标，把画线平板车放置在轨道平面上（平板车处于静止状态），先将标线仪高度调整为托架安装高度，然后将标线仪三脚架放置在平板平面上，调整水平（三脚架顶端含水平观察孔，气泡始终处于观察孔中间位置，三脚架则视为水平）。三脚架顶端通过连接螺栓与标线仪连接在一起，打开标线仪开关（先后按下 H 键、V 键），水平线会自动在隧道壁上形成水平与垂直的 2 条投影线，然后用记号笔在隧道壁上隔 5m 标记出托架安装位置，用墨斗弹出两个标记之间的电缆托架的安装基线，从第一个隧道壁上面的十字开始沿基线用水平尺画出 1.2m（区间）/1m（站内）的等间距点，托架定位时在区间泵房、消防栓、接触网隔离开关等位置处，在满足建筑限界的前提下，按设计指定方式进行过渡。高差过渡在站内凸出直壁端头至隧道洞口的直壁段（即隧道洞口外凹进的一段直壁部分）内完成，高差过渡应平缓、平滑过渡。

在曲线段及有坡度的区间地段，托架的安装应随着坡度的变化而变化，使托架整体始终保持与钢轨基准面垂直，避免因采用水平尺将托架竖直安装而引起托架与钢轨不垂直的情况，如图 7-1 所示。

2. 锚栓安装

区间采用 T 型螺栓，站内采用后扩底锚栓预埋安装形式，根据设计要求，区间一个托架配备 3 套 T 型螺栓，站内一个托架配备 2 套后扩底锚栓，后扩底锚栓埋深不低于 55～60mm。使用电动冲击钻在定位孔位钻孔，钻孔时钻机与墙面

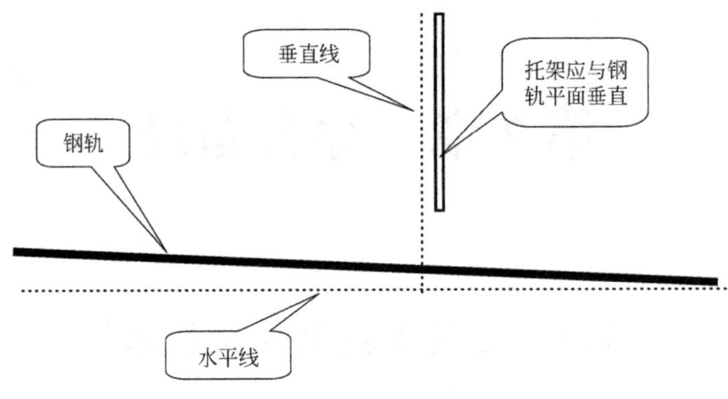

图 7-1　坡度部位画线要求

保持垂直。钻孔时利用冲击钻的标尺进行深度的标定，钻孔深度为 55～60mm，保证孔深符合设计要求，如钻孔出现偏差，应整体修正，放弃出现偏差的位置，适当调整托架间距。遇到钢筋时可移位钻孔，移位时只能左右移动（但要保证托架之间不大于 1m 距离），不可上下移动。不得损伤钢筋，废弃孔洞用水泥砂浆封堵。托架与隧道壁固定应密贴，固定后的托板应与地面平行。

3. 托架安装

隧道内使用 T 型螺栓将托架固定安装在隧道壁哈芬槽上，支架的安装位置、安装高度及安装间距应符合哈芬槽间距及画线的基准高度，电缆托架应安装牢固、横平竖直。电缆托架底部与定位线保持水平（弯道处除外），支架在带有坡度的隧道内安装时，支架应与隧道的坡度相平行，如发现托架安装后不能保证横平竖直应及时调整修正，偏差较大的应重新定位。支架不应安装在具有较大振动、热源、腐蚀性液滴及排污沟道的位置，也不应安装在具有高温、高压、腐蚀性及易燃易爆等介质的工艺设备、管道以及能移动的构筑物上。

4. 扁钢安装

安装前先将扁钢地线摆放到准备安装的托架上，在扁钢上画出与托架对应的连接孔位标记，然后将画好标记的扁钢取下，使用台钻或者专用工具钻孔，最后将扁钢与托架用螺栓紧密固定连接。接地扁钢之间打眼用两个螺栓进行连接。在通过结构伸缩缝时，地线扁钢弯曲成一个小半圆弧，保证土建结构变形时扁钢地线不被拉损，确保地线整体连通。

区间所有托架均使用接地扁钢贯通连接，扁钢与托架的连接使用托架最下方的锚栓固定孔连接，螺丝要求紧固。扁钢上的连接孔需要根据托架位置现场测量确定，使用电动液压冲孔器冲孔，接地扁钢在过土建伸缩缝时应预留弯曲伸缩量。扁钢之间的连接采用 2 个 M8×25mm 不锈钢螺栓连接，螺栓应配齐双平垫、弹垫（图 7-2）。

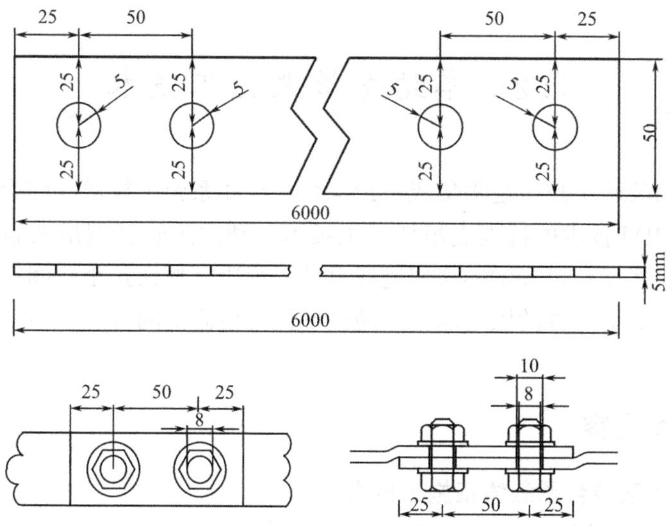

图 7-2　接地扁钢连接示意图（单位：mm）

7.1.2　技术指标

《地铁设计规范》GB 50157—2013；

《地下铁道工程施工质量验收标准》GB/T 50299—2018；

《城市轨道交通信号工程施工质量验收标准》GB/T 50578—2018。

7.1.3　适用范围

适用于城市轨道交通信号系统所有区间托架安装在建、改造工程。

7.1.4　应用工程

郑州地铁 2 号线；上海市轨道交通 14 号线工程通信系统、信号系统安装工程（图 7-3、图 7-4）。

图 7-3　区间托架安装一

图 7-4　区间托架安装二

7.2 车站支吊架施工技术

车站支吊架施工技术是将集成吊顶综合承载体系施工技术、综合支吊架应用技术、基于BIM技术的抗震支吊架施工技术、动力配管轻型吊架施工技术在地铁车站机电管线排布过程中的应用进行总结，解决了地铁狭小空间密集布置的机电管线及摄像头等部件的固定问题，使该部位的检修空间合理预留，提升了管线的观感质量。

7.2.1 技术内容

1. 集成吊顶综合承载体系施工技术

该技术基于现场精确测量及BIM技术的深化设计，合理布置整合管线，减少吊杆及支架；整合末端设备，集成设备安装，优化安装流程，缩短施工周期，降低施工成本；集成吊顶综合承载体系，通过布点确定各项计算参数及受力分析，通过拉拔试验及整体承载力静荷载试验，确保各杆件、连接件和生根点的受力和变形满足使用要求，避免完工后出现变形。集成吊顶综合承载体系的整体性，以及配件采用非摩擦作用来承担受力的齿牙连接方式，使得所有构件整体共同受力，结构性能安全可靠。

实施过程如下：

(1) 集成吊顶综合承载体系需要结合土建结构来进行布点，考虑土建施工现场空间容易受施工误差、环境影响、伸缩沉降等方面带来的误差，因此该体系布点需要以现场实际测量为准，并且根据现场实际条件确定大桁架底座生根方案。

方案一：侧向焊接生根

根据工程现场实际情况，若下翻梁高度满足管线安装，间隔2m在下翻顶梁侧面对称预埋钢板。可将大横担专用底座或大横担直接焊接于预埋钢板上（图7-5）。

方案二：采用吊杆生根

根据工程实际情况，若下翻梁高度不足，即上方空间无法满足管线安装要求时，大横担两侧必须采用吊杆生根（图7-5）。

(2) 布点深化：

① 成品槽钢分为主横担和次横担，主横担为冷弯成型的热浸镀锌“U”形槽钢，用作承担管线及吊顶（如有）的荷载，并预留相关专业末端设备的安装条件；次横担为冷压成型热浸镀锌槽钢，用作横担及吊杆，安装固定各类管线槽。集成吊顶综合承载体系各组件及连接件安装形式如图7-6所示。

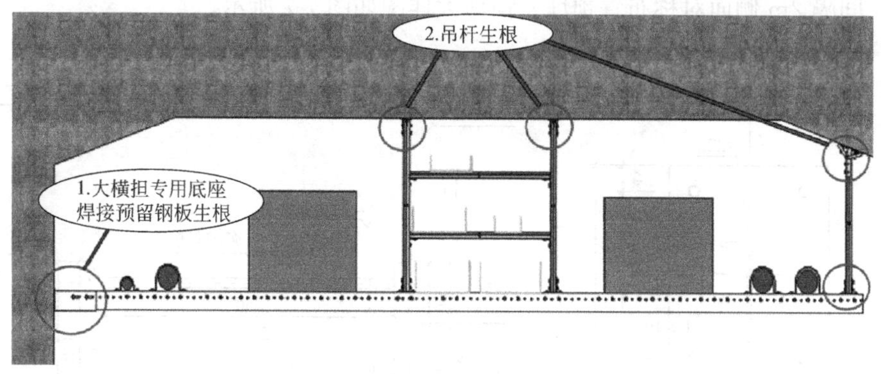

图 7-5　生根方案

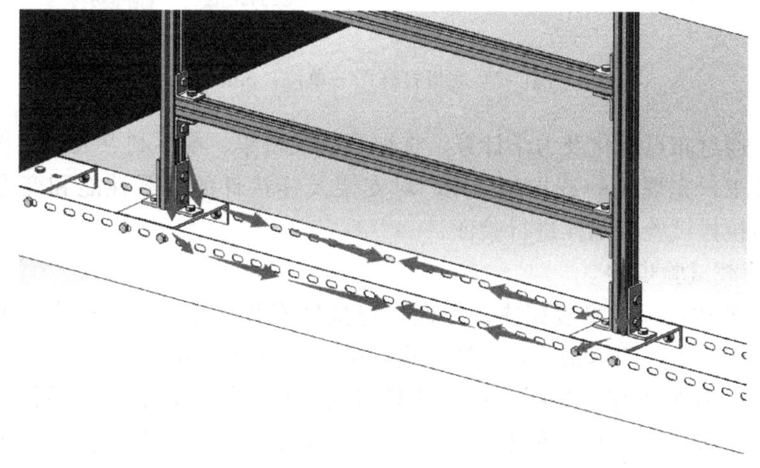

图 7-6　集成吊顶综合承载示意图

② 主横担的力学性能除满足集成吊顶综合承载体系的力学要求外，亦应满足在其本体上安装 4 个及以上 ϕ150 筒灯的要求；并预留荧光灯、广播、摄像头、导向标识等终端设备的安装条件，且根据装修专业的要求，终端设备的安装位置可任意调节。

③ 次横担槽钢内缘应具有齿牙，且齿牙深度应≥1mm，所有配件的安装应依靠机械咬合实现，以保证整个集成吊顶综合承载体系的可靠连接；严禁采用以配件的摩擦作用来承担受力的连接方式。

④ 结合现场测量情况及生根方案，利用 BIM 技术，对综合管线、末端设备进行整合排布，减少吊杆及支架，进一步优化管线布置。通过力学计算对每处布点进行校验，结合计算结果对其进行调整优化。

(3) 依据管综排布图，在结构下翻顶梁浇筑前将预制焊接钢板固定于主体梁上，间隔 2m 侧面对称布置预埋。预埋大样图如图 7-7 所示。

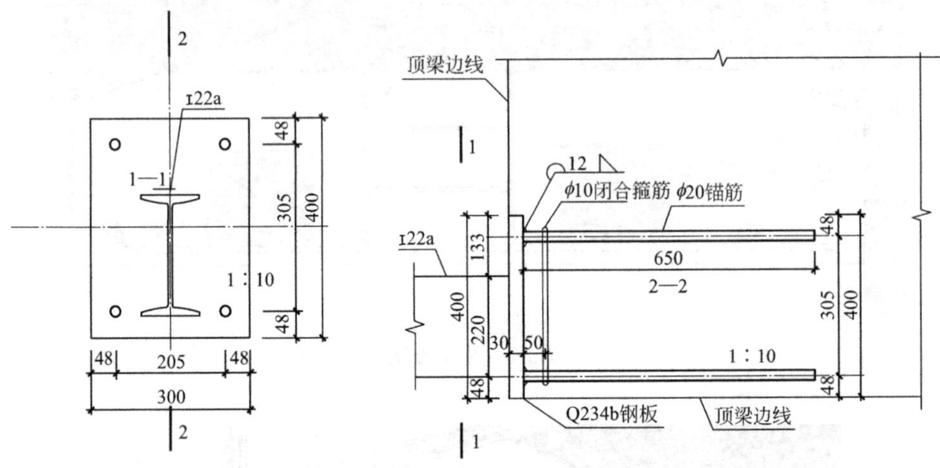

图 7-7　底板打样图（单位：mm）

（4）通过布点深化及力学计算，选取管线最密集、最不利点大桁架作为样板段进行施工，先现场静载加载 48h，对支架及连接件的承载性能和变形进行检验，再做拉拔试验对锚栓进行验证。

① 静载试验步骤

a. 支架按照标准安装完成，保证各连接件安装牢靠、承载稳定，卡套螺母必须与槽钢内齿之间紧密咬合，螺栓施加扭力值为 40N/m。

b. 各专业配以与之相同重量的沙袋对支架进行恒定加载，沙袋长度不可过长，搭载在横担槽钢上的重物不得触碰到上下临近的横担槽钢，避免对槽钢产生轴向力，造成与实际情况不符的变形和应力。现场安装不得野蛮施工，避免对支架及连接件造成不必要的伤害。

c. 静载加载 48h 后，槽钢变形不得大于 $L/200$，L 为横担长度。弹簧螺母不得出现承载失效性下滑。

d. 卸载时，从最下排横担开始卸载，依次卸载至最上排。

② 验收方式

a. 支架经过现场 24h 加载试验后，查看支架及连接件的承载性能和变形情况；

b. 支架槽钢有无变形，横担抗弯变形应小于 $L/200$，L 为横担长度；

c. 连接件及卡套螺母没有明显位移下滑；

d. 锚栓无失效拔出或其他形式的破坏，承载可靠。

（5）样板验收通过后，结合深化图纸开始对大桁架进行现场测量放线，集成吊顶综合承载体系的水平和垂直安装平均间距应≤2000mm，允许安装后间距误差为±200mm。

(6) 放线完成后，对底座固定锚栓进行打孔，用具有适用于抗震、开裂混凝土的机械锚栓，规格为 M12，最小有效植入深度为 80mm，公称钻孔直径 18mm。为了保证扩孔质量，机械锚栓应采用能够在混凝土基材中实现凸性拓孔的特殊钻头或使用套筒完成，满足《混凝土结构加固设计规范》GB 50367—2013 中对机械锚栓的要求，不得使用偏心钻扩孔的扩孔方法。注意用锚栓固定支吊架生根时，锚栓安装深度必须达到规定的深度值和扭紧力。

(7) 底座安装分为大横担底座和吊臂底座安装。

① 主横担固定底座的厚度应大于主横担的厚度，外观应平整光滑，无气孔、夹渣等现象，底座安装初期只需固定点焊即可，受管线安装和调整的影响，所有大桁架安装完成后应进行底座满焊。

② 吊臂底座安装时螺栓丝扣必须带满，锁紧螺母应锁紧，防止松动。

(8) 吊臂 U 形槽钢内缘须有齿牙，且齿牙深度≥0.9mm，并且所有配件的安装依靠机械咬合实现，严禁任何以配件的摩擦作用来承担受力的安装方式，以保证整个系统的可靠连接。支吊架调整后，各连接件的螺杆丝扣必须带满，锁紧扭矩为 40N·m，防止松动。

(9) 大横担安装采用专用扣板连接件，专用扣板连接件起到内部支撑作用，减小大横担开口内陷的可能性。顶部圆孔可用于安装固定各专业管线及吊杆。专用扣板连接件侧面开长圆孔，保证其可固定于大横担任意位置，方便快捷。其连接件的螺杆丝扣必须带满，锁紧扭矩为 40N·m，防止松动。扣板连接件如图 7-8 所示。

(10) 大横担安装完成后，需要对所有已安装的大桁架进行调平，然后对大桁架与底座之间和底座与大横担之间进行满焊焊接。其焊缝强度应≥240N/mm^2，型钢固定底座沿 U 形板内部满焊，焊脚宽度≥4mm（图 7-9）。

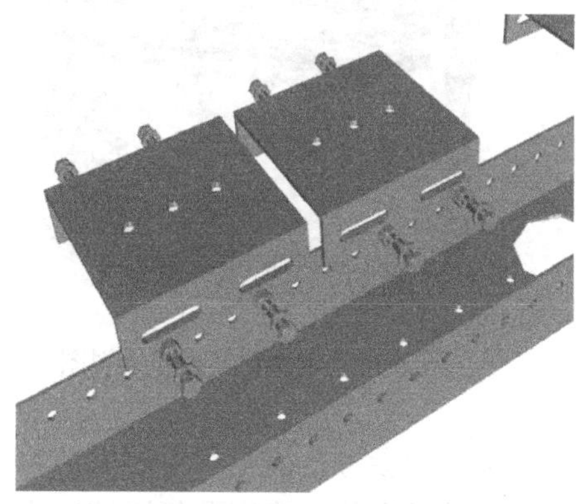

图 7-8 大横担示意图

图 7-9 大横担安装成品图

2. 综合支吊架应用技术

地铁车站环控电控室、环控机房、冷冻机房等设备机房均分布在站厅两端，所有进出机房及环控室管线均需从设备区走廊通过，同时还需预留进两侧走廊的风管、桥架空间及电缆敷设空间，此处管线是否能快速合理布置，将影响工程进度及系统功能。为了更好地合理布局以节省空间和有利于施工，综合支吊架技术应运而生。

施工过程如下：

（1）利用 BIM 技术绘制走廊等区域的结构模型。

（2）绘制机电管线布置模型，布置原则：风管置顶，桥架居中，管道置最底层；大系统风管贴顶布置，小系统风管与走廊隔墙距离需考虑三通开设、弯头加设及走廊吊顶影响；在气体灭火管道转入房间的部位应考虑检修空间的预留，并将下层管道靠两边布设；在走廊内，当图纸未全部下发时，管线平衡时需预留一部分空间。

（3）现场实测实量，调整结构及管线模型，重点关注设计图中易忽略的下翻梁。

（4）根据已平衡的管线终版图与承载提资资料深化设计支架大样图，在初步大样图完成后，进行承载力计算，验证安全性，并形成书面文件，经设计确认后完成蓝图（图 7-10、图 7-11）。

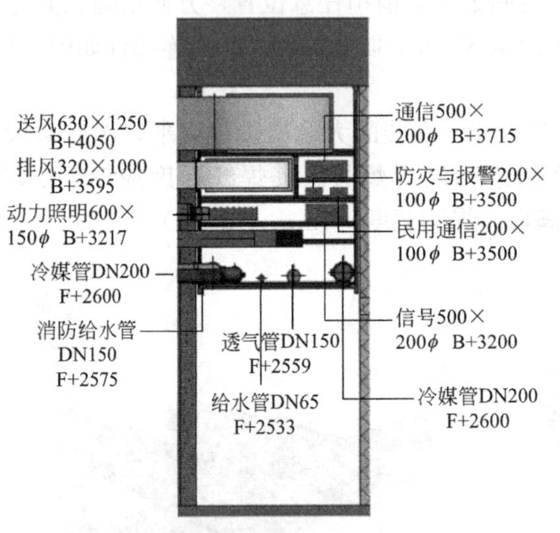

图 7-10 走廊管线布置截面图（单位：mm）

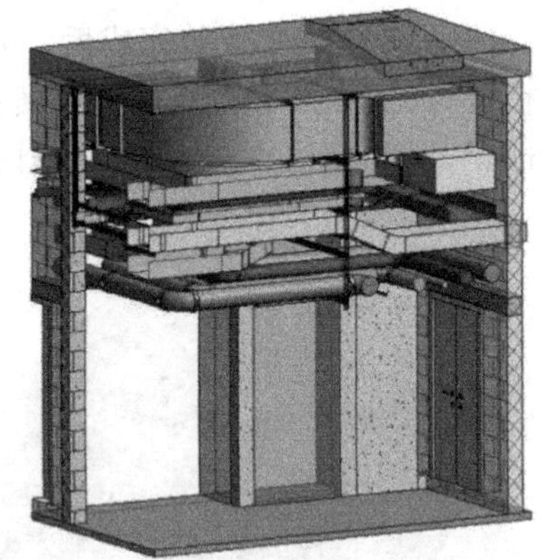
图 7-11 走廊管线排布透视图

（5）根据综合管线布置图，以风管、水管或墙体为参考，确定管道的安装位置，使用钢卷尺、水平尺、线锤、墨斗等工具进行弹线定位，确定顶板固定底座的安装位置。

（6）在安装位置用电钻按照锚栓安装钻孔要求进行钻孔，钻孔完成后，将内部清洁干净，采用后扩底锚栓固定底座，依据安装面是否有坡度选择不同底座形式，当安装面平整时选择不带调整装置的底座，当安装面有坡度或带弧度时，选择带调节装置的底座。

（7）底座完成后，依据先立柱后横担的顺序装配综合支吊架。

① 开始前先进行现场勘察和测量放样等工作，所有C型钢标准长度均为6m，用切割机具进行现场切割。

② 放入弹簧螺母：将弹簧螺母放入C型钢内安装位置。

③ 旋转并定位弹簧螺母：在C型钢内旋转弹簧螺母并定位。

④ 连接C型钢和顶板固定底座：将C型钢连带塑翼螺母放到顶板固定底座的对应位置，使连接件的安装孔与塑翼螺母的孔对应。

⑤ 固定竖向C型钢和顶板固定底座：将固定螺栓和垫片拧入安装孔和螺母，并拧紧（扭紧力矩：M12：70N·m，M10：50N·m）。

⑥ C型钢横支架的安装：

a. 定位：根据管路标高确定C型钢横梁位置，并在竖向C型钢上画线。

b. C型钢横支架和连接件的安装：将塑翼螺母放入C型钢内安装位置；在C型钢内旋转塑翼螺母并定位；将连接件连接在C型钢和塑翼螺母的对应位置，使连接件的安装孔与塑翼螺母的孔对应；将固定螺栓和垫片拧入安装孔和螺母，并拧紧。

c. 连接C型钢横支架与竖向C型钢：根据画线将塑翼螺母放入竖向C型钢内安装位置并旋转定位；将连接件连接在竖向C型钢和塑翼螺母的对应位置，使连接件的安装孔与塑翼螺母的孔对应；将固定螺栓和垫片拧入安装孔和螺母，并拧紧。

⑦ 管卡的安装：

a. 在C型钢横支架上确定管卡位置：根据管线位置，将塑翼螺母放入C型钢内并旋转定位。

b. 安装固定螺栓：将固定螺栓拧入塑翼螺母，套入固定螺母及固定垫片，暂时固定住螺栓。

c. 安装管卡：将管卡按照管径大小选择好后，拧入螺杆，安装到位，根据图纸要求调整螺杆的高度，使管道的标高符合要求，同时拧紧固定螺母。

d. 固定管道：将管道固定在管卡和橡胶垫上，并拧紧管卡上的固定螺栓。

（8）按照从上往下的顺序逐层安装机电管线，顶层风管安装时，将组装完成的一段风管用导链吊装至安装位置，再安装风管底部横担，横担安装完成后将风管缓慢落至横担上，进行调平，依次逐段进行安装。每个系统风管安装完成后，应及时加设固定支架，固定支架采用与综合支吊架配套的成品支架，待顶层风管安装完成后，将综合吊架横担全部固定到位，依照由上而下的顺序，逐步安装各层管线、桥架。

(9) 附着于综合支吊架上的部件安装，以摄像头安装为例。

① 根据设计图纸现场确定摄像机的安装位置，确定采用摄像机支架的固定方式。

② 测量综合支吊架到最终完成地面的高度及摄像机支架的子杆和母杆高度。

③ 采用双孔底座螺丝固定摄像机支架时，需要先行将母杆固定在综合支吊架上，使用梅花扳手拧紧固定螺丝，拧固需要牢靠，不得有松动现象（图 7-12）；采用抱箍固定摄像机支架时，要根据摄像机的安装高度，将子杆直接用抱箍固定在综合支吊架的竖杆上（图 7-13）。

图 7-12 摄像机固定于横担位置

图 7-13 摄像机固定于立柱位置

3. 基于 BIM 技术的抗震支吊架施工技术

抗震支吊架是以地震力为主要荷载的用于城市轨道交通机电的抗震支撑系统，是一种在遭遇到设防烈度的地震时，能将管道、电缆槽盒及设备产生的地震作用传到结构体上的抗震支撑措施。机电抗震支吊架系统是实施抗震设防的地铁结构设计的机电工程管路、线槽及设备安装的支持系统，应用机电抗震支吊架不但降低了机电系统在地震时造成的财产损失，而且对于减少人员伤亡意义重大。该新技术的使用还有效控制了二次灾害的发生，使得建筑在灾后发挥功能，使整个城市的抗震能力大大提高，降低了城市地震危险系数。

实施过程如下：

（1）基于 BIM 技术的图纸优化：

① 依据设计图纸及规范要求，确定管线计算间距。

② 利用 Revit 平台分别创建了建筑、结构、暖通、给水排水和电气等专业的 BIM 模型，然后根据统一标准把各个专业的模型连接在一起，获得完整的建筑模型，利用 Revit 软件进行机电管线抗震支吊架三维建模。

③ 根据建立的三维模型，对不同的方案进行比较分析，选择最优布置方案。

④ 制作预制加工图：管道预制过程的输入是抗震支吊架安装设计图纸，输出是预制成型的材料，交付给安装现场进行组装。用绘图软件重新绘制出（或重新加工出）或生成符合支吊架工厂预制要求的图纸，以及管道现场安装、管理需要的图纸（图 7-14）。

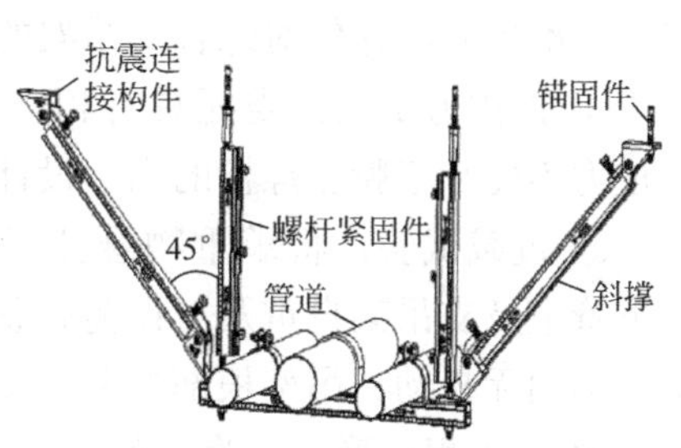

图 7-14 抗震支架示意图

⑤ 采用数控机床按照预制加工图纸输出预制化抗震支吊架。

（2）抗震支吊架设置要求：

① 管道和电线套管允许纵向偏移，但不得超过最大侧向支撑间距的 1/16；风管允许偏移，但不得超过风管宽度的 2 倍。

② 水平管道在 90°转弯时，需设抗震支吊架；其他角度转弯长度大于抗震设计间距的 1/16 时，需设侧向及纵向抗震支吊架。

③ 计算水平地震力荷载时，只需考虑满负荷重量而不需要考虑其他因素。

④ 抗震支吊架不应限制管线热胀冷缩产生的应力，当把热胀冷缩因素考虑在内时，纵向支吊架应在构件选型上考虑所选型号应能抵抗管线的热胀冷缩应力。

⑤ 保温管线的抗震支吊架管卡需按保温后的尺寸考虑，门型吊架用于保温风管，水管亦按此考虑。

⑥ 用于刚性的管道抗震支撑不能安装于建筑的不同结构部位或功能部位，否则会因地震作用而产生不同的位移。

⑦ 单管抗震支撑双向侧向或纵向或具有侧/纵向作用的拐点抗震支撑，应直接与管线或电线套管连接。应注意支管或小一级管线的支撑不能作为主管的抗震支撑，即不能作为另一方向（主管）的支撑。

⑧ 管线穿越建筑沉降缝时，应考虑沉降位移的设计。

⑨ 侧/纵向斜撑安装的最佳垂直角度为 45°，可根据现场实际情况适当调整。

⑩ 对水、电、风系统的单管或多管共用门型吊架，无论侧向或纵向斜撑，

斜撑偏离中心线 2.5°时不会影响其承载力。

（3）抗震支吊架的安装要求：

① 对安装工人进行交底，明确支吊架的综合布局，确定支吊架布置间距，根据施工布置图及大样图，明确布置方案。

② 横担的安装：将各种不同用途的横担，按照设计方案的要求，安装在不同的标高上。支吊架、托架所用的槽钢开口朝向应一致。

③ 抗震支吊架的校正：每个区域的抗震支吊架安装完成后，采用激光放线仪、水准仪和经纬仪对综合支吊架的吊杆和横担进行调正、调平。

④ 拉拔力试验：委托具有相应资质的检测单位在监理见证的情形下进行，拉拔力不能小于膨胀螺栓的出厂设计值，并应满足设计要求。

⑤ 过载试验：将承重物悬挂于支吊架上，荷载为设备、风道、电缆桥架、各类管道及支吊架自重及工作荷载总和的 2 倍，悬挂时间为 12h。试验结果以连接件牢固无松动、吊架根部严密、支吊架未变形为合格。

⑥ 施工程序确定：为避免各专业相互间的施工干扰，必须先确定施工顺序，掌握上层风道等体量大管道的先行施工，中层桥架、线槽再行施工，其他后续施工的原则。

（4）抗震支吊架与承重支吊架的组合与优化：

① 抗震支吊架的组成中含有重力荷载因素时，应将此重力部分作为一个承重支架使用。

② 抗震支吊架在设计中考虑的水平推力最少为 0.5G，在常规重力吊架中（不含热力管线的热应力）当涉及防晃支架且推力小于 0.5G 时，有抗震支吊架的系统可不设防晃支架及固定支架。

③ 在设计成品支架的系统中增加抗震支架，应直接利用成品支架节点，当部件设计不能满足抗震要求时，做加固处理即可。

④ 传统的焊接支吊架增加抗震支架时，应根据抗震计算的要求采用角钢或槽钢的型号，不得任意更改。

4. 动力配管轻型吊架施工技术

该技术采用 C 型钢作为动力配管的立柱、横担，专用 P 型管卡固定的形式，C 型钢壁薄、自重轻，截面性能优良，强度高，与传统角钢相比，同等强度能节约材料 30%；现场使用时根据实际需要直接切割相应长度的 C 型钢，进行简单加工后便可安装使用，固定钢管时采用专用 P 型管卡进行固定，不必打眼、安装简单，P 型卡在 C 型钢卡槽中可自由调节，方便管线定位，缩短了施工周期、加快了施工进度。C 型钢背面带腰型冲孔，与墙面、吊架等的连接可直接利用冲孔，不必打眼且支架位置利用腰型冲孔可以进行微调。

实施过程如下：

（1）沿墙敷设的支架全部采用C型钢做固定支架，钢管用P型卡固定，根据配管规格及数量确定C型钢支架长度后进行切割。管与管间距为20mm、管距支架边为15mm（图7-15）。

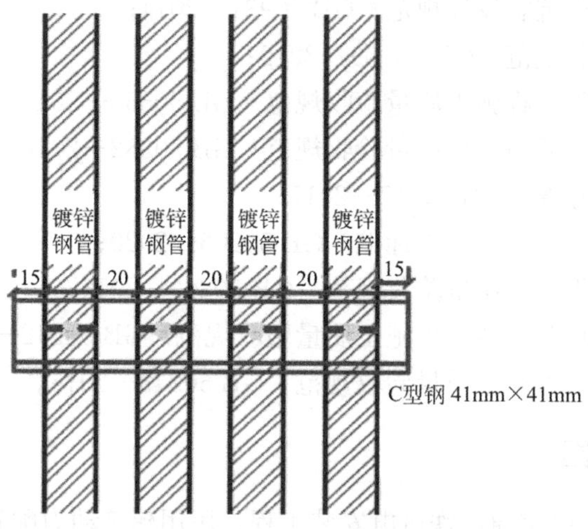

图7-15　支架长度的确定

（2）沿墙敷设支架利用其腰形眼用镀锌膨胀螺栓直接固定在墙体上，配管根数在2根及以下时在其中心设一固定点，配管根数在3根及以上时在距支架两端各50mm处设置固定点。

（3）支架沿顶吊装分为单根管与多根管及固定支架与吊架。支架形式采用固定支架结合丝杆吊架交替布置。固定支架立柱采用C型钢，成品底座与立柱连接，单管敷设用P型卡固定在立柱的侧面，配管2根以上5根以下立柱为单根，根据配管方式的不同，钢管可用P型卡固定在立柱的侧面也可固定在与立柱垂直的C型钢横担上。

（4）丝杆吊架：配管单根敷设时采用镀锌丝杆配合相应管径的灯笼抱箍使用（图7-16），配管2根以上5根以下采用两根M8镀锌丝杆配合C型钢横担使用（图7-17）。

图7-16　吊式丝杆吊架（单根）

图7-17　吊式丝杆吊架（2根以上5根以下）

7.2.2 技术指标

《抗震支吊架安装及验收规程》CECS 420：2015；
《建筑机电工程抗震设计规范》GB 50981—2014；
《建筑结构荷载规范》GB 50009—2012；
《建筑结构加固工程施工质量验收规范》GB 50550—2010；
《城市轨道交通通信工程质量验收规范》GB 50382—2016；
《钢结构设计标准》GB 50017—2017；
《钢结构工程施工质量验收标准》GB 50205—2020；
《建筑电气工程施工质量验收规范》GB 50303—2015；
《建筑给水排水及采暖工程施工质量验收规范》GB 50242—2002；
《通风与空调工程施工质量验收规范》GB 50243—2016。

7.2.3 适用范围

适用于城市轨道交通地铁机电安装工程、民用建筑动力配管系统中的支架制作及安装。

7.2.4 应用工程

上海市轨道交通 13 号线二、三期，15 号线；深圳地铁 20 号线；北京地铁新机场一期；苏州市轨道交通 3、4 号线；青岛地铁 3 号线机电系统安装 05 标；青岛地铁 2 号线机电系统安装三标。

7.3 基于 BIM 的地铁综合管线装配式施工技术

7.3.1 技术内容

国内企业已开始在施工阶段应用 BIM 技术，但只是浅尝辄止，如果只是建立一个三维模型进行展示，没有形成对 BIM 技术的深度应用，难以将 BIM 技术转化成生产力。以前，国内的管道施工安装企业大多是处于现场加工制作的操作模式阶段，由于管线布置不够精确导致预制加工图的精确度低和制作方法繁琐，致使制作预制加工图的效率不高，限制了预制加工的深度和发展。

传统机电各专业管线根据现场施工条件进行安装，施工人员现场需要对材料进行一系列的处理（下料、加工、焊接、涂漆等），根据以往经验进行管道安装。成本高、污染高、效率低、美观差、周期长、安全隐患高成为机电行业的通病。

利用BIM技术对机电专业各个系统的管线及管件进行二次设计、优化，对管件、异形连接件进行合理拆解标注，转化为二维CAD加工级图纸。生产车间根据图纸批量生产加工，利用二维码技术，对产品进行信息化处理，并将管件运输至现场完成拼接安装。实现了设计、生产、施工装配等多环节多专业数据信息共享，并实现了空间上的部分同步作业和流水线装配作业，同时通过BIM技术的精细化管理和协调以及工厂自动化生产，大大提高了生产和装配效率、加快了整体工期，从而实现了建造全过程的全产业协作。

1. 基于BIM的机电装配式设计技术

由于机电专业涉及的系统繁多（通风空调系统、动力照明系统、消防给水排水系统、FAS系统、BAS系统等），况且各个系统之间的管线管路走向错综复杂，各个系统管线的技术标准不尽相同，施工中各个系统管线碰撞的问题突出，这样在施工过程中很容易造成窝工的现象，不仅会影响到施工效率，还会造成不必要的资源浪费，而且施工工艺、施工质量会大打折扣，长此以往，机电项目就很容易造成亏损。

基于BIM数字信息技术，结合Revit三维建模软件的可视化性、模拟性、协调性、优化性的特点。我们在未施工前就已经掌握了各个系统管线管路走向，依据各个系统的技术标准对管线进行设计、优化。意在解决施工过程中各个系统管线交叉碰撞的问题，规避管线与结构梁、柱等穿越问题。掌握施工重点、控制施工难点。

利用Revit模型转化导出功能，将深化完成的三维模型转化为二维CAD图纸。并对图纸进行详细标注。根据设计标准对管道进行合理合规拆解，并对材料量进行统计；对管道异形件单独标注拆解，对其进行批量编码；然后，在加工车间进行模块化加工。这样所有材料运输至现场便可根据深化图纸直接安装拼接。

实行BIM模型对接到工厂数控机台，实现智能生产，充分利用先进技术实现模型、图纸、成品1∶1还原，通过数据转换将工程级别信息与机械加工级别信息转化，完成数控机床的自动加工处理。保证建设工程行业中的数据流通的闭环，结合工厂预制加工数据的反馈实时跟进预制件的加工进度。

基于BIM技术的工作流程如图7-18所示。

2. 风管设计优化及预制生产

1）风管设计优化

基于BIM技术，利用Revit软件的协调性对通风空调系统管道进行设计优化，将通风空调管道拆分为便于加工、运输及现场安装的模块化单元，并采用二维码信息技术对模块化单位进行编码。对于传统风管的预制加工，由于通风空调设计施工图上的风管只简单标明了风管的位置、标高以及截面尺寸（除了部分标准部件可以按指定的标准大样图加工外），其他风管的具体尺寸，例如风管的长

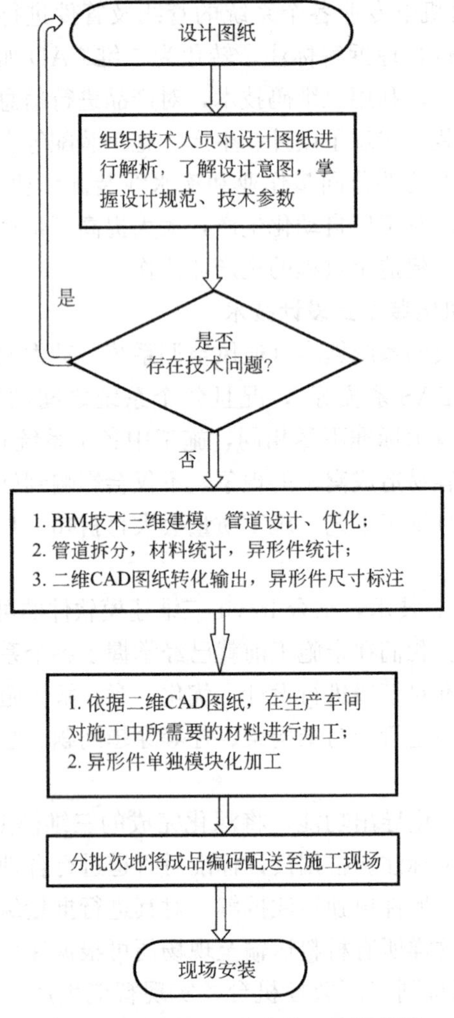

图 7-18　基于 BIM 技术的工作流程图

度、三通、四通的高度及夹角、弯头的曲率半径及角度等，均要实地测量才能绘制出风管加工图，再发给工厂进行生产。

传统风管加工技术存在的问题主要有以下四个方面：

（1）传统风管加工是建立在现场实测数据之上的，否则风管加工的准确性难以保证，这就决定了风管加工需现场具备实测条件才可以进行测量及加工作业。由于二维图纸上难以显示风管加工所需要的全部数据，在城市地铁车站机电安装工程中风管加工前必须进行现场实测，根据实测数据及施工图绘制加工图，确保风管加工目标尺寸的正确性。

（2）传统风管加工是在现场加工的，设备投入成本高，加工厂占地面积大，给现场安全文明施工管理带来难题。

（3）管线碰撞问题难以在风管加工前全部暴露，为项目施工埋下不可控因素。传统的二维综合管线图纸的直观性较差，特别是对于复杂项目的碰撞矛盾和隐藏问题难以完全暴露。在城市地铁机电安装工程中最经常碰到的就是管线碰撞的问题，这也是制约风管预制加工发展的重要原因之一。若要解决管线碰撞的问题只能修改管道路径，这样必然造成返工，造成施工成本增加、进度滞后，也可能会影响施工的质量。

（4）现场加工的不可控因素多，影响风管加工质量。

采用BIM技术的风管预制加工是建立在BIM机电模型之上，减少了一些制约因素对风管预制加工的影响。根据BIM模型，生成基本视图、剖视图、局部放大图、展开图等各种工程图，将风管按相应标准长度分段。

目前的建筑中95%通风空调管道大多采用金属矩形风管，它的结构简单，生产工艺不复杂，通用性好。采用Revit软件创建三维模型，从中提取风管数据，进而得到需要生产的风管参数，如尺寸、板材厚度、法兰规格、冲压孔大小。风管边长厚度及法兰尺寸的对应关系见表7-1。

风管边长厚度及法兰尺寸的对应关系表　　表7-1

序号	边长(mm)	通风风管板厚(mm)	排烟风管板厚(mm)	法兰(宽×厚)(mm)
1	$b\leqslant320$	0.50	0.75	25×3
2	$320<b\leqslant450$	0.60	0.75	25×3
3	$450<b\leqslant630$	0.75	0.75	30×3
4	$630<b\leqslant1000$	0.75	1.00	35×3
5	$1000<b\leqslant1250$	1.00	1.00	35×3
6	$1250<b\leqslant2000$	1.20	1.20	40×4
7	$2000<b\leqslant4000$	1.20	2.00	50×5

工程实践中，金属风管尺寸参数的相应法兰厚度都是依据表7-1确定的，通常一段通风直管拆分为标准长度的管段，我们将每节风管拆分为长度1230mm，如图7-19所示。

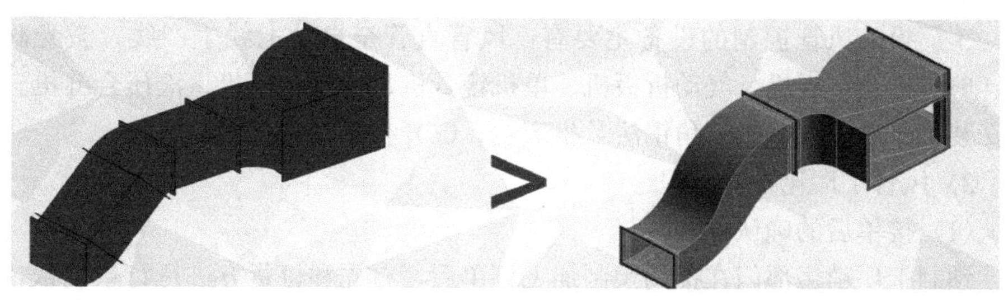

图7-19　风管拆分

在模型中知道某一规格总风管长度可以计算出风管的节数和长度以及板材厚度，同时分析 BIM 模型中的数据，可自动得出某规格的弯头数量、弧度、半径、规格、变径数量、大小头尺寸、变径管件尺寸、中心偏移量等相关参数。

基于 BIM 的风管预制加工应用于地铁车站的优势在于：

(1) 风管工厂化预制加工不受施工现场条件约束，即使现场不具备开工条件，也可实现异地预制加工，最大限度地缩短了工期。

(2) 风管工厂化预制加工，不受现场自然条件气候影响，作业条件好。

(3) 风管工厂化预制加工，设备先进，生产效率高，质量可控。

(4) 风管工厂化预制加工，实现资源共享，不同项目的风管预制任务可在工厂进行，提高了设备利用率。

(5) 风管工厂化预制加工，施工现场只做简单的装配安装，有利于施工现场的安全文明施工管理。

(6) 风管工厂化预制加工，将人工、材料、机械集中起来统一管理，降低了施工成本，提高了效益。

(7) 应用 BIM 的可视化特性，让加工和施工管理人员都可以清楚知晓设计意图，清楚地知道其构成，大大减少了仅靠理解二维图纸可能出现的偏差，确保风管加工顺利进行。

通过 BIM 深化，将原来需要数节风管短管及管件才可以连接的风管管段优化为一个整体的管段，直接与风管三通连接，有效地避免了传统模式中在现场施工将数节风管短管及管件拼装产生的误差，降低了现场施工安装的难度，提高了施工安装效率。

2) 风管的预制生产工艺流程

风管工厂预制分为直管预制加工和异形件预制加工。

风管工厂化生产流程有：联系确认加工任务订单，制定加工工艺标准交底书，原材料采购，配套连接配件附件订购，生产加工任务排产计划，直管风管生产线成型，异形风管下料、压筋、辘骨、合口、接板、装法兰等制作成型，风管支持安装，成型风管密封胶涂抹，卡簧等附件生产，风管成品检验入库，装配和配送发货。

工厂投入风管预制的设备主要有：风管直管全自动七线生产线，激光割板机、剪板机、折板机、气动折板机、单机辘骨机、单机接板机、液压合缝机、角码安装机、液压铆钉机、角钢法兰生产线、CO_2 保护焊机等。

3) 风管工厂化排产流程

(1) 接单后的确认

预制工厂销售部门在接到预制加工订单后，首先和订货方进行订单确认，对材料要求、供货周期、技术要求进行沟通，以便工厂生产的有序排产。

（2）下发工艺标准、任务数量交底书

技术部门按照订单桥架类型、数量、型号和销售部门提供的订货方要求，制定相应的工艺标准及任务数量交底书，详细描述任务产品的类型、数量、规格、尺寸、制作工艺要求，保证产品满足风管行业的执行标准和订货方要求。按照交底书的标准要求和交底数量制定预制风管所需原材料计划和外购配套连接螺栓等配件附件采购计划，交物资部门采购。

（3）原材料采购和连接螺栓配件附件采购

物资采购部门在接到技术部门提供的采购需求计划后，按照需求计划进行分类，对风管材料用的镀锌钢板的厚度、锌层要求、螺栓种类等合理组织分配，市场多家供应商询比价，登记物资台账，记录采购时间、采购数量、供应商名称等信息，使所购物资材料有可溯源性，并及时采购回所需原材料和螺栓配件等附件。原材料和螺栓配件等到工厂后第一时间进行验收或复检，提供相应的原材料检验报告，符合标准、验收合格后，才准许入库。

（4）制订生产任务排产计划

生产主管接到交底书后，先按交底书中任务产品分类，分配相应生产车间，生产车间再按交底书风管的类型、数量、工艺标准要求、供货周期要求等制定车间订单批次排产计划。排产计划应能保证在订货方要求的时间内及时完成要求提供的货物种类和数量，合理分配班组，既能控制好生产成本又能提高效率，并上报给生产主管。风管生产预制，车间内分配为风管直管、风管异形件预制加工和角钢法兰预制加工。生产车间与物资采购部门进行预制加工风管直管、风管异形件和角钢法兰、螺杆支撑、密封胶等原材料的出库交接，开始进行生产。

（5）风管直管、风管异形件工厂生产的质量控制

安全质量部门在工厂生产风管直管、风管异形件的过程中，对质量进行监督，及时处理出现的质量问题；同时对安全进行检查监控，及时有效制止违章操作和忽视工作安全的现象。

（6）工厂完成生产后的入库和出库热镀锌

风管产品主要原材使用镀锌板材，有印花和不印花之分，有低锌层和高锌层之分。生产车间完成工厂生产环节后，和物质采购部门仓库管理人员进行交接入库。

（7）配送发货

安全质量部门在风管直管和风管异形件预制成型后，对风管产品质量进行检查监控，风管要求外观美观、合缝紧密、打胶均匀、法兰锚固稳固，安全质量部门在生产车间、技术部门和物资部门仓库管理人员配合下，配送风管直管、风管异形件、连接螺栓等附件，至订货方指定地点，与收货方办理交接手续。

风管工厂预制加工流程如图7-20所示。

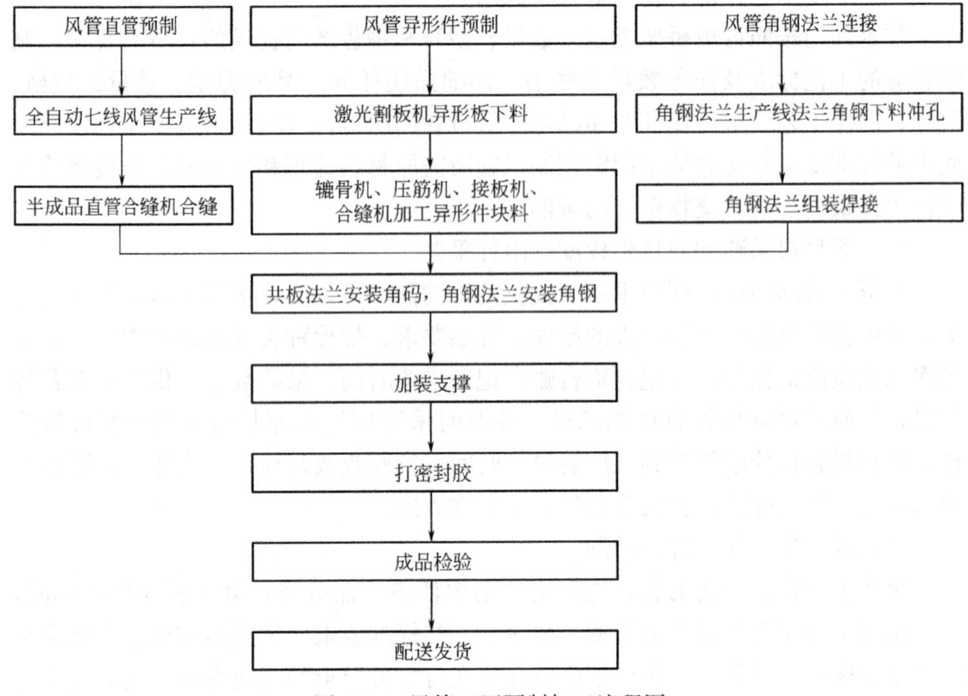

图 7-20　风管工厂预制加工流程图

4）风管直管生产流程

风管直管自动生产线一次半成品成型，可完成自动开卷、整平、压筋、切角、冲连接孔、剪断、镶边、镶法兰、折弯等工艺步骤（图 7-21）。

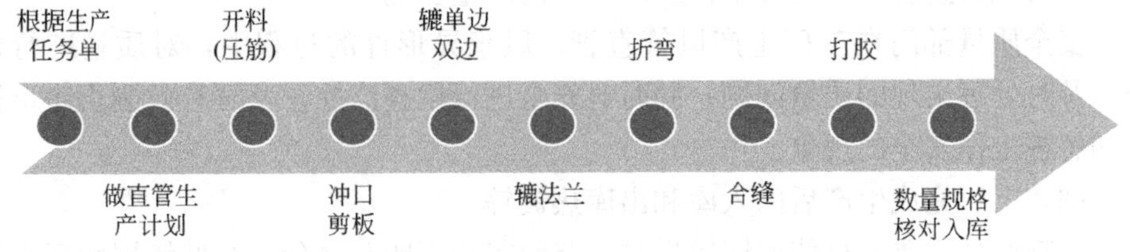

图 7-21　风管直管生产工艺流程

首先按预制风管的板材厚度选用镀锌钢卷，风管直管生产线放料架一次可放四种厚度型号的镀锌钢卷。将选用的厚度钢卷头拉入生产线校平辊轴，启动生产线电源，在控制电脑面板输入一次成型直管风管的长度、折弯尺寸、加工数量等参数，按动手动进料开关，卷材进入整平、压筋机组，动力可以传输给自动运行环节。开启自动模式，卷料将不间断进行后续工序，在最后折弯平台处，由两人取出半成品风管直管，转送合缝机合缝。使用角码安装机安装角码，最后打胶，核对规格型号数量入库。

5）风管异形件加工

按预制风管的要求，在激光切割机平台上放入需要切割的镀锌钢板，导入事先切割排版的文件到激光切割机控制程序中，激光切割机将割出异形件的每一面异形钢板，卸料前要对每一块切割好的钢板进行书写编号，以便预制中对号拼接。取料后再分别使用压筋机、单机辘边机、单机法兰机、风管折弯机、接板机等专用生产设备，对板进行压筋、辘边、辘法兰、折弯、接板等，加工拼接配件，最后将每一个配件组合装配在一起进行合口，安装法兰或法兰角码，对缝隙处使用密封胶封堵，检验核对成品数量进行入库（图 7-22）。

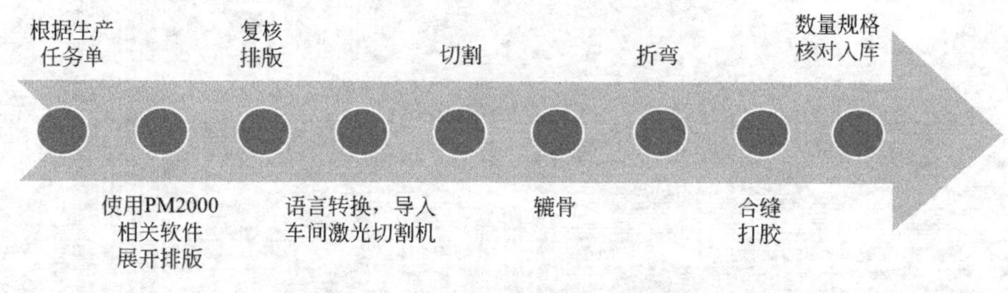

图 7-22　风管异形件生产工艺流程

6）角钢法兰预制和安装

根据法兰连接形式的要求，对应角钢法兰连接的需预制焊接角钢法兰。

按风管口径大小制作角钢法兰，角钢下料采用风管角钢法兰数控生产线下料。角钢法兰数控生产线可以设定角钢型号大小、法兰口径、连接孔数量和铆钉孔数量，生产线操作软件将自动套入分配角钢冲孔位置，下料同时进行冲孔，下料尺寸标准，孔距统一，便于风管连接。角钢生产线预制出角钢，按照法兰尺寸，对法兰角钢进行拼装焊接。焊接好的角钢法兰套入风管，贴紧风管翻边，用夹具夹紧，用电钻对应法兰上铆钉孔打穿风管钢板，用液压铆钉钳将铆钉锚固住风管和角钢法兰，最后对角钢法兰与风管缝隙、铆钉帽进行密封胶封堵。当风管口径较大时，根据设计要求，要对风管中间加设支撑（图 7-23）。

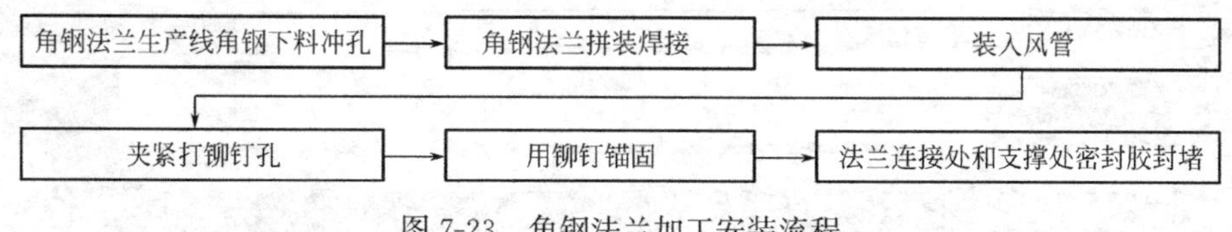

图 7-23　角钢法兰加工安装流程

3. 桥架设计优化及预制生产

1）桥架设计优化

图 7-24 所示为某站地铁线实际情况，根据管综设计图纸，在以往的施工模式中，施工人员只知道此处有多少个系统的管道，以及各个系统管道的标高、尺

寸、位置。然而，具体到各个管道系统之间是否存在交叉碰撞、管道是否需要异形连接件、是否影响其他专业设备的安装等问题，只能在施工过程中才能被发现。有时候还会出现施工完成后才发现影响到其他专业设备安装的现象。这样对解决问题带来不必要的麻烦，同样也会影响到整个项目的效益。

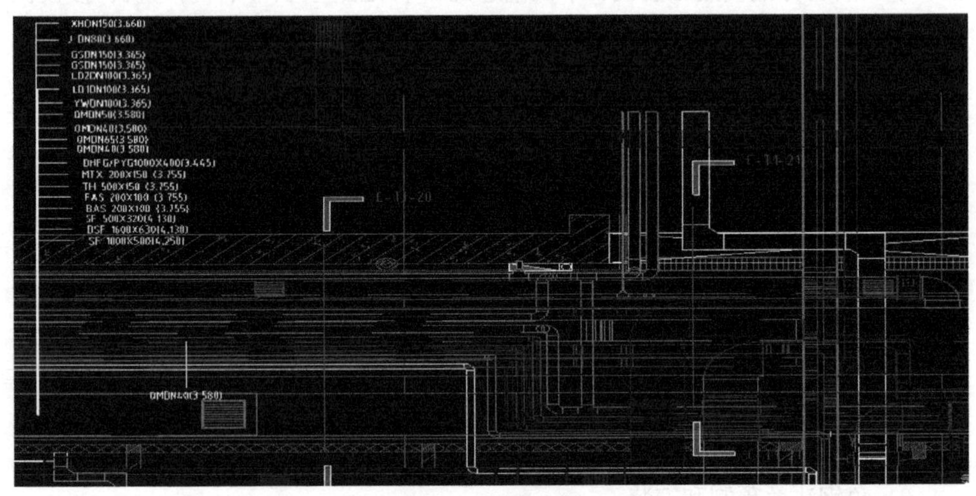

图 7-24　某站地铁线实际情况

现在，利用 BIM 技术，我们使用 Revit 三维建模软件，依据设计图纸进行三维建模（图 7-25），在项目未进场施工前就能够发现并解决交叉碰撞、异形连接件管件等问题。

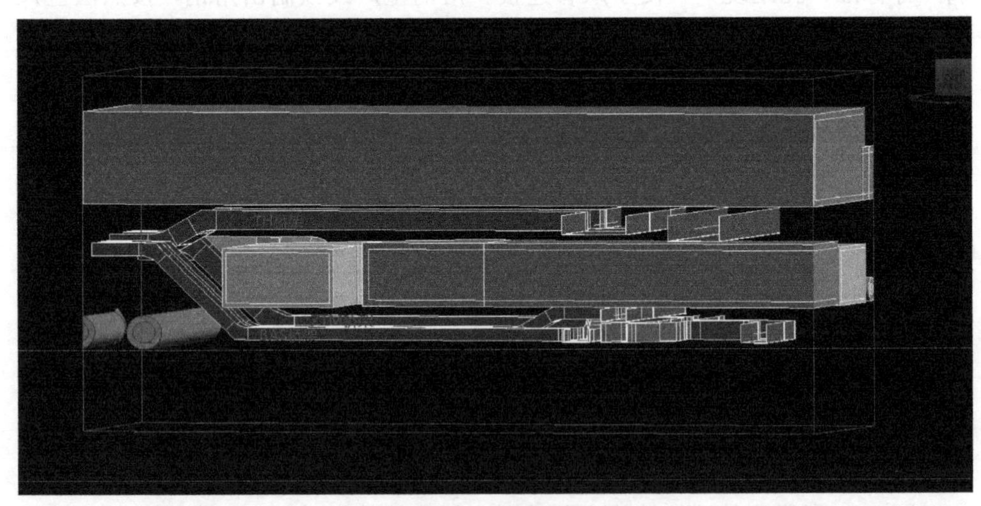
图 7-25　BIM 建模

TX 桥架、BAS 桥架、ZTM 桥架在敷设安装时会与风管产生交叉碰撞，利用 BIM 技术我们可及时发现碰撞问题，并在不影响使用功能、不违反设计原则、考虑施工安装空间以及检修空间的前提下进行管道优化设计（图 7-26）。

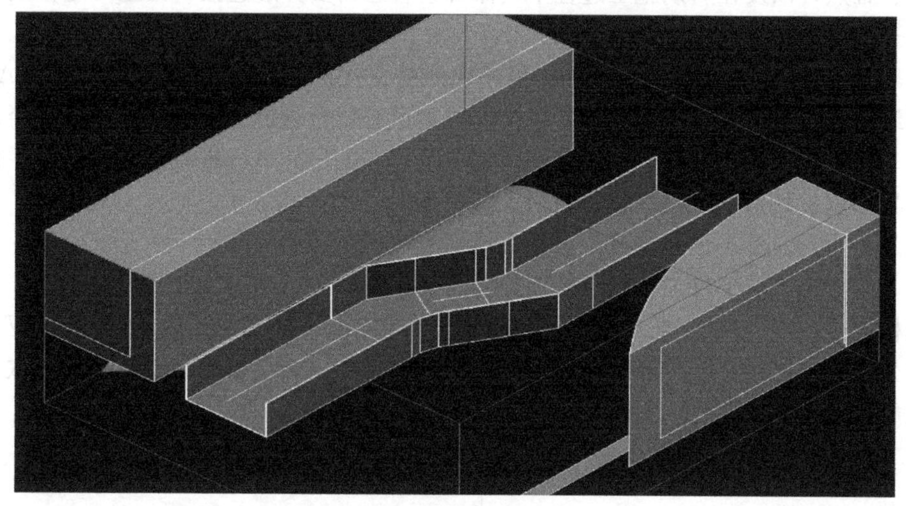

图 7-26　BIM 优化

经过深层次设计优化，我们及时地规避了碰撞问题，但在施工中可能会出现部分管道需要异形连接件的情况，如图 7-27 所示为优化后管道连接需要的异形件加工示意图。

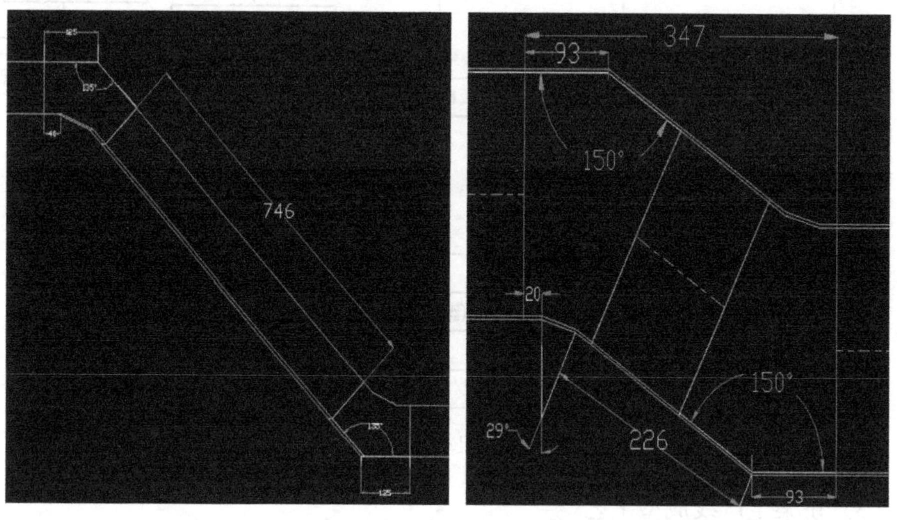

图 7-27　异形连接件二维加工示意图（单位：mm）

传统做法都是现场临时加工，现场加工既不能节约资源，又不能体现文明施工和节能环保，同时会存在一些安全隐患。现在我们使用 BIM 技术，基于 Revit 软件三维模型，利用其可视化、模拟性的特点，更为直观地掌握施工过程中的重点、难点，以及在后期施工过程中具体哪些管道需要异形连接，甚至可定位到异形连接件的具体点位。

基于 Revit 软件建立的模型，可转化成施工用的二维 CAD 图纸，根据 CAD 图纸对异形件尺寸精准标注，并对标准段管道进行合理拆解，再将图纸发送至加工车间进行模块化加工。加工车间根据图纸标注的尺寸进行批量模块化加工，使得异形连接件运输至现场便可直接安装施工。

2）桥架/梯架预制生产工艺流程

桥架生产异形件加工取得模型数据作为预制参数，车间生产工艺主要有：直通桥架生产线一次成型，梯架侧边生产线一次成型，梯架横档生产线一次成型，梯架侧边、横档焊接，异形件的下料、冲孔、折弯、焊接成型和连接片的一次冲压成型（图 7-28）。

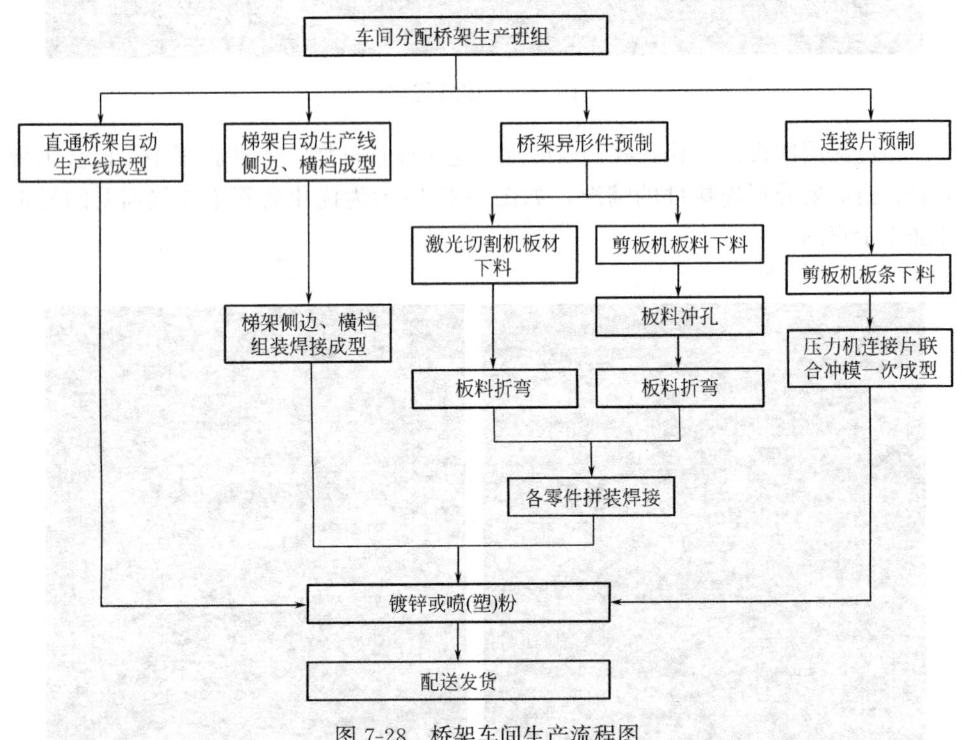

图 7-28　桥架车间生产流程图

3）桥架生产线成型工艺

桥架直通成型采用自动冷弯型钢生产线设备，生产线可完成开卷、初整平、logo 辊压、冲孔、剪断、20 轴直通辊压成型、矫直连续作业。可生产 1.0～3mm

厚、100mm×50mm至800mm×200mm规格的直通桥架。直通桥架生产线的操作至少保证两人共同参与，一人操作生产线，另一人主要负责巡视生产线周围和生产线自身的运行情况，如有意外发生，好在第一时间停机。

工厂车间按照排产计划要求，选用相应宽度、厚度的纵剪钢卷，吊装前不允许打开纵剪钢卷上的固定钢带。把钢卷吊装上卷料开卷机，吊装时要注意钢卷的开卷方向，如果装反，会导致开卷不顺畅。还需注意要将钢卷装在辊压生产线的中心线上，不能偏离，否则开卷后钢带会走偏，桥架成型不符合要求。钢卷位置合适时，电动顶起开卷器支架，撑起钢卷，安装上防脱挡板。从钢卷侧方打开固定钢带，要注意固定钢带和钢卷在断裂时可能甩出伤人。将钢卷料头拉出，装入自动整平机。

全自动直通桥架冷弯生产线启动前，先检查生产线周围有无杂物堆靠在生产线上，如有要清理，去除安全隐患。启动生产线主电源控制柜，对整线设备控制系统、动力系统通电，启动20轴辊压轴空转，启动冲孔冲床空转，检查润滑系统，使零件进行空载预热。

生产线全线控制系统电脑控制记录直通桥架辊压成型速度、数量和辊压成型总长度、总数量。控制电脑输入订单的数量、长度等参数，控制系统将按设定的数据对全生产线进行自动化控制。

将卷料头推入自动整平机的一轴，动力开始传输到钢卷料头，将料头自动牵引进辊压线主机。生产线运行时，如果观察和测量结果不符合标准要求，有异常时，就需对辊压线进行微调，直到直通桥架成型后完全符合标准要求。最后进行码垛堆放、打捆，交物资仓库入库验收。

在每一卷钢卷快使用结束时，操作人员应降低生产线运行速度，直至钢卷全部进入整平机。

桥架断面和连接孔形式如图7-29所示。

4）梯架生产线成型工艺

梯架成型采用的冷弯型钢生产线设备分为两部分：

一部分生产线可完成侧边的开卷、初整平、侧边15轴辊压成型、冲孔、剪断、矫直连续作业；

另一部分生产线可完成横档的开卷、整平、10轴辊压成型、切断联系作业。

最后将侧边和横档拼装焊接成型。梯架生产线的操作至少保证两人共同参与，侧边和横档至少一人操作生产线，看护生产线运行，如有意外发生，可在第一时间停机。

车间吊装上料操作参考“3）桥架生产线成型工艺”。

生产线两部分，每部分各有一个控制系统电脑，控制记录梯架辊压成型速度、数量和辊压成型总长度、总数量。控制电脑输入订单的数量、长度等参数，

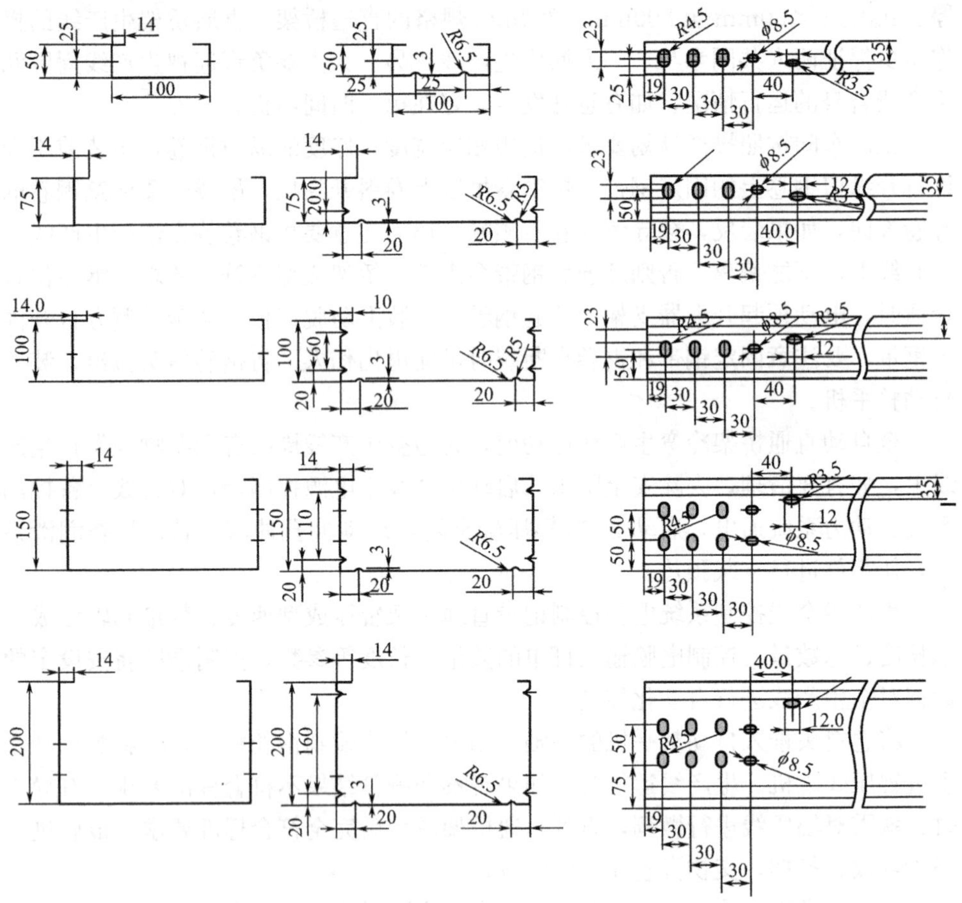

图 7-29 桥架断面形式和连接孔形式（单位：mm）

控制系统将按设定的数据对全生产线进行自动化控制。

将卷料头推入自动整平机的一轴，动力开始传输到钢卷料头，将料头自动牵引进辊压线主机。生产线运行时，如果观察和测量结果不符合标准要求，有异常时，就需对辊压线进行微调，直到侧边或横档成型后完全符合标准要求（图 7-30、图 7-31）。再在侧边、横档生产线中间拼装平台上组装和焊接，最后进行码垛堆放、打捆，交物资仓库入库验收。

梯架工厂预制加工工艺流程如图 7-32 所示。

5）桥架异形件加工工艺

桥架异形件均为非标准加工件，采用激光割板机切割板料，再用折板机折出需要的形状，最后将各配件拼装焊接成型（图 7-33）。

桥架异形件加工班组按照排产计划选取异形件所需板料，把板料吊装上激光切割平台上，导入激光控制电脑图纸及排版，用激光切割机进行下料。异形板料

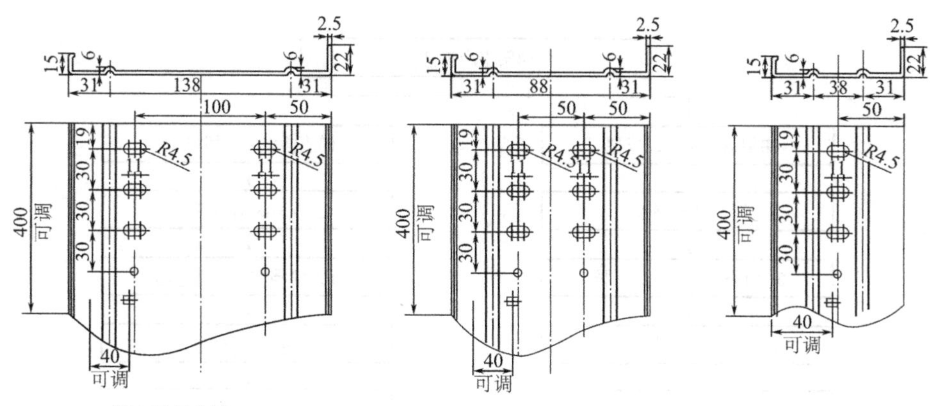

梯边桥架参数：

1. 梯边高度为 H100mm、H150mm、H200mm；
2. 材料厚度为 1.5～2.5mm；
3. 长度为 1000～6000mm，可调节；
4. 盖板固定方孔可调节，七字扣用中号；
5. 开孔见附图；
6. 所有厚度材料展开尺寸为 H100＝128mm，H150＝178mm，H200＝228mm。

图 7-30 梯架侧边开孔样式（单位：mm）

下料时连孔带型一次性落料，然后将下好料的板在折板机上折出所需位置角度，最后将一件异形件相对应的异形配件拼接，用 CO_2 保护焊焊接成型。加工好的桥架异形件可和直通桥架等一同镀锌或喷涂并配送发货。

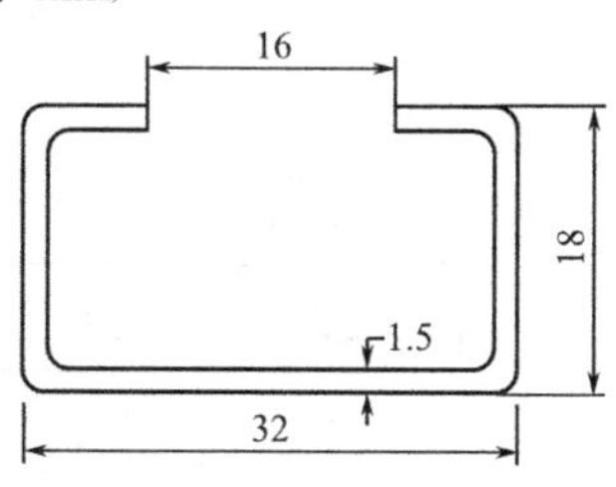

图 7-31 梯架横档样式（单位：mm）

6）桥架连接片加工

桥架连接片形式简单，共有三种固定形式，分别用于 100mm 高单排连接孔桥架、150mm 高双排连接孔桥架和 200mm 高双排连接孔桥架。连接片的宽度固定为 190mm，厚度根据桥架厚度确定。连接片加工先用平板在剪板机上纵剪成 190mm 宽的板条，再由压力机联合冲模一次冲压完成，即冲孔、折边、切断同步完成。将连接片用铁丝穿成固定数量的串，便于计数、存储和转运，同桥架、异形件一同镀锌或喷涂并配送发货。

7）桥架喷（塑）粉

工厂安装有电加热全自动链条传动静电喷（塑）粉生产线设备，可以进行喷粉作业。将需要喷塑的桥架或配件在上料工位上悬挂到喷塑粉线输送链上，输送链不间断向前运行，当喷粉件进入喷粉室内，自动喷枪对喷粉件全方位进行喷涂。自动喷粉室侧方有两个人工喷粉工位，工人对自动喷粉进行监看的同时可以对局部有缺陷的位置进行补喷。继续运行至烘道内，经过高温烘道，喷粉塑化，形成塑膜，最后在下料工位由工人卸下桥架或配件，打包入库（图 7-34、图 7-35）。

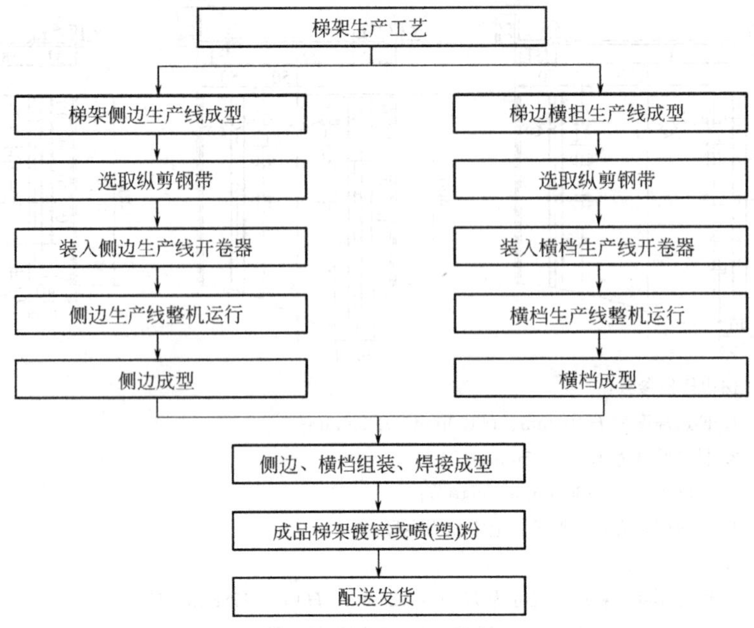

图 7-32　梯架工厂预制加工工艺流程图

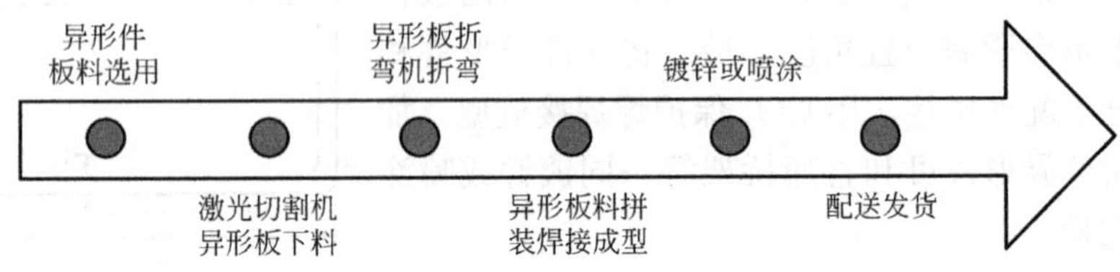

图 7-33　桥架异形件加工预制工艺流程图

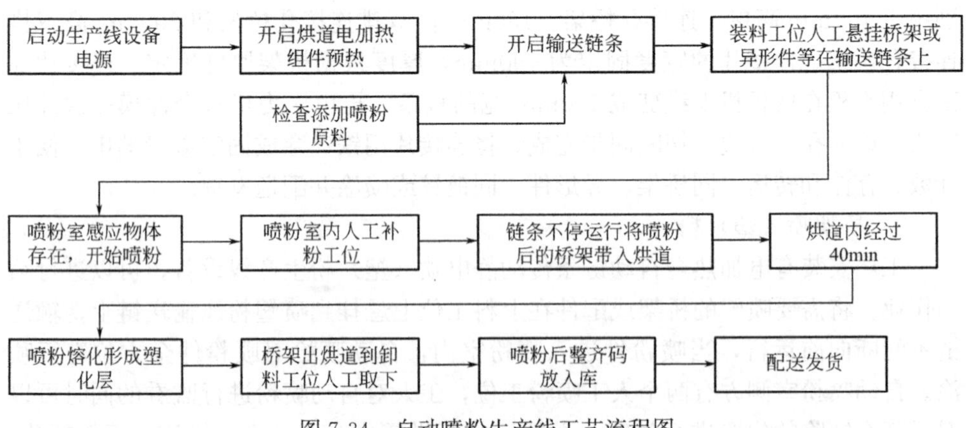

图 7-34　自动喷粉生产线工艺流程图

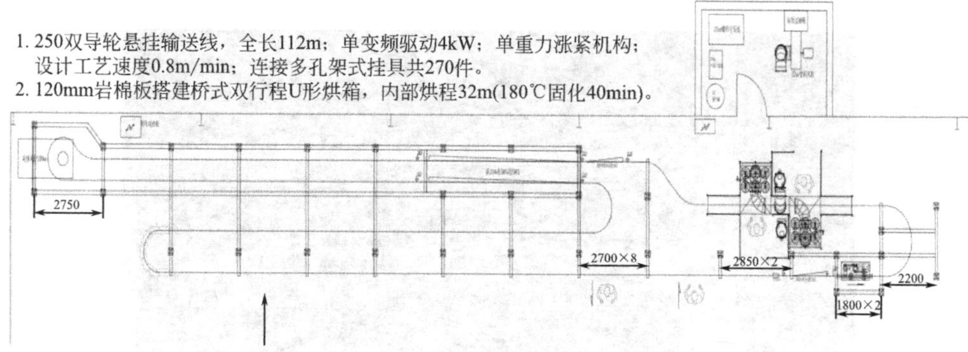

1. 250双导轮悬挂输送线，全长112m；单变频驱动4kW；单重力涨紧机构；
设计工艺速度0.8m/min；连接多孔架式挂具共270件。
2. 120mm岩棉板搭建桥式双行程U形烘箱，内部烘程32m(180℃固化40min)。
2750
2700×8
2850×2
2200
1800×2

图 7-35　自动喷粉生产线平面图（单位：mm）

4. 基于 BIM 技术的给水排水管道实例应用

在给水排水与消防管道设计中，传统 CAD 设计图纸管线仅为示意，冷却水管道不体现管道连接管件，如图 7-36 所示。

图 7-36　给水排水与消防管道传统 CAD 设计图

在建筑工程暖通水系统施工过程中干管与支管连接，传统做法一般采用正三通连接的工艺，即在干管上开孔，然后支管与干管垂直连接正三通，此工艺虽然施工方便，但增大了管道内水流量局部阻力损失，进入支管内水流量相应减少，较大地影响了暖通系统的使用功能，既损失了水流量，又消耗了水泵使用过程中的电量。通过 BIM 模型深化管线，我们采用顺水三通，如图 7-37 所示。

顺水三通用于水系统中干管和支管的垂直连接，虽然是垂直连接，但支管进入干管的连接处不是垂直相交，而是通过一小段圆弧顺流体的流向进行连接，这样就会使管道中的水很顺畅地流动，减少了水流的阻力，保证水的流量可以满足设备的正常运行。由相关资料可知分流时三通的阻力系数如图 7-38 所示。顺水三通的角 θ 近似等于 45°，正三通的角 θ 等于 90°，由图 7-38 和图 7-39 得知不论在分流还是合流时，顺水三通的局部阻力系数都要比正三通的局部阻力系数小，

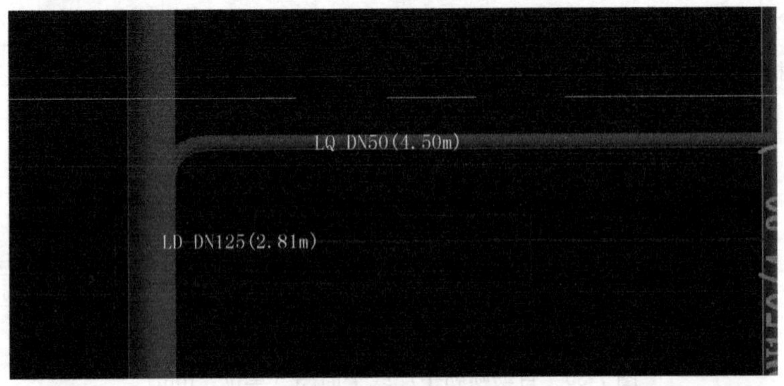

图 7-37　顺水三通

由此我们在 BIM 模型深化中采用顺水三通，比正三通工艺的管道局部阻力更小、系统更优。通过 BIM 模型可以对现场管线提前优化，减少现场不必要的返工，大大提高了工作效率。

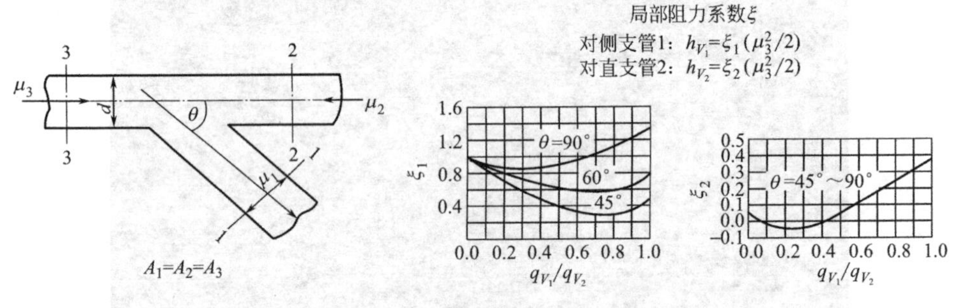

图 7-38　三通的阻力系数一

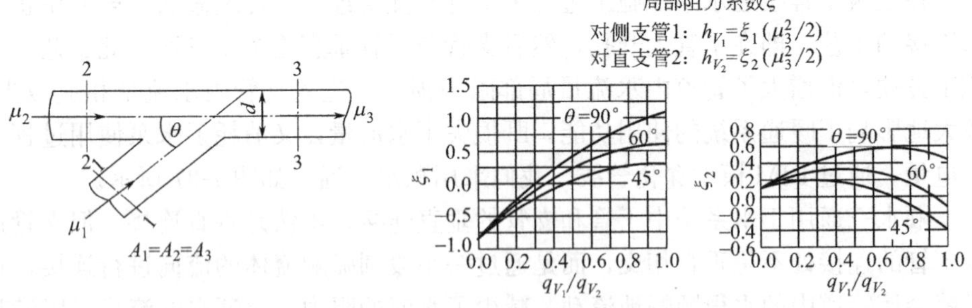

图 7-39　三通的阻力系数二

顺水三通制作工艺与传统工艺的比较见表 7-2。

本工艺与传统工艺比较　　表 7-2

序号	项目	顺水三通制作工艺	传统工艺
1	进度	与传统工艺相比基本一致	与新工艺相比基本一致
2	质量	减少了水阻力损失，加大了水流通量，提高了系统效率，暖通使用的效果显著	接口处的局部阻力增大，水的流通量减少，影响暖通的使用效果
3	安全	安全施工	安全施工
4	经济效益	减少了水压损失，经济效益明显	水压损失，加大了经济成本
5	社会环境效益	在暖通系统功能测试中效果较好，符合设计及规范要求，得到了建设、设计、质检部门的肯定，实用有效，值得推广	增耗了水资源和水泵使用过程中的电能源

通过BIM模型深化，将传统模式施工中常采用的正三通优化为顺水三通，可以有效减少干管与支管连接处的局部阻力损失，降低系统能耗，提高系统运行效率。

7.3.2 技术指标

1. 执行标准

《地下铁道工程施工标准》GB/T 51310—2018；

《地下铁道工程施工质量验收标准》GB/T 50299—2018；

《通风与空调工程施工质量验收规范》GB 50243—2016；

《城市轨道交通给水排水系统技术标准》GB/T 51293—2018。

2. 内控要求

模型精度 LOD450～500；

桥架预制生产加工精度≤1mm；

成品支吊架预制加工精度≤0.3mm；

风管预制加工精度≤1.5mm。

7.3.3 适用范围

适用于城市轨道交通通风与空气调节系统、综合管线施工。

7.3.4 应用工程

常州地铁机电工程；洛阳地铁控制中心；洛阳龙门枢纽北广场；洛阳地铁1号线等工程。

第 8 章　其他技术

8.1　智能限界检测技术

8.1.1　技术内容

智能限界检测设备通过安装在轨道车或推行小车上，在轨道上运行，以轨面中心为坐标原点，将轨行区 360°范围内构筑物数据扫描测量，基于设计限界，利用配套检测软件进行对侵入异物的状态分析、软件预警。设备可智能判定超限物和同步拍照、记录、存储、回放，实现全自动数据化限界检测记录，可追溯复查整改效果，保障地铁机车上线运行安全（图 8-1）。

图 8-1　智能限界检测设备轨道车安装形式示意图

1. 技术特点

本技术以三维激光扫描、计算机为核心，具备以下技术特点：

（1）利用三维激光扫描技术、点云计算技术实现隧道轮廓扫描重构；

（2）里程同步单元配合初始里程、运行方向等实现里程实时同步；

（3）该技术采用 360°高清相机记录侵限位置实景，实现整改可追溯性；

（4）利用计算机技术不同弯曲半径、坡度等线路，计算不同机车限界；

（5）利用工业计算机完成里程同步计算、隧道轮廓重构、侵限判定、侵限报警、拍照指令产生与发送；

（6）具备侵限数据存储、导出功能，可使后续整改针对性、可追溯性强，工作效率更高。

2. 工艺原理

1）三维激光扫描限界检测技术

在限界检测时，通过三维激光扫描仪高速旋转发射出激光，以激光扫描仪为中心对线路进行360°扫描，实现线路内所有构筑物数据采集，生成构筑物点云数据模型。根据核心算法将从扫描得到的数据中提取线路钢轨数据，并以此为数据计算坐标。

2）全过程自动化检测技术

利用里程同步编码器、线路数据识别，实现检测过程中曲线、站台、隧道内外等不同场景限界数据自动切换。引入高清影像拍摄系统，在检测到有侵限物体的同时，引发高清相机拍摄，记录侵限物体。检测中实时保存线路里程、检测区间、侵限数值、侵限物体影像等数据，实现整个过程全自动化检测。

3）侵限物体快速判别技术

通过三维激光扫描采集到的数据，对与设计规范要求的不同线路的车辆运行安全限界数据进行计算。利用自主研发的算法计算软件，将数据在同一坐标系内进行对比判别，快速实现构筑物侵限自动判别，并得到构筑物侵限数据。

3. 施工工艺流程及操作要点

1）施工工艺流程

智能限界检测施工工艺流程如图8-2所示。

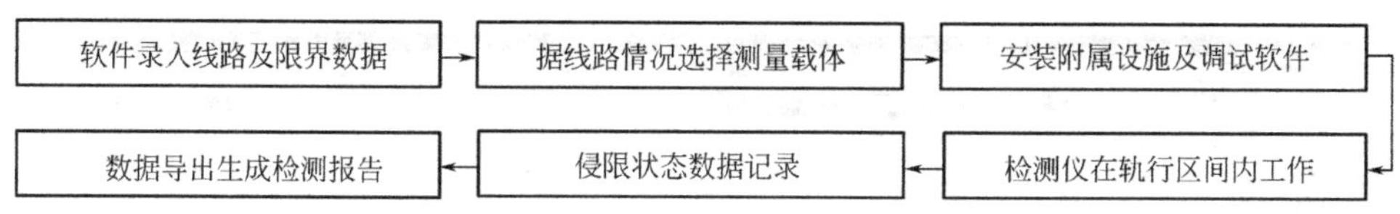

图8-2　智能限界检测施工工艺流程图

2）操作要点

（1）软件录入线路及限界数据

根据线路设计数据结合施工完成后的线路实际数据，将里程、曲线半径、超高等数据提前录入侵限检测软件中。检测前设置起始里程数据，通过里程同步单元，将里程数据与设计数据结合，实现全自动数据切换。

（2）据线路情况选择测量载体

侵限智能检测仪设计时充分考虑了多样的应用场景，可在交叉施工繁多、轨道未全线贯通等情形下，采用人工手推车方式进行检测；在施工全线贯通、运营维护期间可采用轨道车作为检测仪载体，提高检测效率。

（3）安装附属设备及调试软件

若安装在轨道车上，需在轨道车车轮部位安装里程数据采集单元，将车辆行驶里程实时采集；在轨道车大勾前端安装支架与高清工业相机，无遮挡采集轨道垂直面内的构筑物数据及侵限构筑物影像；在软件使用前，对软件各项参数设置及功能进行调试（图 8-3）。

图 8-3　现场安装配件

（4）检测仪在轨行区间内工作

通过在侵限检测软件界面简单地预置初始里程、设置扫描设备参数后，启动设备开始工作。扫描仪激光头通过高速旋转发出激光，不断地对线路垂直面内的构筑物进行数据采集，通过数据同步分析单元将里程、构筑物数据进行同步处理，传送至电脑终端，与设计限界参数进行对比分析，判断是否有构筑物侵限（图 8-4）。

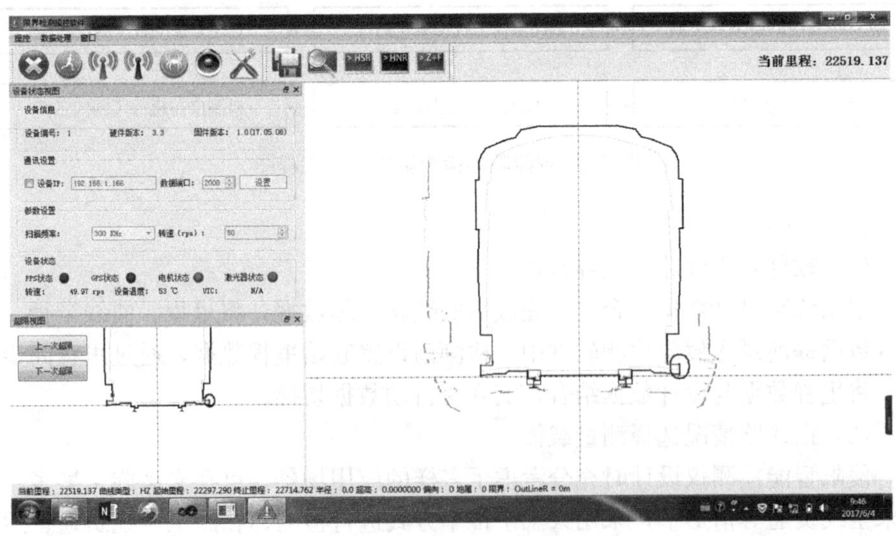

图 8-4　操控软件界面

（5）侵限状态数据记录

若数据同步分析单元检测到有构筑物侵限，电脑则立即发出侵限警报，以便检测人员及时查验侵限的构筑物，同步地用高清相机拍摄侵限物，同时将线路、里程、侵限物影像、侵限数据等进行保存（图 8-5）。

贵阳地铁 1 号线限界检测结果(右线)					
说明:本次线路测量线路范围为坝厂村站(含站台)-雅关一号隧道口;本结果里程数据偏差±5m 左右,检测数据依据设计限界图纸。 共性问题:大部分车站站台位置站台板均不同程度侵线,部分人防门支墩超限,隧道内含部分临时设备侵线:					
7	安云路站内左线大里程端	大里程端(23223)	屏蔽门上梯型胶垫侵线	23mm	
8	安云路站内左线大里程端	大里程端(23228)	屏蔽门上梯型胶垫侵线	10mm	
9	安远路站左线大里程端	大里程端头	栏杆侵线	25mm	不锈钢栏杆
10	北京路站左线	23832-23835	站台板侵线	7～10mm	
11	北京路站左线	23776	站台板上端位置侵线	18mm	疑似屏蔽门底板
12	北京路站左线	23856-23888	站台板侵线	6～30mm	
13	北延区间左线 (面向大里程方向左侧)	23970	梯子及脚手架侵线		
14	延安路站左线	24787	站台板侵线	20mm	
15	延安路站左线	24805	站台板侵线	40mm	

图 8-5　侵限状态数据显示记录

（6）数据导出生成检测报告

检测完成后自动生成整个限界检测过程报告，以表格形式记录下侵限物所在里程、影像数据等，生成可打印文件。

8.1.2　技术指标

《建筑工程施工质量验收统一标准》GB 50300—2013；

《地铁设计规范》GB 50157—2013；

《地铁限界标准》CJJ/T 96—2018。

8.1.3　适用范围

适用于城市轨道交通列车行驶范围内侵限检测及预警。

8.1.4　应用工程

上海轨道交通 17 号线；上海轨道交通 10 号线二期；上海轨道交通 15 号线；杭州地铁 5 号线；常州地铁 1 号线；长沙地铁 4 号线；宁波地铁 4 号线；贵阳地

铁1号线；青岛地铁3号线；广州地铁18/22号线等项目。

8.2 地铁疏散平台无轨测量技术

8.2.1 技术内容

地铁疏散平台（以下简称平台）主要由平台钢梁及平台面板组成，钢梁及面板均为非标件，需要现场测量相关数据后才能加工生产，其中平台面板可根据钢梁长度进行加工。因此钢梁定测是平台施工的基础，也是平台施工工序当中最为重要的环节。

平台的传统施工方法必须在轨道铺设完成后才能进行定测，因此平台的施工进度就要受制于轨道铺设的进度，此外，传统方法还有操作不便和精度较低的缺点，为解决这些问题，有必要对疏散平台定测方式进行创新。借鉴轨道施工的测量放样方式，在实际施工过程中，通过不断研究和改进，逐渐摸索出一套使用全站仪进行无轨定测的方法，并在实践中验证了此方法行之有效，比传统定测方式更加高效、经济。

1. 技术特点

1）优化工序步骤，缩短工期

采用无轨方式定测后，材料生产可与轨道铺设同步进行，相较于传统定测方式节省了材料生产周期，以一个1km的单洞区间为例，可缩短工期15～20d。

2）易于操作，测量速度快

无轨定测无须使用大型器械，只需一台全站仪，3人一组8h可测量单洞2000～2500m。效率比有轨定测提升1倍。

3）测量精度高，提升施工质量

无轨定测是用最终轨面标高的设计值进行放样，无须考虑轨道调整情况，且全站仪本身属于精密测量仪器，成熟的测量员可以将测量误差控制在毫米级。

2. 工艺原理

在平台设计图纸中，设计会给定平台距轨道上平面的高度h，以及线路中心线距平台侧边的水平距离C，如图8-6所示。想要知道平台钢梁的长度L，就需要测量出平台钢梁上平面与隧道壁交点与线路中心线之间的水平距离X，即$L=X-C$。

现场要测出X，需用到的关键技术是：“平面任意点坐标反算里程”“竖曲线上任一点计算标高”以及“平面任意点坐标反算偏距”。

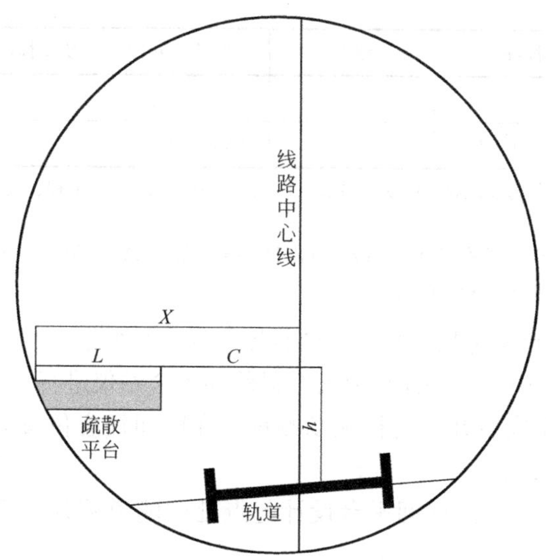

图 8-6 平台与轨道设计位置的关系图

通过对任一点测量坐标以及里程、标高的测算，放样出平台钢梁上平面与隧道壁交点，并计算出交点与线路中线的水平距离。

3. 施工工艺流程及操作要点

施工前，首先要满足的前置条件有：CPⅢ测量完成，并取得相关测量成果；轨道调线调坡完成，并取得相关数据资料；测量区段内无影响通视的障碍物。

1）施工工艺流程

平面任意点坐标反算里程→竖曲线上任一点计算标高→平面任意点坐标反算偏距。

2）操作要点

（1）平面任意点坐标反算里程

① 将轨道设计中的“平曲线要素”导入全站仪进行平面定线（所需“平曲线要素”详见表 8-1）。然后在现场测量任一点坐标，再通过“坐标反算”计算出该点在线路上的里程桩号。

线路“平曲线要素”示例 **表 8-1**

点号	里程(mm)	线型	半径(mm)	X 坐标(mm)	Y 坐标(mm)
JD1(起点)	0.000	直线	99999999.99	1073.980	619.358
JD2	5404.350	缓和曲线	99999999.99	118.090	5938.500
JD3	9162.552	圆曲线	6000.000	703.580	9588.382
JD4	7731.202	缓和曲线	4500.000	230.385	8237.543

续表

点号	里程(mm)	线型	半径(mm)	X 坐标(mm)	Y 坐标(mm)
……					
JDx(终点)	15164.623	终点	99999999.99	4560.080	14092.100

注 1. “平曲线要素”为该线路上的所有主点（JD1、JD2……JDx）的里程、线型、曲线半径以及主点坐标等设计数据。

2. 主点包括但不限于：线路起点、直缓点（ZH）、缓圆点（HY）、圆缓点（YH）、缓直点（HZ）、ZY（直圆点）、YZ（圆直点）及线路终点等。

② “平面任意点坐标反算里程”的具体实施步骤如下：

a. 将轨道设计中的“平曲线要素”提前导入全站仪进行“平面定线”；

b. 数据导入完成后开始进行现场测量，在区间任意位置架设全站仪，使用后方交会法建立测站；

c. 测站建立后，在此区间平台设计起点处的隧道管片任意一点进行坐标测量，如图 8-7 中的点 a'；

d. 通过“坐标反算”得到点 a'里程 K。

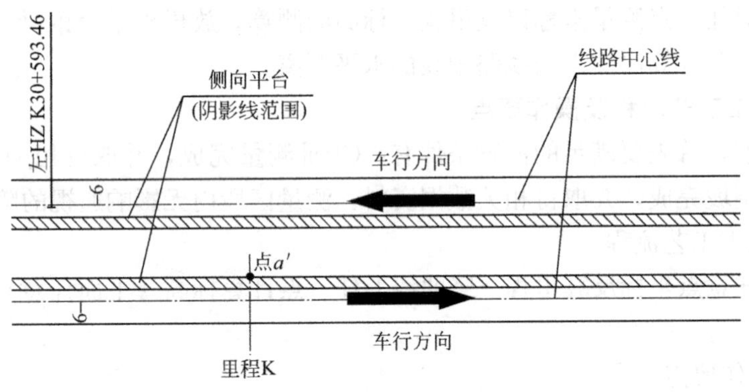

图 8-7　测量示例图

(2) 竖曲线上任一点计算标高

① 根据“坐标反算”所得的里程 K 处的“竖曲线要素”（详见表 8-2），可以计算出里程 K 处轨道的设计标高 h'。

“竖曲线要素”示例　　**表 8-2**

竖曲线要素	要素值(mm)
变坡点桩号	16770
变坡点高程	396.67
第一纵坡率	3.1%
第二纵坡率	1.1%

续表

竖曲线要素	要素值(mm)
竖曲线半径	3000
计算里程桩号	K

②“竖曲线上任一点计算标高”具体实施步骤如下：

a. 根据轨道设计图纸中的“竖曲线要素”计算得到里程 K 处的轨道顶面的设计高程 h'。

b. 根据平台钢梁距柜面轨面高 h 可得平台钢梁上平面高程为 $h+h'$。

c. 用全站仪放样得到高程为 $h+h'$点，如图 8-8 中的点 a，此点即为里程 K 处平台钢梁上平面与隧道侧壁的交点；

d. 记录所得点 a 坐标。

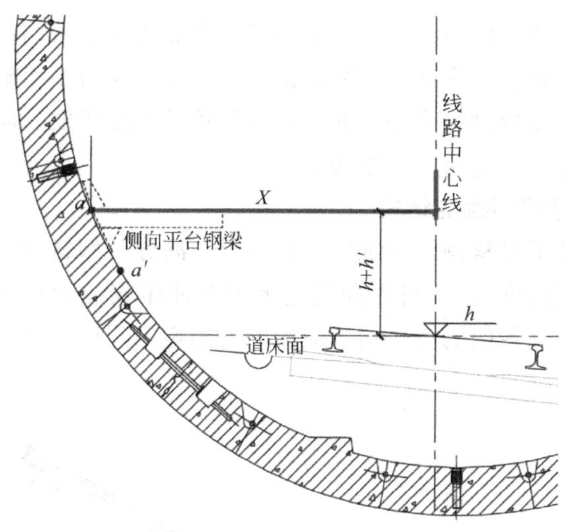

图 8-8　里程 K 断面图

(3) 平面任意点坐标反算偏距

根据测得的点 a 坐标，采用“坐标反算”可得出点 a 距线路中线的偏距，即为平台钢梁上平面与隧道壁交点与线路中心线之间的水平距离 X。

8.2.2　技术指标

《全站仪》GB/T 27663—2011；

《城市轨道交通工程测量规范》GB/T 50308—2017。

8.2.3　适用范围

适用于城市轨道交通区间侧向疏散平台的测量施工。尤其适用于工期紧张、节点压力较大的工程项目，可以有效缩短工期，保证节点目标。

8.2.4 应用工程

天津地铁5号线工程供电系统设备安装施工一标段；上海市轨道交通13号线二期、三期工程13（2-3）.302标牵引降压变电所、电力监控系统、接触网系统、干线电缆、杂散电流防护系统、侧向平台施工安装总承包项目。

8.3 站台门绝缘门槛安装技术

8.3.1 技术内容

站台屏蔽门门体对地绝缘不合格是一直困扰业主和站台门厂家的难题。经过多年对这一问题的观察、论证、研究、试验、测试，凭借多年解决站台门各种问题的丰富经验和在复合材料应用方面的技术储备及产品研发，研制了具有自绝缘功能的站台门整体复合绝缘门槛结构。

1. 整体复合绝缘门槛的结构

以绝缘的高分子材料制作出绝缘门槛型材（高分子型材完全替代了原金属材料制成的支撑衬板组件），型材表面固定上带有冲压或蚀刻花纹的不锈钢（或铝合金）面板，构成站台门的滑动门、应急门、固定门门槛（图8-9）。

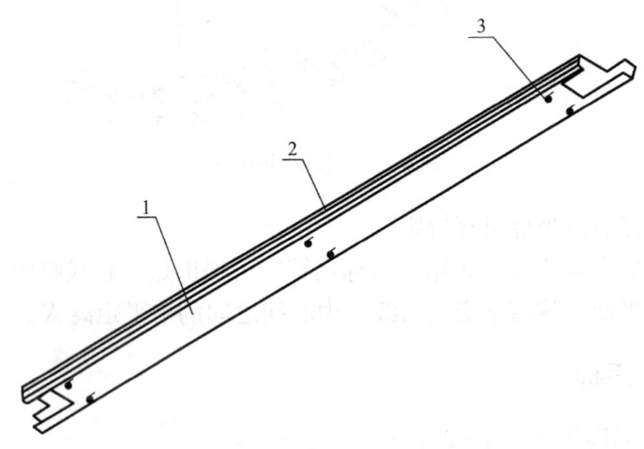

图8-9 绝缘门槛结构示意图

1—绝缘基材；2—不锈钢或铝型材面板；3—与安装基座连接接口

2. 产品特点

（1）整体复合绝缘门槛从根本上解决了站台门门槛的绝缘问题，可有效解决现有贴膜、涂刷不耐磨和使用一段时间绝缘失效导致后期维护成本高的问题。

(2) 整体复合绝缘门槛重量减轻，方便现场施工、搬运、安装，因门槛已经绝缘可以省去其他绝缘措施，降低了成本。

(3) 整体复合绝缘门槛的绝缘性能稳定持久，机械性能完全满足屏蔽门门槛的强度和使用要求，符合相关电气设备安装规范规定。

(4) 彻底消除站台门门槛绝缘问题引起的运营安全隐患，保证了乘客和司乘人员的人身安全。

(5) 极大提高了门槛的耐腐蚀性能，延长了设备的使用寿命。

(6) 门槛外观不变，保证了门体整体美观。

3. 复合绝缘门槛的制作技术要求

(1) 滑动门、应急门及固定门门槛支撑衬板组件，采用高分子绝缘复合材料制作，替代了原金属（碳钢/铝合金）支撑衬板组件。

(2) 整体复合绝缘门槛的设计制作配合滑动门、应急门及固定门的下部支撑的安装，所有预留孔位均在工厂开好后运输至现场。

(3) 滑动门、应急门、端门门槛整体能承受乘客荷载 300kg（按 75kg/人，共 4 人计）；在以上荷载情况下，门槛不会发生非弹性变形且弹性变形量不超过 3/1000。

(4) 滑动门整体复合绝缘门槛结构中有滑动导槽，与滑动门导靴配合滑动自如，导槽为水平通透结构，便于清扫，不藏杂物与灰尘。

(5) 整体复合绝缘门槛，绝缘基体厚度大于 3mm，面板可采用不锈钢材质或铝合金材质，表面会带有防滑花纹，满足耐磨、防滑、美观、安装拆卸方便等要求。

(6) 整体复合绝缘门槛型材具有良好的电气绝缘性能，绝缘阻值等电气性能指标可充分满足门体绝缘要求，门槛对地绝缘值≥0.5MΩ（用 500V 兆欧表测试）；其绝缘性能在地铁环境的湿度、温度及灰尘附着下不会发生改变。

(7) 整体复合绝缘门槛型材具有可加工性，易于切割、钻孔及螺栓固定。

(8) 整体复合绝缘门槛型材的原材料构成为低烟无卤的难燃材料，且不含有害成分。

(9) 整体复合绝缘门槛型材的设计使用寿命不小于 30 年。

整体复合绝缘门槛制作工艺如图 8-10 所示。

4. 复合绝缘门槛的施工工艺流程及安装技术

所谓绝缘门槛就是在门槛安装后，保证能够单独绝缘，并且与其他部件要实现电气隔离。对于整体结构而言，要保证所有门槛安装后尺寸、直线度和平面度必须满足滑动门的开关门要求，因此对门槛的安装提出了一个很高的要求。

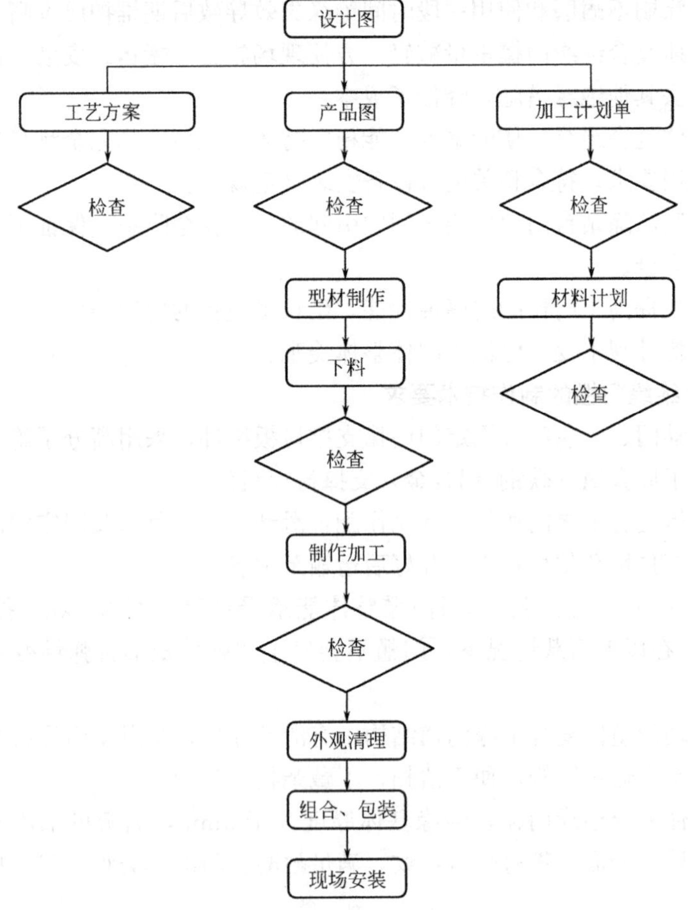

图 8-10　整体复合绝缘门槛制作工艺流程图

1）施工工艺流程

绝缘门槛施工工艺流程如图 8-11 所示。

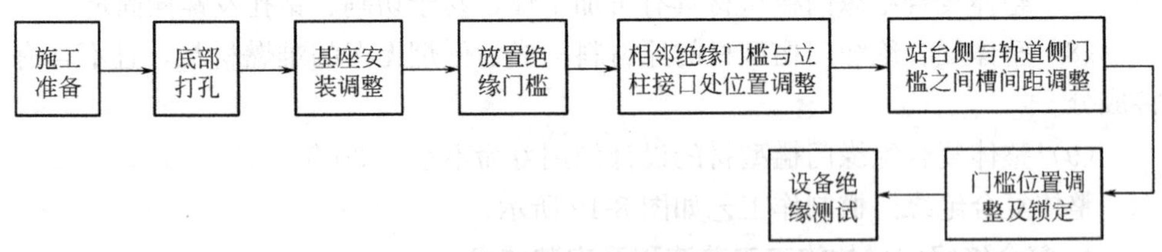

图 8-11　绝缘门槛施工工艺流程图

2）安装技术

（1）施工准备

① 清点、检查安装图纸是否齐全。

② 做好现场测量工作，确定轨道中心线、轨道标高、站台长度、高度、站台门定位三维坐标和甲方提供的控制三维坐标的复测等前期工作。

③ 设计技术交底，主要内容包括：设计思想、设计特点、主要技术条件等；关键部位的施工要求和安装质量要求。

④ 施工技术交底，主要内容有：

a. 介绍装配图：各类设备配件的安装范围，相互间配合时应达到的技术要求；

b. 安装技术要求：主要包括安装方法、工艺、调试标准等；

c. 机具的使用：注意各种安装、调试工机具的机械受力要求和电气机具正确操作方法等。

（2）底部打孔及基座安装调整

根据站台测量及标记孔位数据，进行钻孔。根据框架布置图，将底部基座逐一安装到位。

（3）放置绝缘门槛

待基座和立柱在站台板上安装好后，把各门槛放置于对应的基座之上，调整好安装接口位置，用螺栓把门槛和基座连接（图 8-12）。

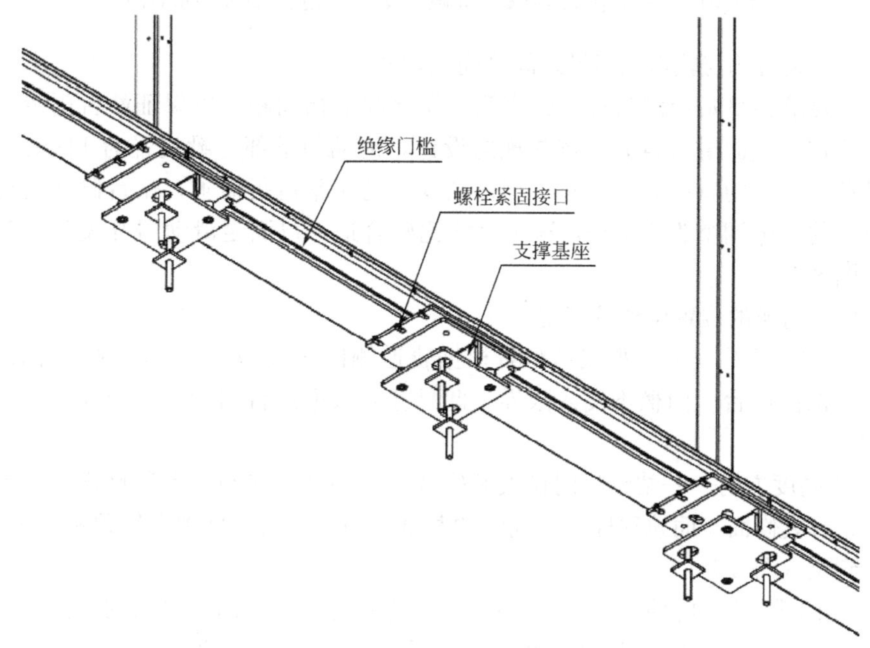

图 8-12 绝缘门槛与支撑基座配合安装图

（4）相邻绝缘门槛与立柱接口处位置调整

各单元相邻的门槛与各立柱的接口处，需留有足够的间隙以保证门槛面板与立柱之间的爬电距离。待各结构部件位置调整完毕，此处间隙需填充绝缘胶，以保证整体结构的绝缘性能（图 8-13）。

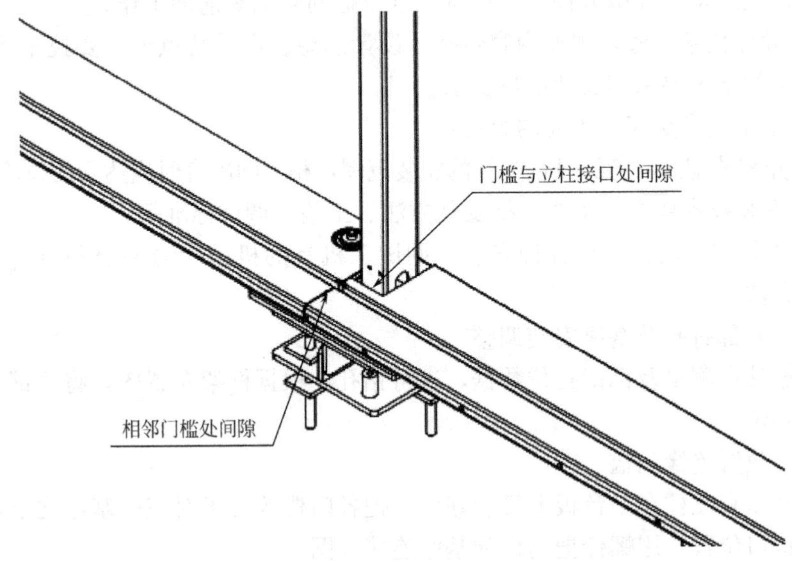

图 8-13　相邻绝缘门槛安装间隙以及与立柱接口处安装示意图

(5) 站台侧与轨道侧门槛之间槽间距调整

按要求调整站台侧门槛与轨道侧门槛之间的槽间距，以保证站台门滑动门导靴能在槽里面滑行自如。按常规的设计，滑动门下部导靴设置为 11mm。根据滑动门所受的风压载荷要求、门体的摆动与正常滑行需求，站台侧和轨道侧门槛间的间隙调整为 13mm，这个尺寸比较合适，以满足滑动门开关门力学要求（图 8-14）。

(6) 门槛的位置调整及锁定

① 限界方向——门槛安装位置根据轨道侧门槛边到轨道中心的距离 L_1 来调整，保证站台门门槛不侵入限界。此尺寸可根据站台门测量划线安装来保证（图 8-15）。

② 高度方向——站台门门槛安装完成后，门槛面应与站台装修面齐平或略高于站台装修面。而轨顶标高是统一的基准，门槛面的高度根据轨顶标高 L_2 来调整到位（图 8-15）。

③ 门槛的横向和纵向间隙调整——轨道侧与站台侧门槛之间的间隙调整为 13mm 为宜，利于滑动门的导靴滑行。相邻门槛的纵向间隙调整为 2mm。平面度差不超过 0.5mm。

④ 所有尺寸调整到位后，拧紧各紧固螺栓，打上防松标记。

(7) 设备绝缘测试

门槛安装好后，应进行绝缘检测（图 8-16）。

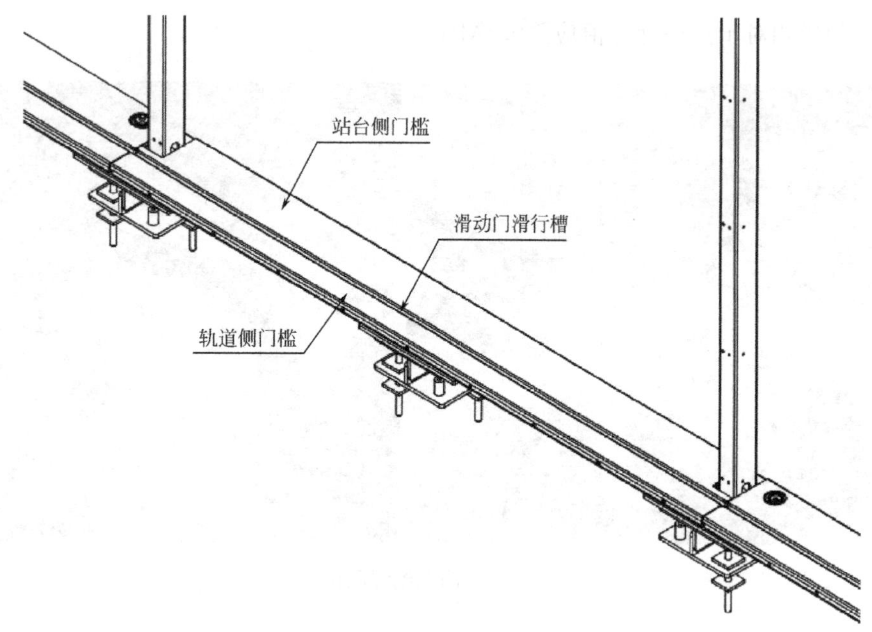

图 8-14 站台侧门槛与轨道侧门槛安装位置示意图

（注：滑动门滑行槽尺寸调整到 13mm）

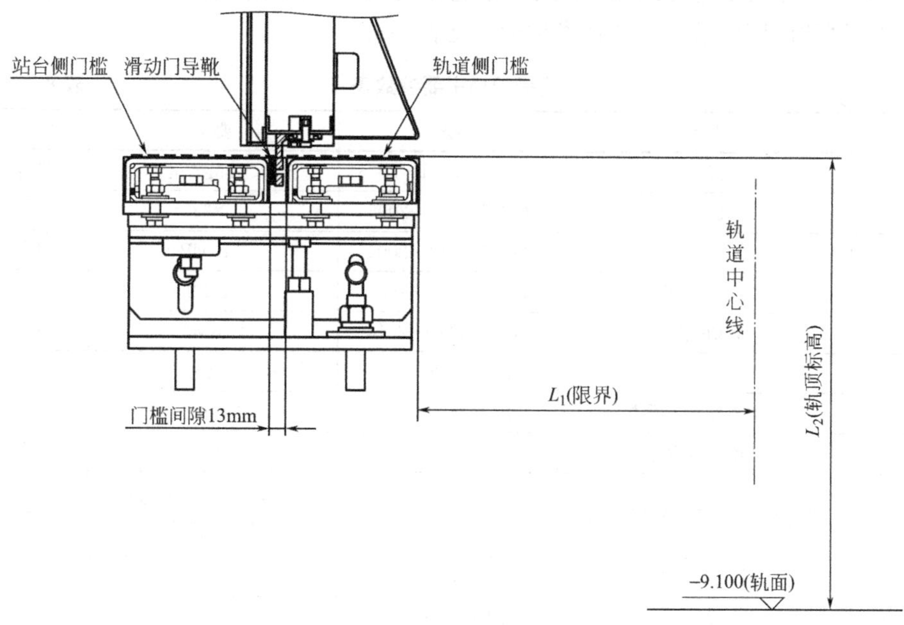

图 8-15 门槛安装位置调整尺寸示意图

门槛面板相对于复合材料基体也就是门槛自身须绝缘。整体复合绝缘门槛安装调试完成后，其表面任意一点的对地绝缘阻值应≥0.5MΩ（用 500V 兆欧表测试）、门槛相对于立柱绝缘值应≥0.5MΩ。

图 8-16　门槛绝缘测试

8.3.2　技术指标

（1）整体复合绝缘门槛的绝缘性能稳定持久，且机械性能完全满足屏蔽门门槛的强度和使用要求。具体技术指标详见表 8-3。

绝缘门槛主要参数表　　**表 8-3**

序号	内容	测试标准	要求	结果
1	密度	GB/T 1033.1—2008	$<2.5g/cm^3$	符合
2	氧指数	GB/T 8924—2005	>32	符合
3	压缩强度	GB/T 1448—2005	>10MPa	符合
4	弯曲强度	GB/T 1449—2005	>10MPa	符合
5	剪切强度	GB/T 3355—2014	>28MPa	符合
6	吸水率	GB/T 1462—2005	<1‰	符合
7	平均线性膨胀系数	GB/T 2572—2005	$<5.7\times10^{-5}$/℃	符合
8	玻璃纤维含量	GB/T 2577—2005	>80%	符合
9	光老化试验-紫外辐射暴露	ASTM G154-16	可见变色但无其他变化，表面无龟裂	符合
10	体积电阻率	GB/T 31838.2—2019	$>1\times10^{10}\Omega\cdot cm$	符合
11	燃烧性能	GB 8624—2012	B1	符合
12	600s 总烟气生成量(S1 级)	GB 8624—2012	<50	符合
13	烟气毒性等级(t0 级)	GB 8624—2012	ZA1	符合
14	击穿电压	GB/T 1408.1—2006	>2500V	符合

（2）站台门的结构安装技术对于乘客的安全保护正在逐步提高，因此对于系统结构绝缘性能方面也是提出了更高的要求。

目前，站台门项目对绝缘的要求不仅需要满足整个系统的绝缘性能要求，而且对乘客能接触的部位需要单独做绝缘处理。

站台门的绝缘要求如下：

① 在正常大气压试验条件下，在站台门系统安装好后，独立于其他系统外的情况下用500V兆欧表测试，站台上站台门所有设备对地绝缘值≥0.5MΩ。

② 门槛与站台的安装应采用绝缘安装，且门槛本身应采用绝缘材料，门槛对地绝缘值应≥0.5MΩ（用500V兆欧表测试）。

8.3.3　适用范围

适用于站台门需要整体系统绝缘而门槛机构又需要具备单独绝缘的站台门系统。

8.3.4　应用工程

上海市轨道交通9号线三期东延伸工程屏蔽门设备供货及服务采购项目；成都地铁4号线二期工程站台门系统设备制作安装采购项目；成都地铁7号线工程屏蔽门系统；成都地铁5号线一、二期工程机电设备（站台门）采购ZTMO1标段；成都地铁6号线一期、二期工程站台门项目；成都轨道交通9号线一期工程站台门系统集成。

8.4　火灾自动报警系统安装调试技术

8.4.1　技术内容

火灾自动报警系统安装调试技术是融合城市轨道交通项目特点与施工环境，依照火灾自动报警系统设备安装要求，安排科学的施工计划与步骤，运用合理的安装工艺与调试方法以及便捷的调试工具，实现火灾自动报警系统安装调试的高效率、高品质。

1. 技术特点

（1）系统采用远距离光纤通信方式，掌握系统光纤尾纤预先端的端接关键技术点，能提高火灾报警控制器远距离通信的可靠性。

（2）系统应用线型红外光束感烟探测器、缆式线型定温探测器等多种探测器，利用消防自动测试设备能提高探测器的调试检测效率。

(3) 系统采用仿真调试技术，提高火灾自动报警系统的软件编制、调试质量；将联动功能测试提前至仿真平台，能有效缩短现场调试工作周期，降本增效。

2. 工艺原理

火灾自动报警系统一般采用总线或网线的数据传输方式，且传统的系统调试方法周期长、效率不高。城市轨道交通项目相对特殊，火灾报警控制器类设备节点众多、信息传输距离长，探测器设备种类多、数量大，系统调试周期紧，因而传统的系统通信方式与调试方法不适用轨道交通项目。

轨道交通项目火灾自动报警系统的安装调试工艺原理主要体现在两个关键技术点：

(1) 系统利用通信专业链路，通过光纤方式组成消防专用网络。现场控制器设置能灵活地根据系统设计需求变化，采用尾纤跳接方式灵活接入。

(2) 以 1∶1 方式搭建车站级系统仿真平台，系统软件编程与联动功能测试可提前模拟仿真。通过仿真预调试提升系统软件编制与调试的质量，提高联动调试的一次性成功率；实现施工与调试编程同步进行，缩短现场调试周期。

3. 施工工艺流程及操作要点

1) 施工工艺流程

火灾自动报警系统施工工艺流程如图 8-17 所示。

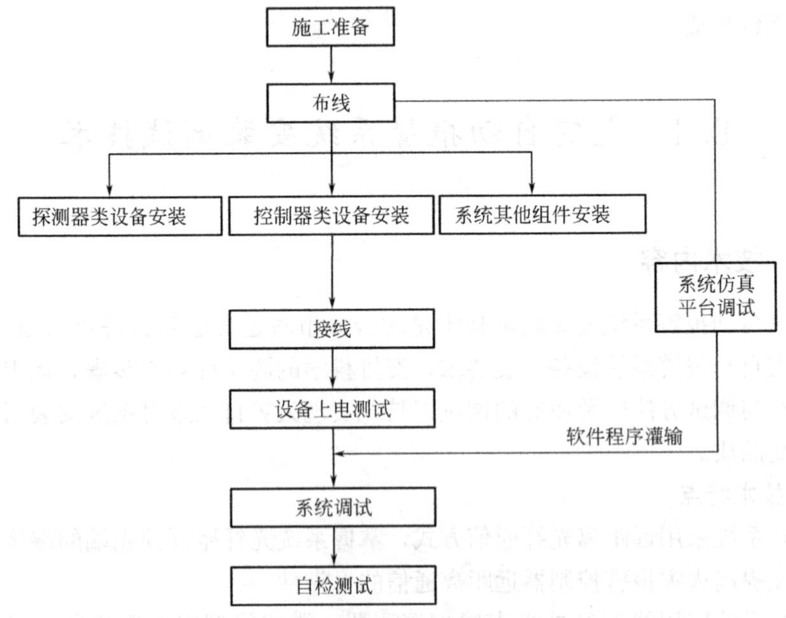

图 8-17　火灾自动报警系统施工工艺流程图

2）操作要点

(1) 施工准备

① 完成设计交底并熟悉施工图，了解工程所选产品的技术性能与安装要求；

② 做好施工人员组织安排与进度，合理区分施工管理人员的职责；

③ 落实设备、材料及配件的供应，整理进场设备与材料的清单、使用说明书、质量合格证明、检验报告等文件；

④ 准备需要的施工机具、计量器具，并做好报备手续。

(2) 布线

① 系统布线应符合现行国家标准《建筑电气工程施工质量验收规范》GB 50303—2015 的规定。

② 车控室的火灾报警控制器到通信机房的通信配线架敷设光纤，光纤敷设前应进行外观检查，在不影响使用的条件下截去光纤破损部位并做好记录；光缆敷设后应用光时域反射仪（简称 OTDR）检查光纤衰耗值是否满足设计要求。

(3) 探测器类设备安装

① 点型感烟、感温探测器安装时，应注意兼顾纵横成排对称与其保护范围，避开诸如风口、照明灯具、喷头等。

② 线型红外光束感烟探测器应按设计图纸和产品技术要求安装。

③ 缆式线型定温探测器设置在电缆桥架或支架上时，应采用接触式布置；设置在各种皮带输送装置上时，宜布置在装置的过热点附近。

④ 大空间空气管式线型差温探测器的采样管安装应保持平直、固定牢固，其长度和采样孔应符合设计和产品说明书的要求，每个采样孔应符合点型感烟火灾探测器的保护面积要求。

(4) 控制器类设备安装

① 控制器类设备安装前应检查内部器件清洁整齐、技术文件齐全、盘面无损坏，其安装位置应便于操作和观察记录；

② 控制器类设备安装完后，应进行内部清扫，检查导线连接紧固，并采取遮、盖等防潮防尘措施。

(5) 系统其他组件安装

① 手动报警按钮应设置在明显的和便于操作的部位。安装应牢固，并不得倾斜，一般将手动报警按钮直接固定在预埋的接线盒上。

② 输入、输入/输出、切换与各种控制模块及总线隔离器等在同一报警区域内宜集中安装，模块应在金属模块箱内独立固定，其安装位置应便于检修。

③ 扬声器和警报装置宜在报警区域内均匀安装，安装应牢固；警铃振动性强，应在固定螺丝上加弹簧垫片，安装高度应符合设计要求。

④ 系统主电源应采用消防电源，备用电源一般采用火灾报警控制器自带的

专用蓄电池或集中设置的蓄电池，电源的保护开关不得采用漏电开关。

⑤ 系统应设专用接地干线，专用接地电阻值不大于4Ω；用交流供电和36V以上直流供电的消防用电设备及其金属支架应与电气系统保护接地导体（PE）相连接，共用接地电阻值不大于1Ω。

（6）接线

① 各类设备安装完成后，应根据设备说明书要求进行接线；箱柜内接线应做好标识标牌说明。

② 需熔接的尾纤开剥保护层时，不得伤损尾纤本体；尾纤端面制作应合格。

③ 尾纤熔接完成后，在火灾报警控制器光纤通信卡上采用SC光纤接头插接，一组用于控制器上行通信，另一组用于控制器下行通信；在通信机房的通信配线架预留口上采用ST光纤接头插接，一组用于上行车站通信，另一组用于下行车站通信，以实现中央集中管理。

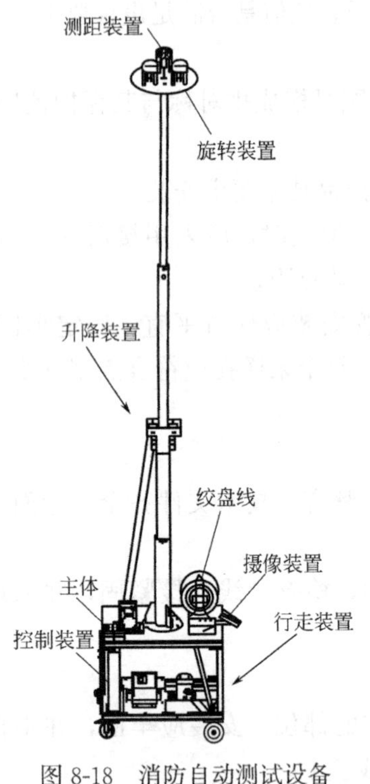

图8-18　消防自动测试设备结构示意图

（7）设备上电测试

① 火灾报警控制器等控制器类设备上电测试时，电源指示灯与屏幕显示正常。

② 感烟探测器、线型红外光束感烟探测器等上电测试时，电源指示灯显示正常。系统可采用专用测试设备对探测器类设备的烟雾、温度等探测报警功能进行检测。

例如，轨道交通项目使用了一种消防自动测试设备，包含测试工具主体、升降装置、行走装置、控制装置、旋转装置、测距装置、测试组件、摄像装置等，如图8-18所示。

该消防自动测试设备功能如下：

① 测试设备采用电力驱动行走装置，依据探测器具体安装位置行进，行走装置能自行调整行进速度。

② 摄像装置能够获取图像信息、跟踪路径并判断路线偏移状况，进而控制行走装置改变前进角度，自动调节行进方向，减少操作人员的工作强度。

③ 升降装置能够根据测距装置的数据自动调整高度，测试不同高度的探测设备，避免跨越建筑梁结构时测试工具碰损的问题。

④ 测试附件可根据被检测设备来选装，包含烟雾发生器、电热风机、摄像

头、红外线遮挡板等任一种或多种。按照摄像机对被测设备的智能识别，测试设备自动选择测试附件检测，解决多次重复拆装测试附件的问题。

⑤ 旋转装置能自动选择对应的测试附件，其上测试附件中的摄像头能够读取设备编码，降低调试人员操作的错误率。

⑥ 测试设备设置了蓄电池，能作为电源给控制装置、升降装置、旋转装置、测距装置、测试组件、行走装置等供电，无须在测试现场另外配置电源。

该套测试设备，如图 8-19 所示，主要应用于轨道交通项目站台、站厅层感烟探测器，主变电所、车辆段检修库与物资库等区域感烟探测器、空气采样探测器与红外线对射报警探测器等的检测，如图 8-20 所示。

图 8-19　消防自动测试设备实体图

图 8-20　轨道交通主变电所红外线对射报警探测器与车辆段基地物资库感烟探测器

测试人员能全程在地面操作，避免高处作业的安全隐患，节省大量人力财力，提高测试过程的效率、安全性及一次性通过率。

（8）系统仿真平台调试

① 系统仿真平台调试工艺流程

系统仿真平台调试工艺流程如图 8-21 所示。

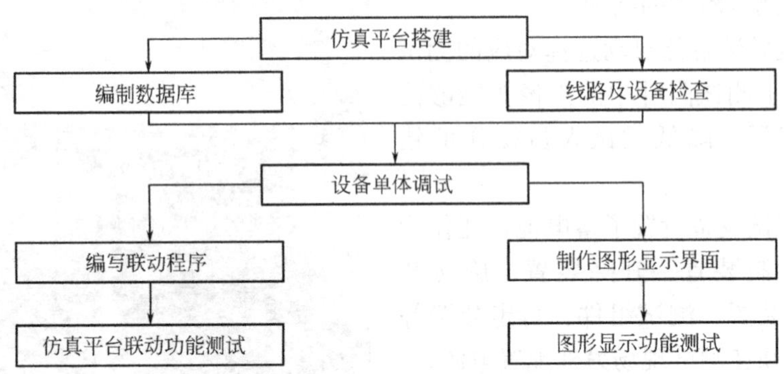

图 8-21　系统仿真平台调试工艺流程图

② 仿真平台搭建

仿真平台按车站火灾自动报警系统施工图上所有火灾自动报警系统设备 1∶1 搭设，包括火灾报警主机、区域显示器、各类型探测器、各类型模块、图形显示装置，且设备连接顺序应与图纸上的连接顺序保持一致，如图 8-22 所示。

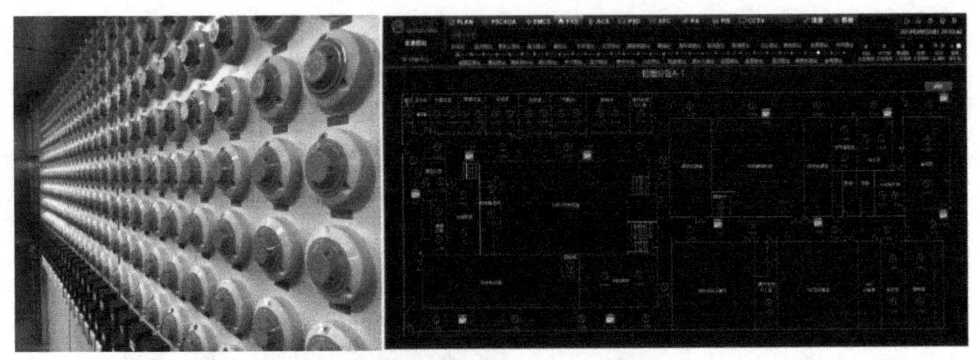

图 8-22　火灾自动报警系统仿真平台及软件界面

采用带亮灯功能的自锁按钮模拟监视类设备，如：水流指示器、信号蝶阀、感温电缆、70℃防火阀等；通过带亮灯功能继电器来代替控制类设备，如：门禁、AFC、电梯、防火卷帘门、应急照明、消防泵、消防专用风机、排烟阀、防火阀、非消防电源、消防广播等，输出模块控制端接入继电器，继电器亮灯模拟设备反馈信号，如图 8-23 所示。

选用 PLC 控制器及工作站来仿真搭建综合监控系统（ISCS），通过 TCP/IP 通信接口与火灾自动报警系统联通，实现相互通信，如图 8-24 所示。

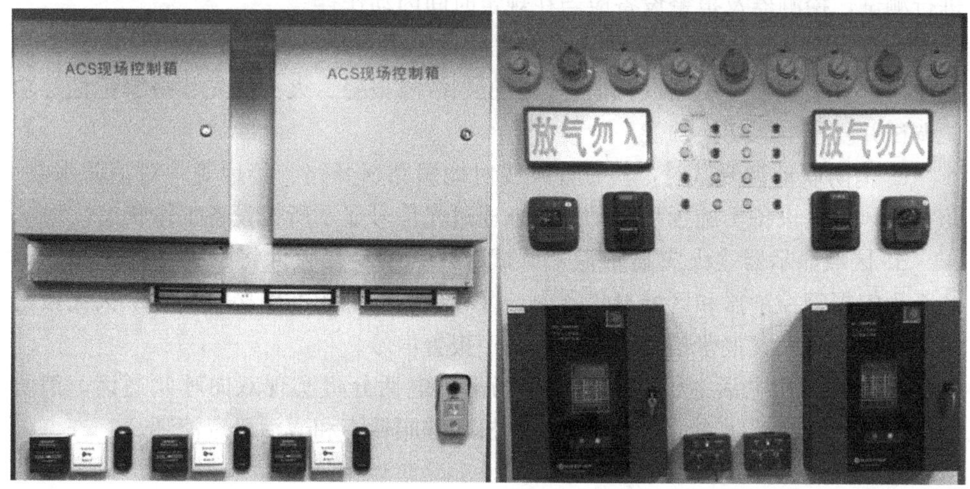

图 8-23　门禁与气体灭火仿真搭设

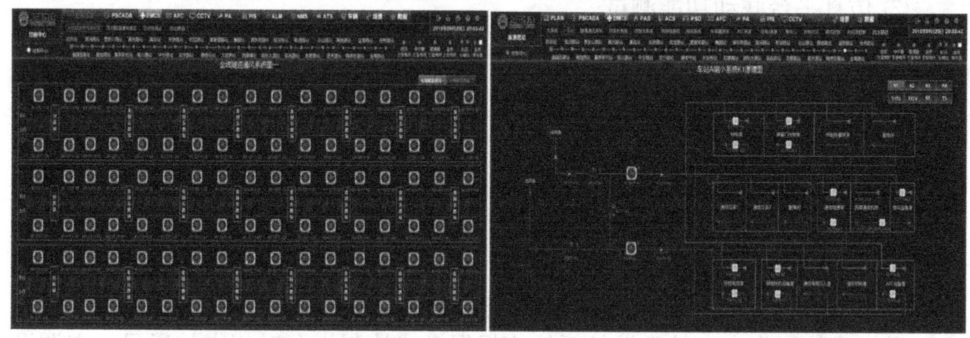

图 8-24　仿真软件平台 ISCS 的火灾自动报警系统信息显示界面

③ 编制数据库

为了系统调试的顺利进行，主机内各设备卡件的安装位置应一致，对同类型的设备应统一标识，参照施工图，按回路上的设备类型和数量、地址编号等信息通过编程软件添加到数据库中。

④ 线路及设备检查

a. 检查系统线路，做到接线准确，无开路、无对地短路，工作接地与保护接地阻值正常；

b. 完成所有火灾自动报警系统设备的安装，提供施工图与对应的设备编码表。

⑤ 设备单体调试

a. 回路设备调试时，主机读取到所有回路设备，采用专用工具对设备逐个进行测试，探测器及报警设备应当在规定时间内动作。

b. 火灾报警控制器调试时，将编程软件配置好的数据库下载至火灾报警控制器内，火灾报警控制器进行消音、复位、故障报警、火灾优先、报警记忆等功能调试并复核电源切换功能。

c. 消防联动盘调试时，检查外控线对地短路、开路、接地等，对消防水泵、防排烟风机等设备实施远程手动控制，通过光信号显示所控设备工作状态。

d. 区域显示器（火灾显示盘）调试时，利用编程软件将配置好的数据库下载至火灾报警控制器和区域显示器内，区域显示器应能准确接收和显示火灾报警控制器发出的火灾报警信号，并能发出声报警信号。

e. 消防专用电话主机能直接与现场消防电话分机实现双向呼叫通话，消防电话插孔能直接呼叫到消防专用电话主机，呼叫铃声和通话语音清晰。

⑥ 编写联动程序

根据消防联动工况表，编写联动程序。程序写好后先进行编译，当编译完成后，再将程序转化成机器语言，输入到火灾报警控制器内及区域显示器内。

⑦ 仿真平台联动功能测试

a. 通过火灾报警控制器指令模拟火灾发生，根据消防联动工况表，相应的输出模块应动作，其指示灯由绿灯变成红灯代表被控设备正常动作，当继电器亮灯代表收到被控设备动作后的反馈信号。

b. 模拟车站火灾报警情况下与各系统的消防联动功能，包括但不限于以下设备：门禁、AFC、电梯、防火卷帘门、应急照明、消防泵、消防专用风机、排烟与防火阀，消防广播。

c. 当模拟火灾发生时，系统应通过接口向综合监控系统传送火灾位置信息和预设模式控制指令，综合监控系统应根据模式控制指令对相应的通风、空调设备进行控制，并将控制结果通过接口反馈至火灾自动报警系统。

⑧ 制作图形显示界面

图形显示界面能显示完整系统区域总体图和各层平面图，并加以处理以文本和图形方式将信息显示出来。

⑨ 图形显示功能测试

图形显示装置能与火灾报警控制器通信联系，接收控制器发出的火灾报警信号并准确显示相应信号的物理位置，优先显示火灾报警信号相对应的界面。

（9）系统调试

① 将仿真平台联动功能测试后的联动程序下载至现场火灾报警控制器，进行现场联动功能测试；火灾报警控制器在接到确认的火灾报警信号后，发出联动控制信号，并按消防联动工况表中相关的设备发生动作。

② 现场车站级火灾自动报警系统工作站图控软件安装完成后，将仿真平台

设置的图控软件数据库导入工作站，进行图形显示功能测试。

③ 全网联调时，通过消防专用网络的建立，火灾自动报警系统具备集中管理分散控制，实现控制中心对各区域火灾自动报警系统的监控功能。

（10）自检测试

按照施工图、消防联动工况表、联动逻辑图等相关资料，使用测试工具，按防烟、防火分区对火灾自动报警系统与水、电、风等系统的联动关系进行逐一测试，以验证是否符合消防联动工况表，并做好相关测试记录，形成自检报告，自检通过后方可申请第三方检测。

8.4.2 技术指标

《火灾自动报警系统设计规范》GB 50116—2013；

《火灾自动报警系统施工及验收标准》GB 50166—2019；

《建设工程施工现场供用电安全规范》GB 50194—2014；

《地铁设计规范》GB 50157—2013；

《电气装置安装工程 爆炸和火灾危险环境电气装置施工及验收规范》GB 50257—2014；

《城市轨道交通机电设备安装工程质量验收标准》DG/TJ 08—2005—2021。

8.4.3 适用范围

适用于城市轨道交通项目火灾自动报警系统的安装及调试，不适用于火药、弹药、火工品等生产和贮存场所设置的火灾自动报警系统工程。

8.4.4 应用工程

上海轨道交通 9 号线、13 号线、14 号线、15 号线、18 号线项目。